感性の方言学

小林隆 編

浜野祥子
小林隆
定延利之
半沢幹一
竹田晃子
高丸圭一
平田佐智子
友定賢治
小野正弘
川﨑めぐみ
田附敏尚
小西いずみ
有元光彦
舩木礼子
深津周太

ひつじ書房

まえがき
感性の方言学に向けて

方言を通して見る感性の言葉

　「ジェジェジェ」と言えば何のことかおわかりだろう。ＮＨＫの連続テレビ小説「あまちゃん」で有名になった岩手県久慈市方言の感動詞である。ドラマの中でのこの言葉は、演出効果を強調するために、俳優があえて口にしているという印象を受けた。視聴者をドラマの世界に引き込み、心的一体感を生み出すための道具として、この感動詞が象徴的に使われていたように見える。現代方言に顕著な心理的機能をうまく利用したのが「ジェジェジェ」であったと言えよう。

　しかし、そうした方言機能論的な興味以前のこととして、「ジェジェジェ」は感動詞にも地域差があることを明快に教えてくれた。感動詞にも地域差がある、考えてみれば当然のことだが、私たちはこれまでその事実にまともに向き合ってこなかったのではなかろうか。というよりも、地域によって驚き方に違いがあることに、はっきりとは気づいていなかったのかもしれない。感動詞の方言学は、今ようやく幕を開けたばかりと言ってよい。

　「ジェジェジェ」について、もう少し述べてみよう。この言葉が方言学的に興味深いのは、岩手県のほか長崎県にも発見されることである。長崎新聞（2013年9月21日）によれば、対馬市峰町三根地区にも似たような感動詞があり、地元の人たちは、遠く離れた岩手との一致に驚いているという。東北と九州との一致、いわゆる周圏分布であるならば、その由来を中央語に探すのが鉄則である。案の定、『虎明本狂言集』に、類似の感動詞「じゃ」が見つかる。「やら奇特や、おもてがにぎやかなが、誰ぞあるか、じや、ぬす人であらふぞ」（連歌盗人）。家の主人が泥棒に気付いた驚きの声である。こうしてみると、「ジェ」は室町時代の「じゃ」に遡り、中世の都人の驚き方を今に伝えるものと言えそうである。

このように、方言の感動詞は歴史的に見ても興味深い。その点では、「アバ」や「バ」などのアバ系感動詞も負けてはいない。こちらは古代語に遡り、「あはれ」の語源となったと目される。しかも、「ばっちい」「やばい」「あばよ」「いないいないばあ」など他の品詞への転成を重ね、歴史的にさまざまな語を作り出していった大元の言葉でもある。

　この感動詞は、地域的には東北および九州・琉球を中心に見られるが、『方言学の未来をひらく』で指摘した通り、東と西では形と意味だけでなく、造語システムにおいても違いがありそうである。すなわち、西日本のものは複合・派生といった一般の語と同様のシステムに頼る傾向があるのに対して、東日本のものは形態的操作・音調的操作による独特の造語システムを発達させている。宮城県気仙沼市方言において、話者たちが「ババババババ」「バーーーー」「バーバババ」などさまざまな形を縦横無尽に繰り出す様子を見ていると、その語としてのあり方は、一般的な語とは大いに異なるように思えてくる。すなわち、あらかじめ脳内の辞書に登録された完成品として存在し、発話者はそれを検索して使うといったものではく、気仙沼のアバ系感動詞には、そのつど発話の現場で生み出される自由度が感じられる。話者の頭の中にあるのは素朴な型のようなものであり、それが口頭から発せられる際、何らかの規則が稼働し、その場の状況に応じて臨機応変に具体的な姿を与えられると考えるのがよいかもしれない。これは感動詞を、静的な語彙目録とみなすのではなく、動的な生成過程として理解するということでもある。

　ひとくちに感動詞と言っても、そのありようは地域によって異なる。その点はオノマトペも同様であろう。例えば、土井晩翠夫人の八枝氏が著した『仙台の方言』(1938年)には、共通語の「のろのろ」に当たるオノマトペとして、「ノロラノロラ」「ノロラクララ」「ノララノララ」「ノララクララ」「ノサラノサラ」「ノサラクサラ」といった6つもの形式が載る。しかし、それらは一つ一つが独立的な語として、あらかじめ話者の頭脳に用意されている存在なのだろうか。そうではなく、これらも何か元になる型から、一定の規則に従い発話の場で、その都度生み出されるといった性格のものではない

のだろうか。実際には、土井氏が記録した6つの形式のほかにも、類似の形式が発話されている可能性があるかもしれない。

　このように、オノマトペの中にも、辞書に格納された固定的なものと、臨機応変に作り出される可変的なものとがあり、そのどちらの性質に傾くかは地域的な違いがあるように思われる。既存のリストの中からその場の感覚・感情を表すのに最も近い語を選んで済ませるのか、それとも、感覚・感情の細部を極力形式の上に反映させるべくその場で作り出すのか、そうした点の発想や志向性に方言差が見られるのではないかということである。

　以上のことは、オノマトペや感動詞において「語」とは何かを考えさせることにもなる。普通、語とは形と意味が結びついたものであり、それは基本的にオノマトペや感動詞にもあてはまるはずである。しかし、方言を観察していると、その点がどうしても疑問に思えてきてしまう。意味について言えば、オノマトペや感動詞が表すのは、一般的な語のような抽象化された概念ではなく、発話の場で生起する具体的な感覚や感情そのものという場合もあるのではないか。形について言えば、音韻体系・規則に制御された形態でなく、もっと自由な音（おと）的なものである場合も見られるのではないか、といった疑問である。誤解を恐れずに言えば、「意味」以前、「形」以前のものが結びついた生っぽい存在、まだ語に成り切っていない段階に位置する存在が、方言のオノマトペや感動詞の世界には認められそうだということである。一般語とオノマトペ・感動詞が、語として同じレベルでとらえられる方言もある一方で、それらの語としての性格に根本的な違いが見出せる方言も存在すると考えてみたい。

　このように方言を通して見ることで、共通語では当たり前のことが、もしかしたらそうではないと気づくことができる。「ノロラノロラ」「ジェジェジェ」といった観察可能な形式にとどまらず、それを生み出す機構や発想といった深いところでも、日本語のオノマトペ・感動詞はけっして一枚岩ではない。これらの言葉のあり方は日本中どこへ行っても同じだという思い込みは、魅力的な研究対象への扉を閉ざしてしまうことになりかねないだろう。方言学的にオノマトペや感動詞を研究するということは、実は、その変異を

通して感性の言葉の本質に迫ることにほかならない。

本書が目指すところ

　本書は、オノマトペと感動詞といった感性に関わる言葉の方言学をテーマとした論文集である。

　感性の方言学に向けて、編者はこれまで次のような著作を世に送り出してきた。

　　小林隆・篠崎晃一編(2010)『方言の発見―知られざる地域差を知る―』
　　　ひつじ書房
　　小林隆・澤村美幸(2014)『ものの言いかた西東』岩波書店
　　小林隆・川﨑めぐみ・澤村美幸・椎名渉子・中西太郎(2017)『方言学の
　　　未来をひらく―オノマトペ・感動詞・談話・言語行動―』ひつじ書房

　最初の『方言の発見』は、未知の地域差についてトピック的な興味を引き出そうとして編んだものであり、中にオノマトペや感動詞に関する論考を含んでいる。『ものの言いかた西東』は、言葉遣いに関わるさまざまな事例を取り上げ、オノマトペ・感動詞も視野に入れた言語運用の地理的傾向を指摘したものである。言葉の背後にある発想法や社会構造の地域差をも視野に入れながら、言語運用の方言形成を説明する仮説を提示した。上でも言及した『方言学の未来をひらく』は、副題にある新しい研究分野について、これまでの研究を概観し、方法論や資料・課題を整理しつつ分析の実践例を披露したものである。テキスト的な性格を備えた専門書と言ってもよい。

　これまで、このように突破口を切り拓き、進むべき方向を指し示し、研究をサポートする基盤を整備してきたが、感性の方言学を活性化するためには、まだ足りないものがあると感じた。それは、研究のバラエティや興味のありかを教えてくれる具体的な論考の集積である。個々の分析や考察が輝きを放ち、読者をこの分野に引き込むような魅力をもった論文を集めることで、感性の方言学への関心を一気に高めたいと考えた。

　本書はそのような意図のもとで編んだ論文集である。オノマトペ・感動詞といった分野の研究者に対して、それぞれの関心に従って、今後の研究の先

駆けとなったり、基礎を築いたりするような論文を提供してくれるよう依頼した。その際、理論研究や一般日本語研究（共通語研究）、日本語史研究の専門家からも、方言学に対して有益な提言をもらえないかと考えた。方言を専門としない方々も執筆者に名を連ねているのはそのためである。方言学でオノマトペや感動詞を扱うことのおもしろさを、多角的に発掘することが本書のねらいと言える。

　本書の評価は読者に委ねるしかないが、私としては執筆者の意気込みが伝わる興味深い論考が集まったと感じている。私の面倒な注文に対して、すばらしい論考で応えてくださった執筆者の方々に厚く感謝申し上げる。また、ひつじ書房の松本功社長、森脇尊志さん、渡邉あゆみさんには、本書刊行の面倒を見ていただき、毎回のことながらお礼を申し上げたい。

　読者のみなさんには、本書の中からさまざまなアイデアを発見し、新しい分野に一緒にチャレンジしてくださることを期待したい。本書が感性の方言学の発展に少しでも役立つことを願う。

　最後に、本書にはひつじ書房から同時に刊行する兄弟のような書、『コミュニケーションの方言学』がある。本書同様、新たな方言学を目指した論文集であり、合わせてお読みいただければ幸いである。

小林　隆

目次

まえがき　iii

I　研究のための視点

第 1 章　日本列島のオノマトペ研究に向けて
浜野祥子　3

第 2 章　オノマトペの機能の東西差
―言語的発想法の視点から―
小林　隆　23

第 3 章　オノマトペと感動詞に見られる「馴化」
定延利之　45

第 4 章　オノマトペに関する三つの思い込み
半沢幹一　65

II　地理的視野から

第 5 章　オノマトペを用言化する動詞と接尾辞の地理的分布
竹田晃子　91

第 6 章　地方議会におけるオノマトペの使用分布
　　　　　　　　　　　　　　　　　　高丸圭一　119

第 7 章　オノマトペ使用頻度に対する意識の地域比較
　―主観的使用頻度および居住地・出身地による使用頻度イメージの違い―
　　　　　　　　　　　　　　　　　　平田佐智子　147

第 8 章　対称詞の間投用法と文末用法の西日本分布について
　　　　　　　　　　　　　　　　　　友定賢治　163

Ⅲ　文学と語りの中で

第 9 章　宮澤賢治初期童話作品のオノマトペ
　―基本要素からの加工と展開―
　　　　　　　　　　　　　　　　　　小野正弘　187

第 10 章　東北地方の民話に見るオノマトペ表現の特徴
　　　　　　　　　　　　　　　　　　川﨑めぐみ　207

Ⅳ　用法を記述する

第 11 章　青森県五所川原市方言の感動詞「アッツァ」について
　　　　　　　　　　　　　　　　　　田附敏尚　233

第 12 章　富山県方言の「ナ（ー）ン」「ナモ」
　―否定を表す多機能形式の談話での運用―
　　　　　　　　　　　　　　　　　　小西いずみ　253

第13章　出雲方言における感動詞類「け(ー)」について
　　　　　　　　　　　　　　　　　　　　有元光彦　273

V　歴史的展開を追う

第14章　語彙的感動詞の発達
　―高知方言の驚きの感動詞から―
　　　　　　　　　　　　　　　　　　　　舩木礼子　297

第15章　上方・大阪語におけるコ系感動詞の歴史
　　　　　　　　　　　　　　　　　　　　深津周太　323

索引　347
執筆者紹介　353

Ⅰ　研究のための視点

第1章
日本列島のオノマトペ研究に向けて

浜野祥子

1. はじめに

　日本語のオノマトペ(いわゆる擬音語、擬態語)は、独特の語彙群としてひとところにまとめるに値すると考えられたり、外国人の日本語学習、あるいは、翻訳に役立つと思われて、かなり古くから、辞典に編纂されている(例えば、浅野1978、藤田・秋保1984、Chang 1990)。しかし、その構造的特徴に関する知識と言えば、そのようなオノマトペ辞典の前書きに数ページでまとめられるぐらいしか見当たらないというのが、一昔前の状況であった。小林(1976)や橋本(1950)などのわずかの例外を除いては、言語学者がオノマトペを研究の対象にしたり、論拠として使ったりすることはなかったのである。
　しかし、幸いなことに、この20年ほどで、状況は変わっている。オノマトペは、体系的な研究によってその価値を見直され、音韻的特徴や、統語的な特徴などが、明らかにされてきている(例えば、Hamano 1998、那須2002、Kageyama 2007、Akita and Tsujimura 2016、Iwasaki, Sells, and Akita 2017)。しかも、その過程で、オノマトペは、日本語の中で特異な現象ではなく、日本語の本質と強く結びついていることが指摘されてきている。さらに、篠原・宇野(2013)に見られるように、オノマトペの研究において、様々の視点、アプローチがとられるようになり、日本人の言語生活におけるオノマトペの重要性が次々と明らかにされてきている。

ただ、これらの研究の対象は、「日本語のオノマトペ」とくくられてしまっているにも関わらず、実際には、ほとんど全てが、東京方言、いわゆる共通語のオノマトペに集中している。竹田（2012）のような、東北方言のオノマトペに関する実践的な成果も出てきているが、体系的知識となると、津軽方言に関する浜野（2013）のわずかな成果をのぞいては、見当たらない。

　そこで、本稿の目的は、オノマトペ研究を、日本列島のオノマトペ研究に広げていく布石を敷き、研究を促すことにある。当然、そのような研究では、東京方言のオノマトペとの体系的な比較を視野に入れた上で、個々の方言に独自な構造の研究を進めていく必要があるだろう。その際、第一歩はもちろん、音韻論的、形態論的な研究であろう。本稿では、これらの観点から、日本語と琉球語のオノマトペの音韻的、形態的な比較によってどのようなことが分かるのか、また、今後、方言一般のオノマトペについて、分散している事実をどのようにまとめていくべきなのか、考えてみたいと思う。

　本稿の構成は次のとおりである。まず、土台となる東京方言のオノマトペの音韻的および形態的な特徴をあげる。それと対照する形で、津軽方言のオノマトペの特徴をあげる。次に、この2つを一部参考にして暫定的な基準を設定し、琉球語の首里・那覇方言のオノマトペを認定する。それを基にして、東京方言、津軽方言、北琉球語派の首里・那覇方言のオノマトペの特徴を比較し、さらに、北琉球語派の今帰仁方言、南琉球語派の多良間島方言、上代日本語、中世日本語のオノマトペも参照して、日琉語族のオノマトペの歴史を考察し、諸方言の研究に期待するところを述べる。

2. 東京方言のオノマトペの音象徴と音韻構造の特徴

　東京方言のオノマトペの音象徴と音韻構造の特徴については、Hamano（1998）、浜野（2014）、および、那須の一連の論文（那須2002、2004、Nasu 2015など）が詳しい。それを簡単にまとめると次のようになる。

　東京方言のオノマトペは、1音節（CVまたはCVN）の語基をもとにするものと、2音節（CVCV）の語基をもとにするものに分かれる。

1音節と2音節の語基の音素レベルでの音象徴は、特に阻害音の音象徴において際立った違いを見せる。すなわち、2音節の語基の音象徴は、1音節の語基に見られる音象徴を土台としてはいるが、触感に関する意味は、第1子音に、運動に関する意味は、第2子音に、というように、分化されている。このような分化の様子を各阻害音についてまとめると、表1のようになる。

表1　阻害音の意味

	1音節語基の頭子音（触感と運動）	2音節語基の第1子音（触感）	2音節語基の第2子音（運動）
p	表面の緊張、または膨張した表面の破裂	張りつめた表面	破裂
t	緩みのある表面を叩く	緩みのある表面	接着、打撃
k	硬い表面を叩く、または、空洞を通る音	硬い表面	空洞、上下、内外の動き
s	滑ること、摩擦	流動体、滑らかな表面	摩擦

　この結果、2音節の語基の場合、同じ音素からなっている語根でも、子音を置き換えただけで、/kusu/（押し殺した笑い方）に対する /suku/（のびやかな成長の仕方）のように全く違う意味になる。このように、2音節語基は、音まねというより、分析的、言語的であり、一般語彙とつながる現象が多く見られ、言語の構造的な要素、歴史的な変化に影響を受けやすい。一方、1音節語基は、音と意味の間により直接的な関係があり、一般語彙には許されない音を含んでいるものが多い。
　2音節のオノマトペ語基は、音配列という点からも、様々な興味深い特徴を見せる。まず、一般語彙と同様、2音節目に /r/ が非常に多く用いられるのに対し、語頭には /r/ が立たないことがあげられる。
　次に、口蓋化の分布が注目に値する。オノマトペでは、/ka/、/ku/、/ko/ に対して /kya/、/kyu/、/kyo/ というような音を作りだす口蓋化が多用される。口蓋化は、次の例のように、1音節のオノマトペ語基では、「雑多な音

や運動」、2音節のオノマトペ語基では、「雑多な音や運動、制御が不完全なこと」を意味する。

（1）a. 殺虫剤を syuQ と吹きかけた。
　　 b. ねずみ花火が syuru-syuru 回った。

　ただ、2音節の語基では、口蓋化の出現には、音象徴とは全く関係ない制限が関わってくる。まず、口蓋化は、語基1つに対し、一度だけ起こりうる。さらに、語基が歯茎音 /t/、/d/、/s/、/z/、/n/ を含む場合は、それらの口蓋化が優先される。/t/、/d/、/s/、/z/、/n/ が含まれているのに、他の子音が口蓋化されることはない。そのため、/syuru/、/hunya/ は、あるが、*/suryu/、*/hyuna/ はない。一方、/t/、/d、/s/、/z/、/n/ がない場合は、第1子音が口蓋化される。そこで、/pyoko/ はあるが、*/pokyo/ はない。

　有声阻害音の分布も、興味深い。それは、簡単にまとめれば、次のように言える。まず、純粋なオノマトペでは、連濁を起こすことはない。/simi-zimi-to/ など連濁を含むものは、角岡（2007）のいう「擬オノマトペ」である。さらに、東京方言のオノマトペでは、有声阻害音と無声阻害音の対立は、語基の頭に限られ、母音間では無声音が基本で、有声音はほとんど使われない。すなわち、母音間では、/suta-suta/、/zuta-zuta/、/paka-paka/、/baka-baka/、/kasa-kasa/、/gasa-gasa/ などに見られるように /t/、/k/、/s/ が普通で、母音間の /d/、/g/、/z/ は、それぞれ、ごくわずかの例外に限られる。

　この点、/p/、/b/ のペアーは、異色であり、/p/、/b/ に限って、母音間で、有声の /b/ の使用頻度が高く、/p/ がむしろ例外になっている。つまり、母音間の /b/ は、一般に無声阻害音があるべきところに現れる。この分布は、母音間での破裂唇音の弱化（ハ行転呼）に直面して、破裂唇音を残しておこうとしたオノマトペ特有の対応として説明できる。したがって、古くは、/b/ もまた、語基の頭に限られたと考えられる。

　最後に、1音節語基でも2音節語基でも、母音は、/a/、/o/、/u/、/i/ が多

く使われ、/e/ は少ない。母音は、一般に、その調音上、または、音響的特徴のゆえに、世界の諸言語で「大きさ」の音象徴に関わっているとされている。しかし、東京方言の /e/ は、このような音象徴に関係なく、「卑猥、下品」というような価値的な意味を持つ。

3．津軽方言のオノマトペの音韻と音象徴の特徴

　東京方言以外の方言では、オノマトペのみをまとめた網羅的な辞書が存在しない。ただ、幸いなことに、津軽方言に関しては、話者であった、故佐々木隆次氏(1935-2003)が 1970 年代に内省的にまとめたリストが存在している(佐々木 1972)。2000 年ごろに、筆者が佐々木氏から聞き取ったものと、様々の方言資料(鳴海 1957–1961、山村 1980、小笠原 1998、三浦 2001、久米田 2007 など)の中に含まれているオノマトペを加えることで、かなりの構造的特徴が分かる。それを東京方言のオノマトペの特徴と較べると、津軽方言のオノマトペは、東京方言のオノマトペと多少の違いはあるものの、東京方言と多くの特徴を共有していることが分かる。詳しくは、浜野(2013)を参照にしていただきたいが、東京方言との比較で特に目立つ違いといえば、次のようなことである。

　オノマトペ動詞の派生に使われる、接尾辞 /-meku/ は、東京方言では、化石化されている上に、/u-meku/ と /wa-meku/ を例外として、2 音節語基にしかつかない。一方津軽方言の /-meku/ ［-megu］は、/pikara-meku/ (ぴかぴか光る)、/biQkura-meku/ (びっくりする)、/tya-tya-meku/ (こせこせする) に見られるように、3 拍や 4 拍のオノマトペや 1 音節語基の重複形にもつくことができる。また、津軽方言では、/waQta-mekasu/ (どしどしやる)、/bahura-mekasu/ (タバコをふかす) のように、/-meku/ の他に /-mekasu/ も多用される。

　副詞用法での形態的な違いと言えば、東京方言の接尾辞 /-ri/ に対して、津軽方言では、/gaki-ra/ (強く食い込んでいる様子) のように接尾辞 /-ra/ が使われる。また、拍 /Q/ の挿入が、東京方言より自由であり、/gaki-raQ-to/、/gaQki-to/ のようなオノマトペが規則的に見られる。

また、/gʷatu/（強く叩いた音）、/gʷani/（柔らかいものを踏みつけた時の感覚）などに見られる第1音節の /gʷa/ も、東京方言には見られない津軽方言の特徴としてあげられる。

以上の特徴は、いずれも、1603/1604 年刊行の『日葡辞書』（土井・森田・長南 1995）にも記録されているように、室町時代以前の中央方言のオノマトペにも見られた特徴で、津軽方言は、古いオノマトペの形態、音韻体系をかなり保持していると見られる。

もう1つ、津軽方言に特徴的なのは、無声阻害音と有声音阻害音の分布である。まず、東京方言と違って、津軽方言では、/kipa/ ［kipa］（断固とした様子）、/nepa/ ［nepa］（粘性のある様子）のように、母音間に /p/ が自由に現れる。さらに阻害音の有声化は、例えば ［poki］ < ［boki］ < ［bogi］ の順にオノマトペに強度の意味を与える。

最後に、東京方言では、オノマトペの /h/ は、語基の頭に限られるが、津軽方言では、/gaho/（胸元などが大きく開いている様子）のように、2音節語基の母音間に /h/ が見られる。この /h/ は、強調の接中辞 /-C-/ の後でも、/p/ にはならず、/gaQho-ra/ のように /h/ として現れる。

4．首里・那覇方言のオノマトペの認定基準

残念なことに、首里・那覇方言の場合、上記のような網羅的なオノマトペのリストが存在しない。しかし、首里・那覇方言は、言語学的な研究が進んでおり、語彙を記録に残そうとする多大な努力が積み重ねられている言語でもある。幸い、首里・那覇方言辞典、オンラインの首里・那覇方言の語彙リストも存在する。その中で、中松（1987）及び首里・那覇方言音声データベース (http://ryukyu-lang.lib.u-ryukyu.ac.jp/srnh/) には、かなり多くのオノマトペらしき語彙が副詞として含まれている。また、野原（1972、1973）は、畳語、反復法というテーマを対象とする中で、いくつかのオノマトペ表現を扱い、野原（1977）、Miyara（2015）、Lawrence（2015）も、いくつかのオノマトペをあげている。

そこで、次にいくつかの暫定的な基準を立て、それに基づいて、上述の資料の中からオノマトペ語彙を抽出してみる。これらの基準は、2つの種類からなっている。まず、首里・那覇方言のオノマトペに内的な基準である。もう1つの種類は、東京方言、津軽方言のオノマトペに対応するものとして、首里・那覇方言のオノマトペを認定する基準である。

4.1 内的な基準

内的な基準の1つ目は、母語話者の判断である。母語話者の主観だけに頼るわけではないが、話者が一般語彙と違ったものと認識しているものを集めることも必要だと考えられる。実際、東京方言の場合は、筆者個人の内省や、他の母語話者の執筆したものや、辞書などが、出発点であった。また、津軽方言の場合は、話者であった佐々木隆次氏の、内省による網羅的なリストに頼った。その語彙リストの中から、中心的な特徴を取り出したわけである。本稿における首里・那覇方言の場合、辞書や調査研究資料などに、「擬声語」、「擬音語」、「擬態語」、「擬容語」、「擬情語」などと、明記されていることが、母語話者の判断に該当するとした。これによって、東京方言でも、オノマトペとされる（1）や、東京方言のオノマトペにかなり似ている（2）、東京方言のオノマトペとは異なる（3）のようなものが当面オノマトペと判断される。

（1）a. dara-dara　　液体が続いて垂れる様子
　　　b. gura-gura　　安定が悪く、揺れ動く様子
（2）a. kuru-kuru　　ころころ
　　　b. guru-guru　　ごろごろ。きょろきょろ
（3）a. tira-tiraa　　きらきら。光を受けて輝く様子（/ti/ は［či］）
　　　b. kwen-kwen　　浮いている様子
　　　c. kooru-kooru　　いびきの音
　　　d. kwati-kwati　　怒っている様子
　　　e. yuuru-kwaruu　　衣類が大きすぎて、だぶついている様子

さらに、「擬音語」と明示されていなくても、「〜の音」というように認定されていれば、オノマトペとみなす。首里・那覇方言では、これにより、次のような言葉がオノマトペと認定される。

（4）a.　kwiiri-kwiiri　　きしむ音
　　　b.　giti-giti　　　　きしむ音
　　　c.　san-san　　　　蝉の音

　第2の基準は、/p/ を語基の頭に持つかどうかである。東京方言と同じく、首里・那覇方言での一般語彙では、/p/ は語基の頭で失われている。語基の頭の /p/ は、オノマトペと外来語に限られるわけである。この基準を使い、外来語ではないもので、/p/ を語基の頭に持つものを、オノマトペと認定する。これによって、以下のようなものが、オノマトペとされる。

（5）a.　paara-mikasun　　雨が急に強く降る
　　　b.　hana-pii-pii　　　風邪で鼻がつまり音をたてる様子
　　　c.　paQtari-geeyaa　体・手足などをばたばたさせて暴れる様子

　第3の基準は、動詞を派生する接尾辞 /-mikasun/ が加えられることである。首里・那覇方言で /-mikasun/ が加えられるものを、ざっと見回してみると、/gusu-mikasun/（さっと切る）、/don-mikasun/（どんという音をたてる）、(5a) の /paara-mikasun/ などのように、上記の基準のいくつかを同時にみたしているものが多い。そこで、暫定的に、/-mikasun/ をオノマトペ動詞を派生するものと考える。この基準は、/-mikasun/ が、津軽方言の /-mekasu/ と同源語であり、津軽方言で /-mekasu/ がオノマトペに生産的に付加される接尾詞であることによっても支持される。この基準により、例えば、次の語がオノマトペと認定される。

（6）a.　poton-mikasun　　ポトンと落とす

    b. dusa-mikasun   とどろかす
    c. hau-mikasun   ああんと口を大きくあける

4.2　比較による基準

　次に日本語との比較による基準に移ろう。比較による基準の第1は、日本語のオノマトペとの音韻的かつ意味的な一致である。まず、東京方言または津軽方言と、一致する場合、オノマトペと認定する。（ただし、母音の長さの違い、強調の接中辞 /-C-/ の存在は、無視する。また、異なった語根を組み合わせたと見られるものの場合は、前半部だけに注目し、前半部が同じであれば同一と認める。これは、以下全てにあてはまる。）これにより、次のような語がオノマトペとして認定される。

（7）a. pati-pati   手をたたく音
　　 b. wasa-wasa   騒がしい様子
　　 c. nuura-kwaara   表面に油気やぬめりがある様子

さらに、音韻対応により、日本語のオノマトペの同源語と認定できる場合も、オノマトペと認める。この基準を支えるものとして、次の音韻対応が一般語彙に関して指摘されている（外間 2000）。

（8）　東京方言と首里・那覇方言の音韻対応

東京方言		首里・那覇方言
o	>	u
e	>	i
ki	>	ti [či]
gi	>	ji
ri	>	i
da	>	ra

オノマトペの場合も、この対応と意味の近似性をもとに、次のような対応が認められる。

(9) 東京方言と首里・那覇方言のオノマトペの対応
<u>東京方言</u>　　　　　<u>首里・那覇方言</u>
koro-koro　　＞　　kuru-kuru
dosa-dosa　　＞　　dusa-dusa
bote-bote　　＞　　buti-butii
kira-kira　　＞　　tiira-tiira
gisiQ-to　　　＞　　jisiQ-tu
siQkari-to　　＞　　sikai-tu
dara-dara　　＞　　rara-rara

　第2の基準は、体系的に期待されるにも関わらず東京方言と津軽方言からは抜け落ちているものを、首里・那覇方言が補う場合、これをオノマトペと認めるというものである。これにより、次のような語彙がオノマトペと認定される。

(10) 首里・那覇方言が補完する場合
<u>東京方言</u>　　　　　　　<u>首里・那覇方言</u>
yuru-yuru、*yuruQ-to　　yuruQ-tu　　のんびりと
uka-uka、*ukaQ-to　　　ukaQ-tu　　　うっかり
*guta-guta、gutaQ-to　　guta-guta　　疲れて熟睡する様子

　第3の基準は、第1、第2の基準は満たさないが、近接する音を含み、日本語のオノマトペと意味的にほぼ対応するものをオノマトペとみなすというものである。これにより、次のような語がオノマトペと認定される。

(11) 近接する音で意味的に対応

東京方言	首里・那覇方言	
gisi-gisi	giti-giti	きしむ音
muzu-muzu	muzyu-muzyu	何かをやろうとしていらだつ様子

　次のように、音韻的な対応を認定してから、さらに第2、第3の基準にたよったものも多い。

(12)

東京方言	首里・那覇方言	
mota-mota	mutya-mutya（＜ motya-motya）	要領の悪い様子
siQtori	siQtai（＜ siQtari）	濡れた様子

5. 日琉語族の中での比較

　これら6つの基準に即してオノマトペ語彙を認定すると、ほぼ25の1音節語基とほぼ130の2音節語基からなる、250ほどの異形がオノマトペと認定された。それに基づいて、かなりはっきりした音韻的、形態的な特徴が指摘できる。そこで、その結果を、現代日本語の東京方言と津軽方言と比較し、さらに、同じく北琉球語派の今帰仁方言、南琉球語派の多良間島方言、上代日本語、中世日本語からの資料を補足する形でまとめてみよう。今帰仁方言音声データベース（http://ryukyu-lang.lib.u-ryukyu.ac.jp/nkjn/index.html）のオノマトペは、収録数は首里・那覇方言データベースと較べて少ないが、副詞一般から分けてある。多良間方言については、下地（2013）に依拠した。これは、資料が限られているが、大体の流れはつかめる。

5.1　東京方言＝津軽方言＝首里・那覇方言

　まず、共通する特徴をあげる。予測された通り、2音節語基からなるものが、オノマトペの中で大きな比重を占めることは、日琉語族の全ての言語に

共通する特徴だと見られる。そして、第1音節と第2音節の音象徴的な分化も綿々と続いてきたと見られる。

　また、/r/ が基本的に語基の第2子音としてしか現れないというのも、共通する点である。(9)の /rara/ は、例外だが、もとは、/dara/ だったと見られるので、反例にはならない。

　さらに、弁別的な口蓋化も、日琉語族を通じて同じ分布だと見られる。これは、東京方言、津軽方言から、予測されるとおりである。

　また、有声阻害音と無声阻害音の対立は、どの方言でも、基本的に語基の始めに限られる。語基の始めの有声阻害音は、歴史的な記録としては、上代日本語（万葉集）の /bisi-bisi/（鼻汁でびしょびしょになって）と /bu/（蜂音）まで遡る（小松　1981）が、おそらくその以前にも存在しただろうと思われる。

　オノマトペでは、連濁を起こすことはないというのも、共通する。

　日本語と琉球語のオノマトペで、一見目立つ違いは、母音の数である。東京方言と津軽方言では、/a/ に続いて、/o/、/u/ が多く、/e/ は、限られている。一方、首里・那覇方言では、/a/、/i/、/u/ が際立って多く、/o/ は、限られている。これは、ひとつには、一般語彙でも、オノマトペでも、短母音の /o/ が /u/ に合流したためだと考えられる。そこで、遡れば、同じ分布だったと考えられる。

　一方、/e/ に関しては、短母音も長母音も頻度が少ない。これに関しては、合流したからというよりは、首里・那覇方言でも、東京方言、津軽方言と同様、音象徴的に特殊で、比較的少なかった可能性が高い。

　次に形態的な特徴を見よう。まず、表2のような基本的な形態的タイプが、共通に見られる。

第 1 章　日本列島のオノマトペ研究に向けて　15

表 2　基本的形態的タイプ

	東京	津軽	首里・那覇
CVCV-CVCV (-to)	para-para, gara-gara-to	gona-gona, zaki-zaki-to	bura-bura, yaɸa-yaɸa-tu
CVCVQ-to	kutaQ-to, zubaQ-to	kataQ-to, musuQ-to	gutaQ-tu, zibaQ-tu
CVCVN	patiN-to	gataN-to	patiN-mikasun

　さらに、異なった語根を組み合わせたオノマトペが、共通して数多く見られる。これらは、第 2 拍が同じという特徴を持っている。表 3 は、そのいくつかをあげてある。このパターンは、今帰仁方言にも見られるが、多良間島方言に関しては報告されていない。しかし、これは、データが著しく少ないための偏りで、存在するだろうと考えられる。

表 3　異なった語根を合わせたタイプ

東京	津軽	首里・那覇
petya-kutya, nora-kura, boka-suka, tira-hora	zuŋu-muŋu, tyaka-moka, netu-kutu, maya-kuya	daraa-kwaraa, buusa-gwaasa, daNzya-muNzya

　このように、日琉語族のオノマトペは、個々の語は同じではないにもかかわらず、多くの構造的特徴を共有している。これらの構造的特徴は、いずれも、日琉祖語に遡って存在したと考えられる。

5.2　東京方言 ≠（津軽方言 = 首里・那覇方言）

　次に、東京方言だけが違っているパターンを見よう。
　表 4 は、接尾辞 /-ri/ または /-ra/ に関して、現在、東京方言では /-ri/ であり、津軽方言、首里・那覇方言のどちらも、/-ra/ が基本であることを示す。加えて、多良間島方言にも、/-ra/ が見られる。首里・那覇方言では、/-ri/ の場合もあり、これは、/-i/ として現れることが多い。今帰仁方言で報告されているのは、/-i/ だけである。これらの接尾辞は、おそらく上代日本

語の /hodo-ro/（薄く雪の降り積もる様子）、/moso-ro/（ゆっくり）や首里・那覇方言の /muzyu-ru/（うごめく様）の /-ru/ とも関係し、もともとは、/-rV/ とだけ指定されていたのではないだろうか。

表4　接尾辞 /-ri/ と /-ra/

	東京	津軽	首里・那覇
CV (C) CV- (r) i-(to)	sara-ri-to, suru-ri-to, guQta-ri	少ない	yuru-i-tu, suru-i-tu, guQta-i
CV (C) CV-ra-to	化石化した eQchi-ra-oQchi-ra	gata-ra-to, gaQku-ra-to, uNzya-ra-to	ɸitya-ra-ɸitya-ra

次に、表5は、接尾辞 /-mekasu/ の同根語が、津軽方言、首里・那覇方言では、頻繁に様々な形態のオノマトペと使用されることを示している。この接尾辞は、今帰仁方言でも、/mikaasun/ として多用される。多良間島方言では、/mikasi/ として2例しか報告されていないが、津軽方言と同様、1音節語基からなるオノマトペにもつくことから判断して、生産的なものだと推測される。一方、東京方言では、/hono-mekasu/、/hira-mekasu/ など、数個の化石化した語彙に現れるだけである。/-mekasu/ は、『今昔物語集』にも『日葡辞書』にも非常に多く現れているところを見ると、祖語から受け継がれて、歴史的には、中央方言でも多用されたらしい。

表5　動詞を派生する接尾辞

東京	津軽	首里・那覇
化石化した hono-mekasu, kira-mekasu, hata-mekasu, hira-mekasu	zyara-mekasu, tya-tya-mekasu, noQta-mekasu, bera-mekasu	gusu-mikasuN, paara-mikasuN, ɸiQsui-mikasuN, poton-mikasuN

最後に、表6は、津軽方言と首里・那覇方言では、2音節語基の母音間に /h/ ないしは /ɸ/ が現れることを示している。『日葡辞書』にも、/gaɸa/（急

に起き上がる様子）のように、母音間の /ɸ/ が記録されていることは、興味深い。

表6　母音間の /h/ ないしは /ɸ/

東京	津軽	首里・那覇
なし	mahora, gahora	gaɸa-gaɸaa, tuɸe-mikasun

5.3　（東京方言＝津軽方言）≠首里・那覇方言

日本語と琉球語の間に分岐線がある形態には、次のものが考えられる。

万葉集（上代日本語）には、名詞にオノマトペが後続する形態が見られる。それは、/hana-bisi-bisi-ni/（鼻をすすらせて）である。このパターンは、現在では、東京方言にも津軽方言にも見られないが、表7が示すように、琉球語には、類似の形態が見られる。すなわち、首里・那覇方言では、/timu-wasa-wasa/（心がわくわく）、/uɸu-muta-muta/（大騒ぎ）のように、名詞または形容詞語幹がオノマトペの直前に現れる。両者のタイプは、今帰仁方言にも見られる。下地（2013）によると、多良間島方言では、形容詞語幹のみが現れる。「名詞＋オノマトペ」の形態は、日本語の方で消失したと考えられる。「形容詞語幹＋オノマトペ」の形態が日琉祖語にあったかどうかは、これらの資料からだけでは、何とも言えない。

表7　名詞または形容詞語幹＋オノマトペ

	首里・那覇	今帰仁	多良間島
名詞＋オノマトペ	timu-wasa-wasa, mii-guru-guru	siru-boN-boN	なし
形容詞語幹＋オノマトペ	uɸu-muta-muta, uhu-yuruQ-tu	uu-gʷan-gʷan	au-biru-biru-tii

同様に東京方言と津軽方言には見られない形態的特徴としては、長母音の多用がある。東京方言の場合、/kataaN-to/ や /kataaQ-to/ のようなパターン

で、第2音節の母音が長音化することはあるが、その他には、長母音は見られない。一方、琉球語では、長母音が多用され、表8に示したように、第1音節でも、第2音節でも、長母音化が可能である。

表8　長母音の分布

	首里・那覇	今帰仁	多良間島
短長	sipuu-tu		gusuu-tii
短長-短短		dakuu-daku	
長短-短短	biira-kwara		
長短-長短	kooru-kooru,		gaara-gaara
短短-短長	buti-butii	putu-putuu	dara-daraa
短長-短長	niguu-niguu	goroo-goroo	
長短-長長	tyaara-tyaaraa		
長長-長長	yooraa-kwaaraa		

5.4　多良間島方言のみ

最後に多良間島方言だけに存在する形態をあげておく。これは、/-ga/ が重複形の第1項と2項の間に入る、表9のような強調形である。

表9　/-ga/ による強調

多良間島
gana-ga-gana, basya-ga-basya-tii, buQtu-ga-buQtu-tii, buusyu-ga-buusyu-tii, para-ka-ga-para-ka

6. まとめと問題点

以上を歴史的な流れにまとめると、次のようになる。まず、日琉祖語のオノマトペは、次のような特徴を持っていたと考えられる。

(13) a. 2音節語基が構造的に確立していた。
　　 b. 有声阻害音は /b/ も含めて、語基の頭に限られた。
　　 c. 連濁は、起こらなかった。
　　 d. /r/ は、語基の頭に現れなかった。
　　 e. 重複に加えて、第2音節が同じ語基の組み合わせが生産的だった。
　　 f. 「名詞＋オノマトペ」のパターンがあった。
　　 g. 接尾辞 /-rV/ が使われた。
　　 h. /-mekasu/ が生産的だった。

　上代日本語のオノマトペは、おそらく、これとほとんど変わらなかったと思われる。これらの特徴のうち、「名詞＋オノマトペ」の形は、まもなく日本語の側では、消えたらしい。そして、津軽方言では、接尾辞 /-rV/ は、/-ra/ に固定された。一方、東京方言では、接尾辞 /-rV/ は、/-ri/ に固定され、/-mekasu/ は、/-suru/ に取って代わられた。
　しかし、不明な点も多い。興味深い点を、いくつかあげよう。

(14) a. 琉球語に共通のオノマトペの長母音は、琉球祖語での革新だったのか。
　　 b. 「形容詞語幹＋オノマトペ」の形態は、どこから来るのか。
　　 c. 多良間島方言に見られる /-ga/ の挿入は、どこから来るのか。
　　 d. 母音間の /h/ または /ɸ/ の分布は、何を意味しているのか。
　　 e. 祖語のオノマトペで、母音は、いくつあったのか。

　(14a)、(14b)、(14c) は、オノマトペの問題として、日本語の諸方言に存在するのか調査する必要がある。(14d) は、一般語彙との関係で、広く調査する必要がある。東京方言のオノマトペでは、母音間の /p/ は、/b/ に変わったと見られるが、琉球語のオノマトペでは、東京方言では見られない母音間の /ɸ/ が見られるし、また、『日葡辞書』にも /ɸ/ が記録されている。津軽方言のオノマトペにも、母音間に /h/ を含むものがある。諸方言のオノマト

ペで、/h/、/ɸ/ の分布と役割が調査され、一般語彙における「ハ行転呼」との関係が考察されることが望まれる。

　(14e) に関しては、次の問題がある。東京方言に限らず、/e/ は、母音一般の「大きさ、形状」の音象徴に関係なく、「卑猥、下品」というような価値的な意味を持つ。また、/e/ は、『今昔物語集』のオノマトペでも、『日葡辞書』のオノマトペでも非常に少ない。

　ただし、歴史的に、オノマトペ内での母音の対立は、/i/、/a/、/o/、/u/ の4母音に限られたわけではなく、山口 (2012) によって報告されている万葉集のオノマトペには、計 (甲類) /ke/、恵 /we/、礼 /re/ の音節の例がある。また、同じリストには、(15a) に見られるように、甲類の「こ」に対する乙類の「こ」、(15b) に見られるように、甲類の「よ」に対する乙類の「よ」の音節の区別が含まれている。オノマトペでも、おそらく一般語彙と同じだけの母音が使われたのであろう。

(15)　万葉集のオノマトペにおける甲乙の区別
　　　a.　古胡（こご）　　　　板戸をたたく音　　　古＝甲類
　　　　　来 / 許武（こむ）　 狐の鳴き声　　　　　来＝乙類　許＝乙類
　　　b.　多欲良（たよら）　　揺れ動いて安定しない　欲＝甲類
　　　　　曾与 / 具世（そよ）　箭や枕が共鳴する音　 与＝乙類　世＝乙類

　ただし、音象徴の観点からは、それほどいくつもの母音が必要であったとは、考えにくい。現在の東京方言のオノマトペでは、母音は、音象徴上、子音ほど、細分化されていない。主に、「大きさ」と「形状」いう音象徴上の対立が、/i/、/a/、/o/、/u/ の対立によってなされているだけである。オノマトペでのいわば必要以上の母音の区別は、何を意味したのだろうか。

　以上のような考察は、琉球諸方言、および、日本列島各地の方言のオノマトペを詳しく体系的に調べることによって検証されるべきものである。そのような大きな研究には、まず本稿で示したような基準に従って、個々の方言のオノマトペを、数多く認定し、その音韻的、形態的特徴をまとめ、他の方

言と比較していく地道な研究が必要となる。日本語のオノマトペは、一般語彙層とも、深く結びついている。このようなオノマトペの体系的な研究が日本列島の諸方言で進むことで、日琉語族の歴史を考える上でも新たな視点が可能になることを願って、本稿を結びたいと思う。

文献

浅野鶴子編（1978）『擬音語・擬態語辞典』角川書店
小笠原功（1998）『津軽弁の世界—その音韻・語源をさぐる』北方新社
角岡賢一（2007）『日本語オノマトペ語彙における形態的・音韻的体系性について』くろしお出版
久米田いさお（2007）『津軽の標準語』モツケの会
小林英夫（1976）「象徴音の研究」『小林英夫著作集 5』pp.379–404．みすず書房
小松英雄（1981）『日本語の音韻』中央公論社
佐々木隆次（1972）『擬声語・擬態語語彙集—旧青森市方言』私家版
篠原和子・宇野良子編（2013）『オノマトペ研究の射程—近づく音と意味』ひつじ書房
下地賀代子（2013）「南琉球・多良間島方言のオノマトペの形式」『沖縄国際大学日本語日本文学研究』17 (2)：pp.13-32．沖縄国際大学
外間守善（2000）『沖縄の言葉と歴史』中央公論社
竹田晃子（2012）『東北方言オノマトペ用例集』国立国語研究所
土井忠生・森田武・長南実編（1995）『邦訳日葡辞書』岩波書店
中松竹雄（1987）『琉球方言辞典』那覇出版社
那須昭夫（2002）『日本語オノマトペの語形成と韻律構造』筑波大学博士論文
那須昭夫（2004）「韻律接中辞と左接性—日本語オノマトペの強調語形成」『日本語と日本文学』38：1–14．筑波大学
鳴海助一（1957–1961）『津軽のことば』津軽のことば刊行委員会
野原三義（1972）「反復法—所謂畳語などを中心に」（井上史雄ほか編（2001）『琉球方言考 6』pp.166–179．ゆまに書房に再収録）
野原三義（1973）「反復法（二）」（井上史雄ほか編（2001）『琉球方言考 6』pp.180–191．ゆまに書房に再収録）
野原三義（1977）「沖縄那覇方言の音韻」『沖縄国際大学文学部紀要（国文学篇）』6 (1)：pp.28–43．沖縄国際大学
橋本進吉（1950）「駒のいななき」『国語音韻の研究』pp.47–50．岩波書店

浜野祥子（2013）「方言における擬音語―擬態語の体系的研究の意義」篠原和子・宇野良子編『オノマトペ研究の射程―近づく音と意味』pp.133–147．ひつじ書房
浜野祥子（2014）『日本語のオノマトペ―音象徴と構造』くろしお出版
藤田孝・秋保慎一編（1984）『和英擬音語・擬態語翻訳辞典』金星堂
三浦義雄（2001）『青森市旧安田の方言語彙』北の街社
山口仲美（2012）「奈良時代の擬音語・擬態語」『明治大学国際日本学研究』4（1）：pp.1–20．明治大学
山村秀雄（1980）『青森県平内方言集』平内町教育委員会

Akita, K. and N. Tsujimura (2016) Mimetics. In T. Kageyama and H. Kishimoto (eds.) *Handbook of Japanese Lexicon and Word Formation*, pp. 133–160. Berlin: De Gruyter Mouton.

Chang, A. C. (1990) *A Thesaurus of Japanese Mimesis and Onomatopoeia: Usage by Categories*. Tokyo: Taishukan.

Hamano, S. (1998) *The Sound-Symbolic System of Japanese*. Stanford: CSLI.

Hamano, S. (2000) Voicing of Obstruents in Old Japanese: Evidence from the Sound-Symbolic Stratum. *Journal of East Asian Linguistics* 9: pp. 207–225.

Iwasaki, N., P. Sells, and K. Akita. (2017) *The Grammar of Japanese Mimetics*. London: Routledge.

Kageyama, T. (2007). Explorations in the Conceptual Semantics of Mimetic Verbs. In B. Frellesvig, M. Shibatani, and J. Smith. (eds.) *Current Issues in the History and Structures of Japanese*, pp. 27-82. Tokyo: Kurosio Publishers.

Lawrence, W. (2015). Lexicon. In P. Heinrich, S. Miyara, and M. Shimoji (eds.) *Handbook of the Ryukyuan Languages*, pp. 157–173. Berlin: De Gruyter Mouton.

Miyara, S. (2015) Shuri Okinawan Grammar. In P. Heinrich, S. Miyara, and M. Shimoji (eds.) *Handbook of the Ryukyuan Languages*, pp. 379–404. Berlin: De Gruyter Mouton.

Nasu, A. (2015) The Phonological Lexicon and Mimetic Phonology. In H. Kubozono (ed.). *Handbook of Japanese Phonetics and Phonology*, pp. 253–288. Berlin: De Gruyter Mouton.

沖縄言語研究センター「首里・那覇方言音声データベース」〈http://ryukyu-lang.lib.u-ryukyu.ac.jp/srnh/index.html〉2016.9.1
沖縄言語研究センター「今帰仁方言音声データベース」〈http://ryukyu-lang.lib.u-ryukyu.ac.jp/nkjn/index.html〉2017.1.17

第 2 章
オノマトペの機能の東西差
―言語的発想法の視点から―

小林　隆

1．オノマトペの機能への着目

　オノマトペの研究は方言学でも近年ようやく活性化してきた。この分野が興味深いのは、構造的な側面に加え、運用面や機能面でも地理的な違いがありそうだという点である。すなわち、地域ごとにオノマトペの質的なあり方が異なり、それがなぜ使用されるのか、その存在理由にも違いが認められる可能性がある。そこにはオノマトペに対する地域独自の言語的発想法が影響していると考えられる。

　オノマトペに関するこうした問題は小林・澤村（2014）で指摘し、小林（2015）でも取り上げた。そこでは、東日本方言、とりわけ東北方言において、身体依存型の表現機構を有し、感覚・感情面を積極的に稼働させようという発想法が強いという見通しを述べた。また、小林（2017）では、そうした身体に頼る表現法の前提として、ものごとのとらえ方の面でも、東日本（特に東北）には体感に基づく現象理解の方法を好むという傾向があることを指摘した。

　以上を踏まえ、この論文では機能面におけるオノマトペの地域的な違いについて考えてみたい。従来の研究では、オノマトペはオノマトペであり、どこであってもその役割は同じであると思われてきた。しかし、実際には、なぜオノマトペを使うか、その根本的な発想に地域差が存在する。特に、東日本と西日本でこの違いは大きい。そうしたことについて、以下では論じてい

くことにする。

2. オノマトペの描写性

　「大声で泣く様子」を表すオノマトペを小林（2010）で取り上げた。ワンワン、ワーワーなど語頭がワである共通語的な形（ワ系）のほか、オイオイ、オンオンなどのオ系が全国的に見られる。その中でも特徴的なのは東北地方であり、オイオイ、オエオエ、オンオンのほかに、オインオイン、オンイオンイ、オエンオエン、オンエオンエなどのバラエティが豊富に分布する。イとエはこの地域で音韻的な対立を形成しないことを考慮しても、その種類の多さは注目される。

　中央語の歴史では、ワ系に先んじて「おいおい」と表記されるオ系がすでに平安時代に登場している。全国のオ系はこの系統が地理的に展開したものと考えられる。ただし、「おいおい」がそのまま現代語のオイオイに対応するかというと、それは疑わしい。撥音を表記しない当時の表記法によれば、実際には、東北的なオインオイン、オンイオンイといった発音だったかもしれない。平安時代の「おいおい」は現実の泣き声により近い、鼻にかかって長く引くような音を写したものであり、その姿を留めるのが現代東北方言の諸形式だという可能性は十分にある。

　現実の音を、なるべくそれに近い形でオノマトペに写し取ろうとする。そうしたオノマトペは言語化の度合いが弱く、抽象度が低い状態にある。しかし、その分、描写性に優れ、現実の再現性が高いと言える。東北方言のオノマトペの特徴は、このようなところにあると考えられる。共通語ではワンワンは人間の泣き声だけでなく、犬の鳴き声にも使用される。人の泣き声と、犬の鳴き声とは現実の音に違いがある。しかし、オノマトペの抽象度が高い状態では、それらの違いは無視される。両者の音が同じ形式であってもかまわないのが共通語のオノマトペである。共通語のオノマトペと東北方言のオノマトペとは、この点で大きく異なる。

　現実に近い形で状況を描写し分けるとなれば、その方言は必然的にオノマ

トペの種類が豊富でなければならない。また、現象の細かな違いを形式に反映させるような生産的な造語システムを持つことが必要になる。例えば、山形県寒河江市方言のオノマトペを対象とした川越（2015）では、「急に」を表すオノマトペとして、ガラット、ガラリ、グエット、グット、グエラ、グラリ、ゴエット、ゴエラ、ドエット、ドエラ、ボエット、ボエラといった12個もの形式を採取しており、その数の多さに目を引かれる。東北方言におけるオノマトペの種類の豊富さや派生形の生産性は、こうしたところからもうかがえる。

この点に関する地域差を論じたものとして、宮城県小牛田方言と高知県奈半利方言を比較した齋藤（2007: 56）の観察は興味深い。齋藤は東北の小牛田方言について、次のように指摘する。

> 小牛田で生物に関するオノマトペが多く使われるのは、それらが創作しやすい分野だからである。とくに動作は、目で見た動きを音声で再現しようとする。そのため、既存の語に音韻やオノマトペの型にのっとった語形変化のアレンジを加え、この場面を表すのによりふさわしい語を生み出していると推測される。小牛田方言におけるオノマトペは具体性が強い傾向がある。「ハカハカ」や「ポヤポヤ」など限定的な用法が定着しているのは、具体性を好む現れと考えられる。

「創作しやすい分野」という理解の是非は置いておき、ここで述べられていることは重要である。「ハカハカ」は「息切れや動悸」の感覚を表し、「ポヤポヤ」は「乳幼児の軟らかく薄い髪の毛」の感覚を表す。こうした個別具体的な意味を持つ形式が豊富に存在することで、小牛田方言のオノマトペの描写性は確保されている。現象の描写力が要求される感覚や動作といった意味分野で、小牛田のオノマトペの種類が奈半利のそれを大きく上回るのはそのことの反映と解釈される。

今、小牛田方言と奈半利方言の量的な違いを見るために、感覚分野のオノマトペについて齋藤が示すデータ（表4–2）を表1として引用する（一部、体

表1 感覚分野のオノマトペ（齋藤2007による）

	種類	異なり	延べ
小牛田	19	25	38
奈半利	8	9	9

裁を変更）。表の「種類」とは語基の種類を、「異なり」とはその派生形の種類を表す。なお、齋藤の調査は主として自然談話の観察に基づくものであり、「延べ」は談話における出現数を示している。

　これを見ると、「種類」の数は確かに小牛田が奈半利を大きく超えている。それだけでなく、小牛田で「異なり」が「種類」より数値を増やしているのは、齋藤の言う「語形のアレンジ」、すなわち派生の活発さを示すものである。派生形の生産性も、この地域の描写的なオノマトペの性格を支えていると考えられる。

3. オノマトペの種類と生産性

　以上のようなオノマトペの種類の豊富さや派生形の生産性に関する論議を深めるためには、各地のオノマトペの体系や造語システムを明らかにした上で比較を行う必要がある。しかし、今その準備はできていない。そこで、試みに全国的な分布データを基にして、この点についての見通しを得てみたい。

　小林（2013）で紹介した全国的な分布調査では「突然（飛び出した）」の「突然」に当たる形式を調べている。そこで収集した各地のデータを見ると、ヒョコット、ヒョッコリ、ベロット、ボット、グイラ、ビラリなどさまざまなオノマトペが回答されている。東北・近畿・九州の3地域について見ると、先の齋藤（2007）の言う「異なり」のレベルで、採取されたオノマトペの種類の数は、東北で56個、近畿で14個、九州で36個となる。これらについての詳細な解説は稿を改めることにし、ここではそれらのオノマトペを語構成の観点から分類してみる。ただし、地域間の比較のために、ど

地点のオノマトペにも適用可能な方法として、語を単純に音的な要素（拍に相当）に切り分け、その配列の類似性からタイプ分けするという方式をとる。

　結果として、次に示すA・B・C・Dの4つのタイプを抽出した。具体例で言うと、例えばヒョコットは「ヒョ／φ／コ／ッ／ト」と分析しAタイプに入れた。ベロットも「ベ／φ／ロ／ッ／ト」と解釈しAタイプとした。また、ヒョッコリは「ヒョ／ッ／コ／リ／φ」となりBタイプに、グイラは「グ／イ／ラ／φ」となりCタイプに分類した。以下では、語構成のタイプごとに東北・近畿・九州の3地域の結果を配置する（孤例的なヒョットコ、ヒョッコラショ、ヒョットラカーチェ、ピカッタンの4語は保留とした）。

Aタイプ
　東北：ヒョ・ビョ・ヒ・ショ・ボ・ポ・ベ・バ・ド・オ・ガ・ヤ・ロ・φ／ッ・φ／イ・エ・オ・ク・コ／ッ・ン・φ／ト・ド
　近畿：ヒョ・ボ・ポ／ッ・φ／ク・コ・カ・シュ・φ／ッ・ン・φ／ト
　九州：ヒョ（ー）・ヒ・ポ（ー）・パ　／ッ・φ／イ・ク・コ（ー）・カ（ー）・ロ・ス・φ／ッ・φ／ト・チ・φ

Bタイプ
　東北：ヒョ・ビョ・ボ・チョ／ッ・φ／ク・コ・カ・ポ／ラ・リ（ー）／ト・φ
　近畿：ヒョ／ッ／ク・コ／リ
　九州：ヒョ／ッ・φ／ク・コ・カ／リ・イ／ト・φ

Cタイプ
　東北：ビョ・ヒョ・ボ・ベ・ベァ・バ・グ・ゴ・ズ・チョ・ショ／イ・エ・ア／ラ・リ／サット・ボッポリ・ナシ・φ

Dタイプ
　東北：ビ・ガ／ラ／リ・スケ

　このように整理してみると、まず、Cタイプ（グイラ、ズエラ、ベアラな

ど）とDタイプ（ビラリ、ガラリなど）は東北特有であり、近畿と九州には見られないことがわかる。東北のオノマトペの種類の多さは、他の地域にない独特の語構成タイプを有していることが一因であると言ってよい。また、B・C・Dの3つのタイプは接辞に相当する「ラ・リ」を持つが、このうち「ラ」は東北のみに現れており、東北の独自性はこの点にも認められる。さらに、語頭の要素に注目すると、東北におけるバラエティの豊富さが目を引く。先頭部分の音をさまざまに交替させることで、多種多様な形式を生産していることがわかる。語基におけるバリエーションの生成がオノマトペの種類の増大に大きく寄与している点は、東北方言の重要な特徴であろう。

　一方、近畿と九州の語構成タイプは東北に比べて少なく、語基や接辞に当たる要素の種類も乏しい。近畿と九州では、前者に特にその傾向が強いようである。こうした特徴が、これらの地域でオノマトペの種類を制限することにつながっていると考えられる。複雑な造語システムを持ち豊富なバラエティを生産する東北方言のオノマトペと、そうした性格の弱い西日本方言のオノマトペとの違いは明瞭である。

4. オノマトペの定型性

4.1 東北方言のオノマトペ

　東北方言のオノマトペに見られる多様性と、それを支える造語システムの複雑さについて見てきた。現象の描写力をオノマトペに付与するための装置は、東北方言には十分備わっていると考えられる。しかし、そうした「システム」や「装置」がどれほど精密で規格化されたものであるかというと、いささか疑問が無いわけではない。オノマトペの種類の豊富さは、別の角度から見ると、それらの増殖がいわば野放しにされている状態ではないかとも思われるからである。

　今見てきたように、東北方言のオノマトペは描写力に長けた、具体性追求型のオノマトペである。そのようなオノマトペは極端な言語化には向かず、抽象度の低い状態を要求する。つまり、言葉として加工される以前の、現場

と密着したオノマトペでなければならない。現場で得た身体感覚に基づき、それを最大限再現しうる音の配列を自由自在に組み立てることで描写性を実現する。それは、あらかじめ辞書に登録された既存の形式の中から、その状況に見合う適当なものを探し出して来るのとは異なる。あくまでも発話の場で生み出される鮮度の高さが重要になる。そうした生っぽいオノマトペは、形式が過度に固定された窮屈なものであってはいけない。むしろ、話者の頭の中にあるのは緩やかなイメージとしての型のようなものであり、それが口頭から発せられる際、臨機応変に具体的な姿を与えられると考えるのが適当である。

　これは、話者がその場で口にする一つ一つのオノマトペが、語として厳格に認識された存在ではないかもしれないという考えにつながる。極端な言い方をすれば、その場限りの臨時的な形式も多いのではないかということである。山形県寒河江市方言の「急に」のオノマトペに12種類もの形式が観察されるというとき、それらは等し並みに固定的な形式なのだろうか。もちろん、共通語では「急に」で表される大まかな意味を、寒河江市方言では状況ごとに細かく切り分けており、その一つ一つの意味と各形式とが厳密な対応関係にあることは十分考えられる。しかし、その場の感覚に支配されている分、細かな使い分けは非固定的で曖昧としている可能性もある。また、東北方言の「大声で泣く様子」に、オインオイン、オンイオンイ、オエンオエン、オンエオンエといった種類が見られるとしても、それらは語としてどこまで弁別的なのだろうか。母音の種類の選択や撥音との位置関係は厳密なものなのか。場合によっては、これらのどれを使ってもかまわないということはないのか。つまり、東北方言のオノマトペが語のレベルでどこまで安定的な存在なのか、疑問が残るのである。

　これはオノマトペの定型性の問題とも言えよう。定型性は挨拶研究で話題になることが多く、例えば、「おはよう」のように形式が固定的で意味が形骸化した状態を定型性が強いと言う。これをオノマトペに当てはめれば、形式の固定化の問題はバリエーションの種類の問題として理解することができる。また、意味の形骸化の問題は現象との密着性の問題に置き換えることが

できる。そのように考えると、可変的で豊富な形式を持ち、具体的かつリアルに現象を再現できる東北方言のオノマトペは定型性が弱いと判断される。型にはまっていないところが東北のオノマトペの特徴と言える。

そもそも、現象の描写力と定型性とは相容れない関係にある。定型化が進めば語としての安定性は得られるが、その分、現象を具体的に描き出す力は減退する。そうした定型性の確保には向かわず、描写力を維持することを志向しているのが東北方言のオノマトペであると考えられる。

4.2 西日本方言のオノマトペ

こうした東北方言のオノマトペに対して、西日本のオノマトペはどのような特徴を持つと言えるだろうか。ここまでの議論からすれば、東北方言の特徴の裏返しとして、定型性が強く現象の描写には積極的でないという性質が浮かび上がりそうである。

この点に関して、先の齋藤（2007: 56）は、高知県奈半利方言のオノマトペについて、次のように指摘している。

> 奈半利では、方言と言える語も語形変化も確かにあるが、その動きが小牛田ほど活発ではなく、語形は小牛田よりも安定している。したがって、語を作るよりも、ほぼ固定している語形をいかに使うかという用法への関心が、程度をあらわすオノマトペの語数に現れたと考えることができる。程度を表す語が多いことは2地点に共通しているが、とくに〈大の程度〉の奈半利における比重は大きく、奈半利方言オノマトペの傾向がわかる。言いかえれば、奈半利のオノマトペは、程度を表す語に広汎な要素を盛り込み応用力に長けている。

ここで、語形変化の動きが小牛田ほど活発でなく、語形が安定しているという点は重要である。「ほぼ固定している語形」とも述べるように、奈半利のオノマトペは形式面での定型性が強いと言えそうである。

また、意味の面に関しては、先に見たように、奈半利のオノマトペは感覚

表 2 〈大〉の程度のオノマトペ（齋藤 2007 による）

	種類	異なり	延べ
小牛田	19	24	37
奈半利	35	37	81

や動作といった具体的な描写力が必要となる意味分野で、小牛田より種類や頻度が極端に少なかった。一方で今見たように、〈大〉の程度を表す語は豊富であると言う。表 2 は同じく齋藤（2007）からこれに関するデータ（表 4–1）を引用したものである。先の表 1 の感覚分野との違いは歴然としており、今度は、奈半利が小牛田の数値を大きく上回っている。

　ここで齋藤が「〈大〉の程度」のオノマトペと呼ぶのは、その多くが単純に程度を表すものではなく、カッパリ、キッチリ、グッスリ、サッパリ、シッカリ、ドッサリ、ドンドン、ビッシリ、ベッタリのように、何らかの様態に関わりつつその程度が極端であることを示すものがほとんどである。ただし、様態といってもその具体性は弱く、程度性が前面に出てきていることは確かである。抽象化が進み、オノマトペらしさを失ったオノマトペが主体となっていると言ってもよい。こうした種類のオノマトペが多い点は、小牛田方言で、ハカハカ（息切れや動悸の感覚）、ビリビリ（皮膚のある種の痛みの感覚）、ポヤポヤ（乳幼児の軟らかく薄い髪の毛の感覚）、クツクツクツクツ（細かく裁縫する様子）、ビソット（帯を強く締める様子）といった感覚や動作の様子を如実に描写するオノマトペが多いのとは対照的である。現象の描写に向いたオノマトペらしいオノマトペより、程度性の表出を担うオノマトペらしくないオノマトペが優勢になっている。具体性より抽象性が勝る点は、奈半利方言のオノマトペが意味の面でも定型性を強めていることの反映と解釈することができる。

　こうした定型的なオノマトペの地域差に関して、平田（2015）、高丸ほか（2015）の会議録コーパスを利用した研究は興味深い。これらの研究は理系的な基盤に立つせいか、対象の設定や分析の方法に問題があるものの、定型的なオノマトペの使用に関しては示唆的な結果を提示している。まず、平田

(2015: 278)は国会会議録をもとに、AッBリの型を取る「強意型オノマトペ」が他の地域と比較して近畿圏でよく用いられることを述べる。特に頻度が高いのは「しっかり」「はっきり」「きっちり」の3語であるという。また、高丸ほか(2015: 309)は地方議会会議録をもとに、出現頻度上位3語の「しっかり」「どんどん」「はっきり」の地域差を検討し、東日本に比べて西日本にやや多く出現する傾向が読み取れると指摘する。

　これらの「しっかり」「はっきり」「きっちり」「どんどん」は、上で見た齋藤(2007)では〈大〉の程度を表すオノマトペに分類されるものであり、このうち、「しっかり」「きっちり」「どんどん」の3語は実際に奈半利のリストに含まれている（小牛田には出現していない）。このことは、齋藤が奈半利の特徴ととらえた傾向が近畿にも当てはまるものであり、場合によっては西日本全体に通じる可能性があることを意味する。平田ほかの分析では、近畿と他の西日本諸地域の結果が異なる点もあり、その扱いは慎重でなければならないが、総合的に見て大の程度性を表す抽象化の進んだオノマトペは、東北などの東日本より、近畿を中心とした西日本で活発に使用される傾向があるのではないかと考えられる。

5. 汎用的オノマトペの演出性

　先に引用した奈半利方言についての齋藤の指摘に戻ってみよう。そこでは、「ほぼ固定している語形をいかに使うかという用法への関心が、程度をあらわすオノマトペの語数に現れた」、あるいは、「程度を表す語に広汎な要素を盛り込み応用力に長けている」といった説明もなされている。この「用法への関心」「応用力」といったとらえ方は、齋藤のもう一つの重要なポイントである。

　齋藤の示す具体例を見てみよう。大の程度を表すギッチというオノマトペは、例えば次のように使用される（齋藤 2007: 60）。

（1）　<u>ギッチ</u>　ツメチョキヨ（((ここに)ギッチ待機していなさいよ。)

（2） アンタノコト　ギッチ　オモイダシタ（あんたのことをギッチ思い出した。）
（3） ソレ　ドイクンガ　ギッチ　オサエナイカン（それをドイくんがギッチ押さえなければいけない。）
（4） ココデ　アソビユー　カイチョート　ギッチ（ここで遊んでいる、会長とギッチ。）

（1）は「常に」、（2）は「完全に」、（3）は「しっかり」、（4）は「頻繁に」といった意味である。ひとくちに大の程度といっても、ギッチはある極限まで周密的にものごとが達成する状況を象徴していると考えられる。齋藤の言うように、このような用法の広がりは類似の形態をもつ共通語のギッチリには見られない。こうした広い用法を担う万能選手のオノマトペとして、齋藤はほかにもビッシリを紹介している。

上の例からもわかるように、ギッチ・ビッシリのような汎用性の高いオノマトペは共起する動詞の種類が多く、文脈上の制約は緩い。川越めぐみ（2015）が述べるように、この点もオノマトペらしくないオノマトペの特徴と言える。具体的な描写性が弱いことの裏返しとして、さまざまな文脈で使用可能な「応用力」を備えているのである。西日本では、このような種類のオノマトペが好まれている可能性がある。

この点に関して、田原（2001）の観察は興味深い。田原は1997年に放送された大阪芸人のトーク番組を調査し、使用頻度の高いオノマトペとして、ガー、グー、バーン、ワー、バー、ウワー、ブワー、ガシャガシャ、グワーといったものがあることを指摘する。これらの多くが大の程度に関わるものであることは明らかであり、しかも、その用法においても齋藤の言う「応用力」が認められる。田原の言葉を引用してみよう（田原2001: 25）。

もっとも頻度の高かった「ガー」は、やはり関西弁、ことに大阪弁のオノマトペの代表と言えるだろう。意味をまとめると、「勢い込んで何かをする様子」であるが、動作の種類は限定されず、多くの動作に対して

用いられる。例をあげると、「ガー笑てますけど」「ガー食べとんねん」「電話ガーかけたんや」「みんなガー集まってんねん」「汗ガーかいてしゃべってるやん」「僕じゃないですよゆうて、ガー震えてんねん」「札束ガーて数えて」といったものがある。

　田原の解説はグー、バーンといったオノマトペにも及ぶが、いずれも広汎な用法を有している。これらは動作に関わるものであり、何らかの描写性を担っていることは確かだが、抽象度が非常に高いオノマトペと言える。さまざまな状況に対応可能である分、逆に具体的な描写力は乏しく、大まかに状況を描くレベルに留まっていると考えられる。
　なお、こうしたオノマトペの使用は芸人のトーク番組だけでなく、一般人の会話の中にも観察される。『日本のふるさとことば集成』によれば、例えば田原の挙げる「バー」というオノマトペは近畿の会話に特徴的であり、次のように現れている。

（５）　コンナー　ドンブリニ、ダイコオロシ　スッタルン（D　ハイ）{笑}
　　　ソコエ　バーット　ブチコンデイッタリ
　　　　　　　　　　　　（京都：11巻64頁、搗いた餅の食べ方）
（６）　コー（A　アー）ガントー［がん燈］チューノ　アリマスネー
　　　（B　{笑}）コー　バート　テラス。（A　エー　{笑}）
　　　　　　　　　　　　（京都：11巻38頁、がん燈の照らし方）
（７）　ゴリンダマ　オマイ　ヒトツブ、ヒトツブ　クチンナカ　イレタラ
　　　モ　ヨダレ　バー　{笑}（B・C　{笑}）
　　　　　　　　　　　　（滋賀：11巻173頁、飴玉を口に入れたときの様子）
（８）　ハヨーニ　トーバンデ　ソージ　シヨー　オモテ　ミズ　クミニイタ
　　　ラ　ソレガ°ナー、（A　ウン）アノ　バーット　ウイ［浮］トンヤ
　　　ナニガ°　ウイトッタンカ　シランケド　ソレオ、ミナガ°　ボーズ
　　　［坊主］ヤ　ユーテ（A　イヤ　ソノナー）イーヨッタンヤ。{笑}
　　　　　　　　　　　　（兵庫：13巻190頁、池にお化けが出る話）

(9)　ホデ　ソイツガ　モー　ハルサキン　ナッタラ、(B　フン)アノー　キツネノカミソリ　ユーテ、(B　ソー　ソー　ソー　ソー)バーット　シコッテ［盛んになって］。(B　フン)ナー。(B　ウン)

(奈良：12 巻 92 頁、彼岸花の話)

(10)　ホイデ　ヤー(矢)、イテー、マトイ　カチッテ　アタッタラ　ミナー　ワート　(B　ウン)テーオバ　タタクデショ、ホイタ　ンマワ　ソノ、ゲート　ヒライタント　マチガ°ウワケデス。(B　{笑})ウワーット　ソイカラ、{笑}　モ　カナラズ　マエー　バーテ　コー　ツッコムワケデスヨ。(B　ツライワー)

(和歌山：12 巻 189 頁、流鏑馬の歓声につられた競馬馬の様子)

　これらの例からは、バーは時間的な短さ、空間的な広がり、量的な多さ、力の強さといったものが混然一体となって統合された感覚を表現するものと考えられる。バーのような大の程度を表し、しかも抽象度の高いオノマトペは、近畿においては芸人のみでなく一般人の会話でも好まれる傾向があると言ってよいだろう。
　それでは、こうしたオノマトペはなぜ用いられるのだろうか。そのことを考えるときに、大の程度を表すという点と、抽象度が高く広汎な用法を持つという点は、大きな手がかりになる。そうした性格は、現象の具体的な描写というオノマトペ本来の役割からはかけ離れたものであり、むしろ、話し手の伝達態度に関わるものとして説明ができそうである。つまり、西日本のオノマトペは、事実に沿ったものというよりはそれをいかにうまく相手に伝えるかということに力点が置かれたものではないかと考えられる。大の程度はある種の誇張やインパクトといったものと関係があろう。抽象度の高さ・広汎な用法は、個別具体の世界に立ち入らずに、感覚レベルでスムーズに相手を分かった気にさせるための方略と結びつく。自分の話すことを相手に納得させ、共感を引き出すための効果的な道具としてオノマトペが利用されていると考えることができる。上に引用したバーの例で、ほとんどが前後に{笑}を伴うこともそのことを暗示していよう。友定(2015: 24)が関西方言

のオノマトペの使用について、話し相手との場の共有や距離感の縮小と関わると指摘していることも参考になる。

　西日本のオノマトペが、以上のように伝達効果を狙った演出性の高いオノマトペであるとすれば、そのことは定型性の問題をも説明できそうである。すなわち、語形の固定化、造語システムの単純さという点は、単に具体的描写性の退化としてとらえられるだけでなく、演出的なオノマトペを運用するための必要条件であったと理解することができる。つまり、話の流れの中で納得や共感を相手からすばやく引き出すためには、お決まりのオノマトペを使用するのが便利である。複雑な形態や耳慣れない音の連続によって、相手がそこで立ち止まり、言葉自体の理解に手間取るようではだめである。話者同士の間で成立している決まり事としてのオノマトペを、ここぞという箇所に投入し、いわば雰囲気としてわからせるのが効果的である。このことは、極端な話、弔問の挨拶に定型句が用いられることとも並行する。事態に深入りすることなく弔意をそれらしく伝達できるのが「ご愁傷様」等の定型句の役割である。同様のことは、決まり文句としての「ガー」や「バー」の運用にも当てはまると言ってよいだろう。

6. オノマトペの機能の東西差

　オノマトペをその機能面から見た場合、東日本のオノマトペの役割は事態の描写にあり、西日本のオノマトペの役割は発話の演出にある。ここまでの考察をまとめれば、そのようになる。もっとも、これはやや誇張した言い方かもしれない。オノマトペの基本的な機能として描写性があることは、たとえ西日本のオノマトペといえども認めなければなるまい。しかし、その描写性の追求は東日本（特に東北）で徹底されているのに対して、西日本では弱い。逆に、西日本のオノマトペは東日本のオノマトペと異なり、演出性を特徴的な機能として獲得している。そういう意味で、オノマトペの機能の地域差を、東の描写性／西の演出性と述べることはあながち間違ってはいないであろう。

描写のためのオノマトペと演出のためのオノマトペを比較すれば、前者が思考内容の伝達という言語としての基本的な機能に関わるものであるのに対して、後者はすでに述べたように、いかに効果的に相手に伝えるかという伝達の方略に関わるものであると言える。すなわち、東日本のオノマトペは必須的要素であり、それを使わなければ他に表現手段がないような性質のものである。一方、西日本のオノマトペは選択的要素であり、他に取り換え可能な別表現が用意されているため、オノマトペを使わずに言おうと思えば言えるような存在である。言語の構造面に位置を占め、そこで本領を発揮するオノマトペと、構造面からは浮き上がり、運用面に活躍の場を持つオノマトペとの違いと言ってもよいかもしれない。

6.1　質問紙調査がとらえるオノマトペ

　こうした東西のオノマトペの機能の違いを支持する現象はいくつか認められる。例えば、図1を見てみよう。これは小林（2017）からの引用で、副詞関係の方言を質問紙によって調査した結果を地図化したものである。すなわち、「非常に（暑い）」「時々（遊びに行く）」「突然（飛び出した）」などの21個の調査項目において、「ウント」「チョイチョイ」「ヒョコット」のようなオノマトペの回答が得られた項目数を、その数に応じて大小の記号で示してある。これを見ると、大きな記号は東日本に多く、その西端は近畿の一部に及んでいるが、近畿中央部から西日本にかけては、東日本ほど大きな記号が現れていない。この結果を見るかぎり、オノマトペの使用には東高西低の傾向があると言える。

　この調査は特にオノマトペに焦点を当てたものではない。あくまでも副詞の類の方言を調べることを意図したものであり、そこに地域によってはオノマトペを使った回答が得られることがあったということである。

　それでは、こうした質問紙型の方言調査における回答はどのような性格を持つだろうか。自然談話の観察による方法とは異なり、一般的な質問紙調査によって引き出される回答は、話者にとってはある意味規範的な方言であり、話者の頭脳の中の方言辞書にしっかりと登録された形式と考えられる。

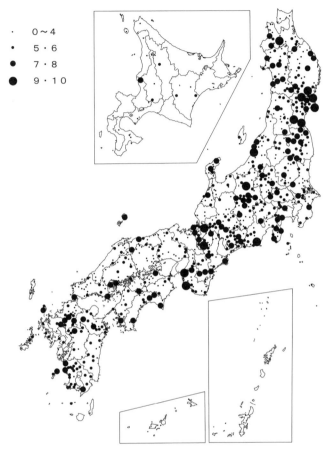

図1　質問紙調査におけるオノマトペの回答度数（小林 2017 による）

　つまり、現実の会話の中で話されている方言の使い方がすべてとらえられるとはかぎらない。上で、言語の構造面に位置を占める必須的要素としてのオノマトペと、言語の運用面に活躍の場を持つ選択的要素としてのオノマトペ、という2種類のオノマトペがあることを指摘したが、その区別で言えば、質問紙調査によってとらえられるオノマトペは前者のタイプのオノマトペであり、後者のタイプは把握されにくいのではないかと思われる。
　こうしたことを考えたとき、東日本のオノマトペの回答が多いのは、それ

がその方言にとっての必須的要素であり、質問紙調査で回答されるべく回答されたのに対して、西日本のオノマトペの回答が少ないのは、それが選択的要素であり、質問紙調査ではより規範的な一般語（「非常に」「時々」「突然」などの類）が優先的に回答されたため、オノマトペの回答が鈍ったという可能性が浮かび上がる。演出的なオノマトペは、その効果が期待される運用面でこそ活発に用いられるが、いざ調査ということになると、一般語の陰に隠れてしまう傾向があるのではないかと思われる。図1の分布には、単に東日本にオノマトペが豊富だというだけでなく、そうしたオノマトペの質の異なりが反映している可能性も考えなければならない。

6.2 オノマトペ同士の言い換え

　もう一つ、東西のオノマトペの機能の違い、特に、東日本のオノマトペの性格を示唆する現象を見ておこう。三井・井上（2007: 87）は、各地の方言談話を収録した『日本のふるさとことば集成』をもとに、次のような指摘を行っている。

　　福島と青森では、一人が発言したオノマトペの表現を、別の人が否定して言い換える、という場面がある。これらはいずれも、オノマトペが言語表現の一端を確実に担っていることを示すように思われる。

　ここで三井・井上が言う言い換えとは、青森については、荷物を運ぶ馬の様子について語る次の場面のことである。

```
57C：(略)ヘバ　　フダンサ　エマダケネ　トラックモ　ジドシャモ
　　　すると　　ふだんね　今のように　トラックも　自動車も

　　ジョヨシャモ　ナンモ　アルガネ　トギ　ダズンツケノ　クルマノ
　　乗用車も　　なにも　通らない　時　　駄賃付けの　　車の

　　オド　　ガラガラガラガラガラガラテ　ス　ンマノ　スズ
　　音[が]　ガラガラガラガラガラガラと　×　馬の　　鈴[が]
```

```
チャラチャラテ  ナテ      アスコ   （B  チャラチャラデ  ヘナネー）
チャラチャラと   鳴って    あそこ   （B  チャラチャラで  ないですよ）
ガラガラ   （B  ガランガランド   ナルンデサネ）    アー。    ソステ
ガラガラ   （B  ガランガランと   鳴るんですよ）    ああ。    そして
コンダ   アスア   ガッポガッポテ    マノ   アスオド   スキャー。
今度は   足は     ガッポガッポと    馬の   足音[が]   するよね。
```

（『日本のふるさとことば集成』1: 195）

この会話では、話者Cが馬の鈴の音を「チャラチャラ」と表現したのに対して、話者Bは「チャラチャラデ　ヘナネー」と否定し、「ガランガランド　ナルンデサネ」と言い換えている。このような言い換えが行われるのは、話者たちが現実の音の再現に非常に敏感であり、オノマトペの機能が事態の描写にあることを示唆する。「オノマトペが言語表現の一端を確実に担っている」という三井・井上の指摘はまさにそのとおりであり、この地域のオノマトペが言語の構造面に根を張った存在であることを物語るものと言える。

　三井・井上が指摘するもう一つの福島の会話は、言い換えの事例と認めてよいか迷うので保留とするが、ほかに山形の会話に次のような場面が見出せる。麻の繊維を取り出すために、手包丁のような道具で麻の茎の皮をしごく「麻掻き」の作業である。

```
107D：ソレデ   コー   サット   ヒグ   ワゲダ
      それで   こう   サッと   引く   わけだ

      （A   ウン   シュッシュッシュッ）
      （A   うん   シュッシュッシュッ）
108C：コレガ   ソンネ      ンマイグ    サットナノ     イゴバヤ
      これが   そんなに    上手に     サッとなんか    いかないよ

      （D {笑}）（A   カチカチト    ユーモンダ）   ホイホイサット
      （D {笑}）（A   カチカチと    いうものだ）   ホイホイサッと
```

シナ゚コ゚イデ　コーシテ（D　アー）
引き抜いて　こうして（D　ああ）

（『日本のふるさとことば集成』3: 146）

　この場合、麻掻きの様子について話者Dが「サット　ヒグ」と述べたのに対して、話者Cは「サットナノ　イゴ゚バヤ」と反論し、「ホイホイサット　シナコ゚イデ」と表現し直している。また、話者Aは話者Dの発話を「ウン」と肯定しながらも、「シュッシュッシュッ」と別表現を提示している（そのあとの「カチカチ」も麻掻きの音か）。このように、会話に参加している話者たちは、麻掻きの様子を語るのに最適なオノマトペを互いに追求し合っている。このあとも、さらに「サーット」「シューット」「スッパラスパラッテ」「スッパスッパ」「ヨッパヨッパヨッパヨッパ」のように麻掻きの様子を写し出すオノマトペが交替で出現してくる。

　同じ麻掻きについて、これだけのオノマトペが現れるのは、事態の観察が詳細で注目点が少しずつ異なるからかもしれない。麻掻きならこれ、という代表的なオノマトペをあらかじめ用意しているのではなく、あくまでも語りの場で適切なオノマトペの形態を生産する。定型性を犠牲にしてまで事態を具体かつ詳細に描き出そうとするのは、この地域のオノマトペの機能が事態の描写にあることの現れであろう。

　以上のように、東日本のオノマトペが描写的であることの証拠はいろいろと見つかる。一方、西日本のオノマトペが演出的であることはここでは十分論じられないが、例えば、関西弁らしい言い方として田原（2001）が提示する「ピャッとちぎってシャッと渡す」（駅員が切符を処理する様子）という表現などは、事態のまともな描写というよりも、動作の素早さを強調し、聞き手にアピールするための技巧的な表現としての色合いが強いように思われる。また、高丸ほか（2014: 85・86）の地方議会の検討では、「しっかり」「どんどん」「はっきり」といった西日本にやや多く見られるオノマトペが、「施策の推進」や「明確な言及」「適切な判断」などを表すために使用されると述べるが、これらも発言者の主張を前面に押し出し、聞き手にアピールする

効果を狙ったものと理解することができる。これらのオノマトペが議会という公的な場でも用いられるのは、それが共通語と一致する形式であるというだけでなく、その演出的効果が主張に有効であるという理由もあるのではなかろうか。

　このように、東日本のオノマトペの本領が事実を伝えるための描写性にあるとすれば、西日本のオノマトペの真価は会話を効果的に展開するための演出性に認められると考えられる。

7．まとめ

　従来、オノマトペ研究の視点は構造面に向きがちだったが、本論ではオノマトペの機能面に着目し、その地域差について見てきた。ここまで述べてきたことを簡単に整理すれば次のようになる。

①オノマトペの種類：東日本のオノマトペは感覚・動作の意味分野で発達し、具体性に富むが、西日本のオノマトペは程度性（特に大）の意味分野で発達し、抽象度が高い。オノマトペらしいオノマトペを好む東日本と、オノマトペらしくないオノマトペに傾く西日本との違いが浮かび上がる。
②オノマトペの生産性：東日本のオノマトペは種類が豊富であり、現象の細かな違いを形式に反映させるような生産的な造語システムを持つ。一方、西日本のオノマトペは種類に制限があり、造語システムも東日本より単純であるものの、一つの形式が多様な場面で使用可能な汎用性を備えている。
③オノマトペの機能：①②を踏まえると、東日本のオノマトペの役割は事態を詳細に描き出すことにあり、西日本のオノマトペの役割は発話を効果的に展開することにあると考えられる。対比的に言えば、「東の描写性／西の演出性」という機能上の違いが、東西日本のオノマトペには存在する。
④オノマトペの定型性：③の機能を発揮するために、東日本のオノマトペは定型性が弱く、その場で臨機応変に生成され得るのに対して、西日本のオ

ノマトペは定型性が強く、決まり文句のように会話に投入される。オノマトペの機能の違いが、「型」に対する志向性にも反映している。

　印象論的な喩えを使えば、東のオノマトペが新鮮な魚を思わせる生っぽいオノマトペであるのに対して、西のオノマトペは加工・調理された製品のようなオノマトペであると言ってもよいかもしれない。従来の議論で、オノマトペをよく使うのは関西だ、いや東北だといった異なる見解を耳にするが、一面的な見方で単に量的側面を問題にしていても正解は得られないであろう。両者の質的な相違、オノマトペを用いることの意味合いの違い、そうした面に踏み込んで考えていくことが、今後必要となるはずである。
　それにしても、今回論じた内容は、おそらくオノマトペという言語範疇にとどまるものではなかろう。言葉のさまざまな面に、ここで明らかにしたことがらが応用できる可能性がある。それは、オノマトペを含め、ものごとをどう表現するかという発想法のレベルで、地域ごとの特性が見出せるのではないかということでもある。この点についてはすでに小林・澤村（2014）で触れたが、また後日を期して論じることにしたい。

文献
川越めぐみ（2015）「山形県寒河江市方言オノマトペにおける具体的描写性と語形バリエーション」『名古屋学院大学論集　言語・文化篇』26-2
国立国語研究所（2001〜2008）『全国方言談話データベース　日本のふるさとことば集成』全20巻、国書刊行会
小林隆（2010）「オノマトペの地域差と歴史―「大声で泣く様子」について―」小林隆・篠崎晃一編『方言の発見―知られざる地域差を知る―』ひつじ書房
小林隆（2013）「大規模方言分布データの構築に向けて―東北大学方言研究センターの全国分布調査―」熊谷康雄編『大規模方言データの多角的分析成果報告書―言語地図と方言談話資料―』国立国語研究所共同研究報告12-05
小林隆（2015）「東北方言の特質―言語的発想法の視点から―」益岡隆志編『日本語研究とその可能性』開拓社
小林隆（2017）「言語的発想法と方言形成―オノマトペへの志向性をもとに―」大西拓

一郎編『空間と時間の中の方言―ことばの変化は方言地図にどう現れるか―』朝倉書店
小林隆・澤村美幸 (2014)『ものの言いかた西東』岩波書店
齋藤ゆい (2007)「方言オノマトペの共通性と独自性―宮城県旧小牛田町と高知県安芸郡奈半利町との比較―」『高知大国文』38
高丸圭一・内田ゆず・乙武北斗・木村泰知 (2014)「地方議会会議録コーパスを用いたオノマトペの分析」『第6回コーパス日本語学ワークショップ予稿集』国立国語研究所
高丸圭一・内田ゆず・乙武北斗・木村泰知 (2015)「地方議会会議録コーパスにおけるオノマトペ―出現傾向と語義の分析―」『人工知能学会論文誌』30–1
田原広史 (2001)「ピャッとちぎってシャッと渡す―関西弁のオノマトペ―」『月刊言語』30–8
友定賢治 (2015)「感性の表現の地域差―オノマトペで考える―」『表現研究』102
平田佐智子 (2015)「国会会議録コーパスを用いたオノマトペ使用の地域比較」『人工知能学会論文誌』30–1
三井はるみ・井上文子 (2007)「方言データベースの作成と利用」小林隆編『シリーズ方言学4　方言学の技法』岩波書店

第3章
オノマトペと感動詞に見られる「馴化」

定延利之

1. はじめに

　基本的な用語の多くがそうであるように、「オノマトペ」という用語は研究者によってさまざまに定義されている (田守・スコウラップ 1999: 5)。「オノマトペをどう定義すべきか」という問題は、オノマトペ研究において最も盛んに論じられてきた問題の一つと言われている (秋田 2013)。また「感動詞」にしても以前述べたように (定延 2015b)、挨拶を含むのかどうかなど、研究者間でばらつく部分がある。だが、用語をどのように定義しようとも、これらのことばがまず、環境の持つ表情や情念のほとばしりといった本来的にとらえようがないものの近似値としてあるということは、動かないだろう。

　このような認識に立つ時、オノマトペと感動詞には、本来的にとらえようがないものを言語の世界に引き入れ、飼い慣らして馴化 (じゅんか) させたかのような、さまざまな「型」を見て取ることができる。本稿ではこのことを現代日本語共通語について示した上で (第2節はオノマトペ、第3節は感動詞)、大阪方言に関するごく断片的な観察を通して、観察対象を諸方言にまで拡大する意義を述べる (第4節)。

2. オノマトペ

　この第 2 節ではオノマトペをその特徴により 4 類に細分化し、順に観察した上で(第 2.1 節〜第 2.4 節)、オノマトペの特質を検討する(第 2.5 節)。

2.1　発話末オノマトペ

　第 1 類は発話末オノマトペ、つまり発話の末尾に位置するオノマトペである[1]。まず、発話内に他の要素が無いという単純な場合を見てみよう。次の (1a) の第 1 発話は、オノマトペ「ヒューン」だけでできている。このようなオノマトペが発話末オノマトペである。

(1) a.　ヒューン。書類が風で飛んでいった。

発話末オノマトペの特徴は、「発せられることによって、話の場に、当該の事態(いまの例なら書類の飛び去り)を現出させる」ということにある。この事態を第 2 発話「書類が風で飛んでいった」で描写する (1a) と違って、第 2 発話で否定する次の (1b) が不自然なのは、

(1) b. ?? ヒューン。書類が風で飛んでいかなかった。

話の場に現出している事態は否定できないからである(文頭の二重疑問符「??」は不自然さを表すものとする。以下も同様)。このような事態の現出は、オノマトペと感動詞(第 3 節で後述)以外の、「一般」の語句の場合には(「ベッドに男が寝ている。寺の鐘の音。男は飛び起きる」における「寺の鐘の音」のような台本の場合を除けば)基本的に見られない(定延 2015a: 356 注 18)。

　この特徴を持つオノマトペを、ここで「発話末オノマトペ」と呼ぶのは、以下 2 点の理由による。

　まず第 1 点。上例 (1a) の第 1 発話「ヒューン」のように、他要素を伴わ

ないオノマトペは、「文外独立用法のオノマトペ」(田守・スコウラップ 1999)と呼ばれているが、このオノマトペの特徴は次に示すように、オノマトペの前に別の発話構成要素が付いても保たれるので、「独立」というとらえ方は狭すぎる。たとえば次の(2)を見られたい。

(2) a. あっちでもヒューン。こっちでもヒューン。書類が風で飛んでいった。
　　 b.?? あっちでもヒューン。こっちでもヒューン。書類が風で飛んでいかなかった。

例(2)の第1発話は「あっちでも」を、第2発話は「こっちでも」を、それぞれ構成要素として「ヒューン」の前に持っているが、やはり(1)の「ヒューン」と同じ特徴を持っている。つまり、書類の飛び去りを第3発話で描写する(a)は自然だが、否定する(b)は不自然である。

　次に第2点。問題のオノマトペは、いま述べた第1点からすれば「文末オノマトペ」と呼んでもよさそうに思えるかもしれないが、ここでは暫定的に、「文末」とはせず「発話末」としておく。もちろんこの措置の妥当性は「文」や「発話」をどう定義していくか次第で、今後覆る可能性があるが、現時点では「文末」よりは「発話末」とする方が、多くの研究者にとって受け入れやすいだろう。というのは、発話の場に当該事態が現出されるという特徴は、オノマトペの代わりに、(言語音とは離れた)模倣音を発したり((3))、ジェスチャーをおこなったりしても((4))、保たれるからである。

(3) a. あっちでも［歯と舌先あたりの摩擦］。こっちでも［歯と舌先あたりの摩擦］。書類が風で飛んでいった。
　　 b.?? あっちでも［歯と舌先あたりの摩擦］。こっちでも［歯と舌先あたりの摩擦］。書類が風で飛んでいかなかった。
(4) a. あっちでも［手を素早く水平に動かす］。こっちでも［手を素早く水平に動かす］。書類が風で飛んでいった。

b. ?? あっちでも［手を素早く水平に動かす］。こっちでも［手を素早く水平に動かす］。書類が風で飛んでいかなかった。

　例（3）では敢えて文字に書けば「スシュッ」とでもなりそうな模倣音が発せられており、例（4）ではジェスチャーがおこなわれている。それらによって話の場には書類の飛び去りが現出し、これは描写はできるが（(a)）、否定はできない（(b)）。「あっちでも」や「こっちでも」にオノマトペが付いているコミュニケーション行動（(2) の第 1 発話や第 2 発話）は文のようにも見えるが、他方、「あっちでも」や「こっちでも」に模倣音やジェスチャーが付いたコミュニケーション行動（(3)(4) の第 1 行動や第 2 行動）は、（もちろん定義次第ではあるが）文と呼ぶより発話と呼ぶ方が、まだ抵抗感が小さいだろう。これらを発話と呼べば、結果として模倣音やジェスチャーを、「あっちでも」「こっちでも」などのことばを伴わない場合も含めて発話と認めることになるが、まさにそのような「言語を伴わない発話」(non-verbal utterance) を認める立場が存在するのに対して（例：Kempe, Pfleger, and Löckelt 2005)、「言語を伴わない文」を認める立場は筆者の知る限りでは見当たらない。「まだ抵抗感が小さい」と言うのはそのためである。そして、これらが同じ特徴を持つことから、ここでは例（1）（2）の「ヒューン」の生起環境を「文末」と呼ばず仮に「発話末」と揃えて呼んでおく次第である。

　なお、「話の場への事態の現出」という発話末オノマトペの特徴を、以下では「疑似遂行性」と呼ぶことにする。たとえば「この船をクイーンエリザベス号と命名する」という発話が、適当な状況で適当な者がおこなえば、当該の船の名をクイーンエリザベス号という名に定める力を持っているように、発話は、何らかの事態（いまの例なら船の名付け）を実現させる力を多かれ少なかれ持っている。これが本来の遂行性である (Austin 1962)。本来の遂行性は発話が「現実世界」に事態（船の名付け）を実現させる力を持つことを指すのに対して、ここで注目しているのは、「話の場」に事態を現出させる力である。これを、本来の遂行性と区別して、疑似遂行性と呼ぶこと

にする。

2.2 引用オノマトペ

第2類は引用の形で文中にはめ込まれたオノマトペで、これを「引用オノマトペ」と呼ぶことにする。発話末オノマトペと異なり、引用オノマトペは疑似遂行性が無い。たとえば次の(5)を見られたい。

(5) a. ヒューンと書類が風で飛んでいった。
　　b. 今度は書類が風でヒューンと飛んでいかなかった。

例(5)のオノマトペ「ヒューン」は、引用標識「と」によって文中にはめ込まれており、その事態(書類の飛び去り)は描写((a))だけでなく、否定((b))も、「今度は」のような語句を補い語順を調整すれば特にはっきりするように、自然である。このようにオノマトペの疑似遂行性の有無は、オノマトペの統語的位置(発話末オノマトペか否か)と関わっている。

2.3 名詞類オノマトペ

引用でない形で文中にはめ込まれるオノマトペは、品詞(他の語句との結びつき方)が問題になる。3番目に取り上げるのは、そうしたオノマトペのうち、直後に格助詞や「な」を伴い得る、名詞類(名詞または形容名詞(ナ形容詞語幹))のオノマトペであり、これを「名詞類オノマトペ」と呼ぶ。

名詞類オノマトペは引用オノマトペと同様、疑似遂行性は無い。次の(6)を見られたい。

(6) a. この服は裾にヒラヒラが無い。
　　b. カチンコチンな状態ではない。

例(a)のオノマトペ「ヒラヒラ」は、格助詞「が」の後接を通して、名詞として文中にはめ込まれている名詞類オノマトペである。そして、このオノマ

トペには疑似遂行性は無く、このオノマトペを発してもヒラヒラが発話の場に現出するわけではない。例 (a) はむしろ「無い」と、現出を否定している。同様に、例 (b) のオノマトペ「カチンコチン」は、「な」を後接して、形容名詞（ナ形容詞語幹）として文中にはめ込まれている名詞類オノマトペである。このオノマトペにも疑似遂行性は無く、このオノマトペを発したからといってカチンコチンな状態が話の場に現れるわけではない。むしろ (b) は「ではない」と、それを否定している。

文中にはめ込まれた他の語句と結びつくことで、名詞類オノマトペは音形式にも以下 3 点の特徴を持つ。

第 1 点は、長さがモーラ長（モーラ単位の長さ）だということである。対比のために発話末オノマトペと引用オノマトペを持ち出すと、これらは長さがモーラ長とは限らず、たとえば前掲 (1) (2) (5) の「ヒューン」は、文字上は 3 モーラのように表記されているものの、2.7 モーラや 4.2 モーラなどで発してもよく、つまり必ずしもモーラの自然数倍ではない。これらとは違って名詞類オノマトペはモーラ長を基本とする。

第 2 点は、平板型という語アクセントである。やはり対比のために発話末オノマトペと引用オノマトペを持ち出すと、これらは語アクセントが必ずしも無く、ただ模倣対象やイメージに応じた様々な音調で発せられる場合もある。たとえば「ブーン」は、モーター音の上昇を表すなら上昇調で、モーター音の低下を模倣するなら下降調で、モーター音の安定的持続を模倣するなら平坦調で発せられる。これらとは違って名詞類オノマトペは語アクセントとして平板型アクセント（アクセント核が無く、第 1 モーラが低く、以降は高いアクセント）を必ず持つ。

第 3 点は促音「ッ」・引き音「ー」・撥音「ン」の付加によってアクセントが変わらないということである。たとえば「ガタガタ」から「ガッタガタ」「ガータガタ」「ガタンガタン」「ガッタンガッタン」が作れるように、名詞類オノマトペは促音「ッ」・引き音「ー」・撥音「ン」を加えることが比較的自由であり、それらについても平板型アクセントは保たれている。

2.4 動詞語幹・副詞オノマトペ

　最後に取り上げるのは、引用でない形で文中にはめ込まれるオノマトペのうち、品詞が動詞語幹や副詞であるオノマトペであり、これらをそれぞれ「動詞語幹オノマトペ」「副詞オノマトペ」、一括して「動詞語幹・副詞オノマトペ」と呼ぶ。

　動詞語幹・副詞オノマトペも疑似遂行性は無い。次の（7）を見られたい。

（7）a.　今回は頭がクラクラしない。
　　 b.　今回は野菜をコトコト煮込まない。

　例（a）のオノマトペ「クラクラ」は、サ変動詞「クラクラする」の語幹となっている動詞語幹オノマトペである。そして、このオノマトペには疑似遂行性が無く、このオノマトペを発しても眩暈が発話の場に現出するわけではない（むしろ（a）は現出を「しない」と否定している）。同様に、例（b）のオノマトペ「コトコト」は動詞「煮込む」を修飾する副詞オノマトペである。このオノマトペにも疑似遂行性は無く、このオノマトペを発してもコトコトした煮込み具合が発話の場に現出するわけではない（むしろ（b）は現出を「煮込まない」と否定している）。

　文内で他の語句と結合するオノマトペとして、動詞語幹・副詞オノマトペは、「必ずモーラ長である」「必ず語アクセントを持つ」という音形式の特徴を名詞類オノマトペと共有する。但し、そのアクセント型は平板型ではなく、「ふんわり」のような「──リ」タイプ（アクセント核が「リ」の直前にあり、第1モーラは低く、第2モーラ以降「リ」の直前モーラまでは高く、「リ」は低い）や「ほんわか（する）」（アクセント核は「わ」にある）のような若干の例外を除けば、頭高型（アクセント核が第1モーラにあり、第1モーラが高く、以降は低い）である。

　また、たとえば「さっきからガッタンガッタンうるさいよ」のように、促音・引き音・撥音を付加することは可能だが、その場合、頭高型アクセントは保持されない。この例の場合、「ガッタンガッタン」は、3モーラ目の

「タ」にアクセント核のあるオノマトペ「ガッタン」の2連(前半の「ガッタン」が比較的高く後半の「ガッタン」が比較的低い)となり、一語にはならない。

2.5 「馴化」とオノマトペの特質

以上で観察した合計4類のオノマトペについて、その性質をまとめると次の表1を得る。

表1 4類のオノマトペのまとめ

	疑似遂行性	モーラ長の必須性	語アクセントの必須性
発話末オノマトペ	＋	－	－
引用オノマトペ	－	－	－
名詞類オノマトペ	－	＋	＋(平板型)
動詞語幹・副詞オノマトペ	－	＋	＋(頭高型が多い)

　発話末オノマトペは「一般」の語には無い疑似遂行性という特徴を持つ点で、模倣音やジェスチャーに近く、モーラ長や語アクセントは必ずしも持たない(「必ずしも」、としているのは、たとえば「ドタリ。突然彼は倒れた」の「ドタリ」が低高低の中高型アクセントを持つように、もともとアクセント核を持つオノマトペが発話末オノマトペとして現れる場合、アクセントは保持されるからである)。引用オノマトペは、モーラ長や語アクセントを必ずしも持たない点では発話末オノマトペに似るが、疑似遂行性を持たない点では「一般」の語に近い。名詞類オノマトペと動詞語幹・副詞オノマトペは、疑似遂行性を持たず、必ずモーラ長であり、必ず語アクセントを持つという点で、「一般」の語にさらに近い。

　名詞類オノマトペと動詞語幹・副詞オノマトペのうち、動詞語幹・副詞オノマトペは、品詞の点でも、アクセント型の点でも、「一般」の語に特に近いと言える。品詞の点というのは、そもそも名詞類という品詞が、大量の外来語が活発に取り込まれる(例:「アーカイブ」「リーズナブル」)、いわば現

代日本語共通語の「玄関口」の品詞であるのに対して、動詞語幹や副詞には外来語が入り込みにくく（「ディスる」や「渋谷なう」の「なう」など流行語は多少あるが広く定着している語は「メモる」など少数にとどまる）、より日本語らしい品詞だということである。アクセント型の点というのは、現代日本語共通語のデフォルトのアクセント型が頭高型アクセント（たとえばアルファベットはA（エー）からZ（ゼット）まで全て頭高型）だということである[2]。結果として、「発話末オノマトペ」「引用オノマトペ」「名詞類オノマトペ」「動詞語幹・副詞オノマトペ」というこの第2節での観察順序そして表1の配列順序は、オノマトペがだんだんと模倣音やジェスチャーから離れ、「一般」語らしさを増していく順序、つまり本来的にとらえようがない環境の表情や情念のほとばしりが日本語の世界に引き入れられ、飼い慣らして馴化させられたかのような順序ということになる。

　この4類のうち最もオノマトペらしいのは、疑似遂行性という特質を持っている発話末オノマトペであろう。つまり本稿は「文外独立用法」に最高度のオノマトペらしさ（「オノマトペ度」）を認める田守・スコウラップ（1999）の主張を支持するが、この主張は必ずしも広く共有されていないので、この主張を支持する根拠として、定延（2015a）の観察を以下に抜粋して挙げておく。

　オノマトペについては従来から「多分にイメージ的」「感覚モードの違いに敏感」「態度や感情を含んでいる」といった意味的な特徴が指摘されているが、これらの意味的な特徴は、疑似遂行性という言語行為的な特徴ほど、オノマトペをよくとらえているとは考えられない。というのは、オノマトペに最もよくありがちな形態構造である完全反復型構造（角岡 2007: 6, 71–72）を、非オノマトペ（すなわち和語・漢語・外来語）にとらせても、やはりこれらの意味的特徴が当てはまるからである。以下これを名詞類オノマトペ、動詞語幹・副詞オノマトペの順に述べる。

　まず名詞類オノマトペについて。たとえば和語の動詞「穫れる」の連用形「穫れ」、形容詞「あつい」の語幹「あつ」の完全反復は、「とれとれ（の魚）」「あつあつ（の天ぷら）」のように名詞類になる。そして、たとえば（魚屋にある魚は全て穫れたことに違いは無いはずだが）「とれとれ」の魚とは

穫れたばかりの魚で、[穫れる] というイメージと強く結びついていることを表す点で「多分にイメージ的」であり、また「あつあつ」とは夏の高気温や熱せられた高温金属などに対する皮膚感覚ではなく、もっぱら食品に対する舌の感覚（や転じて熱愛関係）を意味する点において「感覚モード（皮膚感覚 vs. 舌感覚）の違いに敏感」であり、さらに「とれとれ」「あつあつ」が肯定的な嬉しいイメージを持つ点において「態度や感情を含んでいる」。

　動詞語幹・副詞オノマトペについても同様である。インターネット上の実例を（8）に挙げて該当箇所に下線を付しておく（(a) が動詞語幹オノマトペ、(b) が副詞オノマトペの例である[3]。

(8) a.　小田原で買った有名なあんパンとやらは<u>アンコアンコ</u>しすぎて自分にはダメだ。　　　　　　　　　［http://twitpic.com/photos/143cm］
　　b.　どうして年配の人って子供を<u>産め産め</u>うるさいんでしょうか？
　　　　　　　　　　　　　　　　　［http://okwave.jp/qa/q750754.html］

これら非オノマトペの完全反復型のうち、特に動詞語幹については「典型」を意味すると指摘されることもあるが、必ずしもそうとは限らない。むしろ重要と思えるのは、これらの動詞の意味が「多分にイメージ的」「感覚モードの違いに敏感」「態度や感情を含んでいる」ということである。たとえば (a) の書き手が述べたいことは、あんパンの中の餡がいかにも餡らしい餡だったということではなく、あんパンの中で餡の主張が強すぎて（つまり特に餡らしい餡ではない、普通の餡がただ大量に含まれているだけでもよい）、口に残り、嫌だったということだろう。

3.　感動詞

　オノマトペは何事かを「表すことば」だが、感動詞はそうではない。「感動詞はきもちを表す」と言えばいかにももっともらしいが、それは「発せられた感動詞を手がかりにして聞き手が話し手のきもちを推察することがあ

る」というだけで、「話し手が感動詞を発して自分のきもちを表す」とは限らない。たとえば「あっ」と驚く話し手は、「あっ」と言うことで自分の驚きを表しているわけでは大抵なく、ただ驚いている、その声が「あっ」である。感動詞と並べ得るオノマトペを敢えて求めるなら、たとえばショックを受けて「ガクッ」「ドキッ」と言うような、心内の「物音」を発する一部の「ショーアップ語」(定延 2005)になるだろうが、これはあくまで遊びの文脈でのことばでしかない。以上の点でオノマトペと感動詞を同列に扱うわけにはいかない。

但し、だからといって、オノマトペと感動詞に近い部分が無いわけではない。用語「オノマトペ」「感動詞」の定義は冒頭に述べたように揺れているが、それでもなお、両者の近接そして重なりが感じられることは少なくない。たとえば(9)を見られたい。

(9) a. 思わぬところに敵を発見して彼はギョッとなった。
　　b. ギョッ、こんなところに敵がいる！

このうち(a)は、或る男性の驚愕という事態を描き出している。この中の「ギョッ」とは、(b)のような驚きの発話の中の感動詞「ギョッ」がメトニミー的に(つまり「そこでようやく彼も、これが詐欺だと気づいた」という意味で「そこでようやく彼も、ははーんとなった」などと言うのと同じような形で)現れたものなのか。それともこの「ギョッ」はオノマトペで、(b)の「ギョッ」の方が、このオノマトペのショーアップ語なのか。そもそも「ギョッ」とはオノマトペなのか、それとも感動詞なのか。マンガの中に書き込まれるなら、元々フキダシの外に書き込まれるものなのか、それともフキダシの中に書き込まれるものなのか。またたとえば、馬の鳴き声「ヒヒーン」は、次の(10a)では犬の「ワン」と同様にオノマトペであるとしても、

(10) a. 犬は「ワン」と鳴き、馬は「ヒヒーン」と鳴く。
　　b. 「ヒヒーン」と馬は悲しげに鳴いた。

c. 「ヒヒーン」と馬は豚を嘲笑った。

「ヒヒーン」に馬の情感を或る程度見出す場合((b))や、人間並みに見出す場合((c))、「ああーん」という嘆きや「ふふん」という嘲りのように、感動詞ではないのか。以上の問題の答は、母語話者にとって必ずしも明らかではない。

　以下、このようにオトマトペと近い感動詞を、その特徴により3類に細分化し、一類ずつ紹介した上で(第3.1節〜第3.3節)、最も感動詞らしい感動詞のあり方を検討する(第3.4節)。

3.1　発話末感動詞

　第1類は発話末オノマトペと対応する感動詞、つまり発話の末尾に位置する発話末感動詞である。たとえば(11)を見られたい。

(11) a.　その部屋に入ったらキャーッ。彼女は悲鳴を上げた。
　　 b.?? その部屋に入ったらキャーッ。彼女は悲鳴を上げなかった。

これらの感動詞「キャーッ」は発話の末尾に位置している、発話末感動詞である。これらの感動詞は、この発話の場に悲鳴を現出させる疑似遂行性を持っており、後続文でこれを描写することはできるが((a))、否定することはできない((b))。この点で発話末感動詞は、次の(12)(13)のような、

(12) a.　その部屋に入ったら[ことばにならない声]。彼女は悲鳴を上げた。
　　 b.?? その部屋に入ったら[ことばにならない声]。彼女は悲鳴を上げなかった。
(13) a.　その部屋に入ったら[悲鳴を上げるジェスチャー]。彼女は悲鳴を上げた。
　　 b.?? その部屋に入ったら[悲鳴を上げるジェスチャー]。彼女は悲鳴を上げなかった。

ことばにならない声や、ジェスチャーと近い。これらにおいても、後半部で悲鳴を描写する(a)は自然、否定する(b)は不自然である。

3.2　引用感動詞

　第2類は引用オノマトペと同様、引用の形で文中にはめ込まれた感動詞で、これを「引用感動詞」と呼ぶことにする。引用オノマトペと同様、引用感動詞には疑似遂行性は無い。たとえば次の(14)を見られたい。

(14) a.　「キャーッ」と彼女は悲鳴を上げた。
　　 b.　今度は彼女は「キャーッ」と悲鳴を上げなかった。

例(14)の感動詞「キャーッ」は、引用標識「と」によって文中にはめ込まれており、その事態(悲鳴の実現)は描写((a))だけでなく、否定((b))も、「今度は」のような語句を補い語順を調整すれば特にはっきりするように、自然である。このようにオノマトペだけでなく感動詞の疑似遂行性も、統語的位置(発話末オノマトペか否か)と関わっている。

3.3　副詞感動詞

　最後に取り上げるのは副詞感動詞で、これも引用感動詞と同様、疑似遂行性は持たない。というのは、当該の副詞を削除しても、話の場に事態が現出されることに変わりはないから、つまり「当該の副詞の発話によって話の場に事態が現出される」わけではないからである。たとえば次の(15)の場合、(a)(b)だけでなく、(a)の感動詞「まあ」、(b)の感動詞「さあ」を削除して得られる(c)も、大事の実現は変わりがない。

(15) a.　箱を開けたらまあ大変。中から化け物たちが一斉に飛び出してきた。
　　 b.　箱を開けたからさあ大変。中から化け物たちが一斉に飛び出してきた。
　　 c.　箱を開けたら大変。中から化け物たちが一斉に飛び出してきた。

さらに副詞感動詞は、「いま・ここ」にいる「私」の心情という直示的な心情の発露という一般の感動詞とは異なり、「その時・その場」にいる「その人物」(物語の登場人物)の心情の発露であるという特色を持っている。

副詞感動詞の特色は音韻面にも見られる。副詞感動詞は「まあ」「さあ」「あら」「おや」「なんと」など、必ずモーラ長であり、必ず語アクセントを持つ。その語アクセントは動詞語幹・副詞オノマトペと同様、頭高型アクセントである。これに対して発話末感動詞と引用感動詞はモーラ長とは限らず、語アクセントを持つとは限らない。

3.4 「馴化」と感動詞の特質

以上で観察した合計3類の感動詞の性質をまとめると、次の表2を得る。

表2　3類の感動詞のまとめ

	疑似遂行性	モーラ長の必須性	語アクセントの必須性
発話末感動詞	＋	－	－
引用感動詞	－	－	－
副詞感動詞	－	＋	＋(頭高型)

発話末感動詞は第2節で見た発話末オノマトペと同様、疑似遂行性を持ち、モーラ長や語アクセントを必ずしも持たない点で、「一般」の語から遠く、ことばにならない声やジェスチャーと近い。引用感動詞は、モーラ長や語アクセントを必ずしも持たない点では発話末感動詞に似るが、疑似遂行性を持たない点では「一般」の語に近い。副詞オノマトペは疑似遂行性を持たず、必ずモーラ長であり、必ず語アクセントを持つという点で、「一般」の語にさらに近い。

副詞感動詞は、「いま・ここ・私」という直示性から解放されている点でも、「一般」の語に近い。多くの語は直示性を持たない。たとえば「リンゴ」ということばは、(現代日本語社会内であれば)いつどこで誰がどのように発したとしても、バラ科の落葉高木やその果実を意味する。だからこ

そ、状況から切り離されていることが言語の特質とされたり、動物のコミュニケーション・システムとは異なる人間の言語の一特徴として「脱場面性」（displacement, Hockett 1960）が認められたりもする[4]。結果として発話末感動詞・引用感動詞・副詞感動詞という順序は、感動詞がことばにならない声やジェスチャーからだんだんと離れ、「一般」語らしさを増していく順序、つまり本来的にとらえようがない環境の表情や情念のほとばしりが日本語の世界に引き入れられ、飼い慣らされ馴化させられたかのような順序ということになる。そしてこの3類のうちで最も感動詞らしいのは、疑似遂行性という特質を持っている発話末感動詞であろう。

4. オノマトペ・感動詞研究と方言

　以上で述べたことは、あくまで共通語について述べたことに過ぎず、諸方言については共通語とは別個に調べなければわからない。だが、方言を調べても、もしも共通語と同じようなことしか観察できず、「諸方言の標本箱」がただ充実していくというだけでは、方言研究の（文化的意義・倫理的意義はもちろん自明のものだが）学問的意義を広く認めさせることは容易ではないかもしれない。では、一方言のオノマトペや感動詞に目を配ることは、当該方言の研究を越えて、共通語研究や他の方言研究にどのような貢献をなし得るのだろうか？――方言研究の門外漢ながら、以下では（筆者にとって身近な）大阪方言に対するごく断片的な観察を通して、この問題に僅かながら立ち入ってみたい。オノマトペは第 4.1 節、感動詞は第 4.2 節で取り上げる。

4.1　オノマトペ研究と大阪方言の「ボチャーンねこ池落ちよってん」

　第 2 節では、これまで文外独立用法と呼ばれていたオノマトペを、発話末オノマトペととらえ直した。これは、オノマトペの前には語句が付き得るが、オノマトペの後には語句は付き得ない（付くとすればそれは次の発話の始まりであって、発話としてはオノマトペの部分で一旦切れている）という観察に基づいている。

だが大阪方言には、この観察が成り立たない可能性のある発話のタイプが存在する。それは「ボチャーンねこ池落ちよってん」のようなものである。これについて尾上(2001)は、「ボチャーン」「ねこ池落ちよってん」という2つの発話ではなく必ず一息に言わねばならない1発話であって、日本語本来の断続関係の表現性を（かなり退化させている共通語と異なり）なお保持している大阪方言らしいものと論じている。この論からすれば、発話末オノマトペ「ボチャーン」の後ろには「ねこ池落ちよってん」という同じ発話の構成要素が続くことになり、「発話末オノマトペ」という位置づけは再考を迫られることになる。

　但し、尾上(2001)の論の中核部分は、「発話」という用語の定義次第では、「発話末オノマトペ」という位置づけと両立する。とぎれ無く一息に発せられるものを例外無く1発話とはせず、たとえば「あー傘忘れたもういいや」のような発話については、嘆息発話「あー傘忘れた」と諦め発話「もういいや」の、とぎれの無い連鎖（あるいは、とぎれの無い連鎖でできる大きな1発話）ととらえるなら、である。

　そして、筆者自身が身近に聴取する大阪方言の発話には、このようなとらえ方に馴染みそうなものが共通語以上に見つかる。たとえば2人の人間AとBの対話において、「第三者Cはいかに愚鈍・無神経か」とAがBに陰口を言って笑う（あるいは憤る）場合、第三者Cの愚鈍なボケた発話と話し手A自身のツッコミ発話がとぎれ無く一息にAの口から発せられることがある。実際の例を挙げれば「昨日来た言えよ」や「総会で上がる上がるか」[5]のようなもので、これはまず第三者になって愚鈍な発話「（その人物なら）昨日来た」「（その案件は）総会で（議題に）上がる（だろう）」を述べた上で、間髪入れず話し手自身の立場からそれにツッコミを入れる（「（昨日来たなら来たと早く）言えよ」「（馬鹿なことを言うな、その案件が総会で）上がるか」）という構造を持っている。このように明らかに異なる2人（第三者C・話し手A）の発言の連鎖は、元から「1発話」と見るよりも、「元々の2発話がさまざまな事情で1発話のようにとぎれ無く発せられたもの」と見る方が妥当だとすれば、「ボチャーン」と「ねこ池〜」にも同様の見方が成り立つか

もしれない。

4.2　感動詞研究と大阪方言の「アーラ」

　第3節では、最も感動詞らしい感動詞を、疑似遂行性の認定に基づいて発話末感動詞とし、そしてこれをことばにならない声やジェスチャーに近いとした。だが、或るものを感動詞でないとして感動詞研究から排除する理由として「ことば（感動詞）にならない声だから」というのは循環論でしかない。では、「ことばにならない声」とは一体何だろうか？　感動詞との境界をどう考えればよいのだろうか？

　ここで、庶民的な年輩男性の大阪方言話者が発する「アーラ」を取り上げてみよう。これはたとえば次の(16)のような形で会話に現れるもので、音調は「アーラ」全体に高く平坦である。

(16)　X：カイロ持っていかんの？　（カイロ持っていかないの？）
　　　Y：無かったら寒いかな？　（無かったら寒いかな？）
　　　X：アーラ寒いわ。テレビマイナス3度や言うてんで。　（アーラ寒いよ。テレビ（の報道）はマイナス3度だって言ってるよ。）

「アーラ」と表記してはいるが、「ア」の開口度は通常の「あ」より狭く、また「ラ」の子音は通常の「ら」の子音の弾き音ではなく、巻き舌の震え音になることが多い。つまり、あまり日本語の言語音らしくはない発音である。では、「アーラ」は「ことばにならない声」として感動詞研究から排除すべきだろうか？

　だが、「アーラ」には、言語研究者にとって馴染み深い意味が備わっているようである。まず感じられるのは、共通語の指示語句との意味の近さである。但しその「共通語の指示語句」とは、「アーラ」に音形がよく似ている「あれは」「ありゃ」ではない。例(16)におけるXの「アーラ寒いわ」は、「当該地の寒さを経験した者」あるいは「零下3度の寒さを経験した者」としての発話ではなく、この「アーラ」の位置に共通語の指示詞「あれは」

「ありゃ」は生じない。むしろ、「アーラ」の意味は共通語の指示語句「それは」「そりゃ（あ）」の意味に近い。「そりゃ（あ）」に相当する大阪方言の語句は「そ（ー）ら」「ほ（ー）ら」であり、「ほーら」/ho:ra/ が勢い込んで発せられ、/h/ 音が弱化・消失し、/r/ 音が巻き舌になったのが「アーラ」だという、それらしい音韻の関係も思い描ける。

その一方で「アーラ」には、指示語句「そ（ー）ら」「ほ（ー）ら」とは違った、感動詞的な面もある。たとえば「日曜もやってるよ」と言われた場合、共通語で「そりゃ（あ）よかった」と言え、大阪方言でも「そ（ー）らよかった」「ほ（ー）らよかった」と言えるが、「アーラよかった」とは言いにくい。このように、話し手に「すごい事柄」（先の例で言えば当該地の寒さ）を語ろうとするきもちが特に無く、相手発話の「受け」の色彩が濃い場合、「アーラ」は不自然になりがちである。仮に「アーラ」が「ほーら」を勢い込んで発したものだとしても、勢い込むには勢い込むだけのきもち（すごい事柄を語ろうとするきもち）が必要ということになる。

「アーラ」の音声が言語音らしくないのは、いま示したようにこれが指示語句と感動詞の間にあればこそではないか。もしそうだとすれば、指示語句も感動詞も言語研究の射程内のことばである以上、それらの間に位置する「アーラ」も、言語研究から外すべきではないだろう。つまり感動詞に隣接する「ことばにならない声」とは「言語音でない声」とは別物として、「言語音でない声」よりも狭くとらえるべきだろう。

このように、生きた音声言語である方言は、感動詞研究の射程を考える上でも有益な材料を提供してくれる。

5．おわりに

オノマトペと感動詞には、本来的にとらえようがないものを言語の世界に引き入れ、飼い慣らして馴化させたかのような、さまざまな「型」を見て取ることができる。本稿ではこれを現代日本語共通語について示した上で、オノマトペ・感動詞研究が観察対象を諸方言にまで拡大する意義を、大阪方言

のごく断片的な観察を通して論じた。

注
1. オノマトペが倒置によって発話末に位置しているケース（例：「叩いてるよ、ガンガン」）はここでの「発話末オノマトペ」ではなく「副詞オノマトペ」（第2.4節）とする。
2. 現代日本語共通語のデフォルトのアクセント型については、「逆3型」「語末音節が重音節ならその音節に、そうでなければさらにその直前の音節にアクセント核が生じる」という異なる2つの考えがあるが（Kawahara 2015）、「短い単純語は頭高型」ということは、これら2つの規則いずれからも自動的に導かれるものではなく、独自に押さえておく必要がある（定延 2017）。
3. 最終確認日は 2017 年 1 月 30 日である。
4. 但し語彙から文法に目を転じると、直示性との関わりがさまざまな点で見られる。詳細は定延（2016、近刊）を参照。
5. 聴取日はいずれも 2012 年 7 月 13 日、聴取場所は JR 大阪環状線の車内である。

文献

秋田喜美（2013）「オノマトペ・音象徴の研究史」篠原和子・宇野良子（編）『オノマトペ研究の射程―近づく音と意味』pp.333–364，ひつじ書房．

尾上圭介（2001）「「ボチャーンねこ池落ちよってん」―表現の断続と文音調」『文法と意味Ⅰ』pp.159–166，くろしお出版．

角岡賢一（2007）『日本語オノマトペ語彙における形態的・音韻的体系性について』くろしお出版．

定延利之（2005）「「表す」感動詞から「する」感動詞へ」『言語』第 34 巻第 11 号，pp.33–39，大修館書店．

定延利之（2015a）「オノマトペの遂行的利活用」『人工知能学会論文誌』第 30 巻 1 号，pp.353–363．https://www.jstage.jst.go.jp/article/tjsai/30/1/30_30_353/_pdf

定延利之（2015b）「感動詞と内部状態の結びつきの明確化に向けて」友定賢治（編）『感動詞の言語学』pp.3–14，ひつじ書房．

定延利之（2016）『コミュニケーションへの言語的接近』ひつじ書房．

定延利之（2017）「発話が生み出すアクセント―現代日本語共通語アクセントの語彙的

決定性に関する2つの例外」楊凱栄先生還暦記念論文集編集委員会(編)『楊凱栄先生還暦記念論文集』pp.333–354, 朝日出版社.
定延利之(近刊)「語用論」井島正博(編)『日本語ライブラリー 現代語文法概説』朝倉書店.
田守育啓・ローレンス＝スコウラップ(1999)『オノマトペ：形態と意味』くろしお出版.
Austin, John L. (1962) *How to Do Things with Words*. Oxford: Clarendon Press.［ジョン・L・オースティン(著), 坂本百大(1978 訳)『言語と行為』東京：大修館書店.］
Hockett, Charles F. (1960) "The origin of speech." *Scientific American*, 203, pp. 89–97.
Kawahara, Shigeto. (2015) "The phonology of Japanese accent." In Haruo Kubozono (ed.), *The Handbook of Japanese Language and Linguistics: Phonetics and Phonology*, pp. 445–492, Berlin; New York: Mouton de Gruyter.
Kempe, Benjamin, Norbert Pfleger, and Markus Löckelt. (2005) "Generating verbal and nonverbal utterances for virtual characters." In Gérard Subsol (ed.), *Virtual Storytelling: Using Virtual Reality Technologies for Storytelling*, LNCS 3805, pp. 73–76, Berlin: Springer-Verlag.

付記

　本稿作成にあたって、岡本牧子氏・河合真知氏・宿利由希子氏から有益なご意見を頂いたことに感謝する。また本稿は、日本学術振興会の科学研究費補助金による基盤研究((A) 15H02605、研究代表者：定延利之)、国立国語研究所の共同研究プロジェクト「対照言語学の観点から見た日本語の音声と文法」の成果を含んでいる。

第4章
オノマトペに関する三つの思い込み

半沢幹一

1. 第一の思い込み：非恣意性

1.1 ソシュール

　それはたぶん、ソシュールに始まる。
　彼は、記号（言語）の第一原理として恣意性を取り上げた後すぐに、次のような断わりを入れる。

> 　言語記号を、いっそう精密にいえば、われわれが能記とよぶものを示すために、<u>象徴</u>(symbole)という語をひとは用いてきた。それを許すにはつごうのわるいことがある、まさにわれわれの第一原理のゆえである。象徴の特質は、恣意性に徹しきらないところにある；それはうつろではなくて、能記と所記とのあいだにわずかながらも自然的連結がある。　　　　　　　　　　（ソシュール．F／小林英夫訳(1973: 99)）

この説明の中の「恣意性に徹しきらない」や「わずからながらも自然的連結がある」などの、奥歯に物のはさまったような表現に注意しておきたい。
　そして、この例外的な象徴語彙としてオノマトペ(擬音語)を挙げて、

> 　本式の擬音語（中略）はどうかといえば、それらはただ少数であるのみならず、ある物音の近似的な・そしてすでに半ば制約的な模倣にすぎ

> ない以上、それらの選択はすでにいくぶんは恣意的である（中略）。なおまた、それらもひとたび言語のなかに導入されるや、他の語もこうむる音韻進化や形態進化などのなかにどのみち引きずり込まれる（中略）：これは、それらがその最初の特質のいくぶんかを失ってほんらい無縁である言語記号一般の特質を具えるにいたったことの、明白な証拠である。　　　　　　　　　　（ソシュール．F／小林英夫訳 (1973: 99–100)）

と述べるが、この中でも、「ただ少数」「近似的な・そしてすでに半ば制約的な」「いくぶんは恣意的」「最初の特質のいくぶんかを失って」などの、歯切れの悪い言い方が目に付く。

　なぜ、このようになってしまったのか。

　それは、個々の要素の起源の問題と全体の体系の機構の問題とを峻別しきれなかったからであろう。引用末尾の言い方には、それが端的に現れている。つまり、擬音語以外の「言語記号一般」が「ほんらい無縁である」というのは、言語という記号体系の機構としてではなく、言語記号一般の起源として、能記と所記の無縁性＝恣意性を示しているのである。

　恣意性が言語記号の第一原理たりうるのは、その共時的な体系の存在を前提にするからこそであって、その限りにおいて、個々の要素の起源の如何は問うべきではなかった。

　また、ソシュールは言う。

> 　能記の選択が必ずしも恣意的でないことをいおうとして、擬音語 (onomatopée) を盾にとることもできよう。しかしながらそれはけっして言語体系の組織的要素ではない。その数からして存外に僅少である。fouet とか glas とかいった語は、なにか暗示的な響きをもって、ある人の耳を打たないともかぎらない；しかしながらはじめからそうした特質をもっていなかったことを知るには、それらのラテン形にさかのぼってみるだけでよい（中略）。　　（ソシュール．F／小林英夫訳 (1973: 100)）

擬音語が「言語体系の組織的な要素ではない」理由の一つとして、「その数からして存外に僅少である」という語彙量の問題を取り上げたのだとしたら、いかにも不当であろう。しかも、言語体系の中心的な要素ではない、と言うのならばまだしも、「組織的な要素ではない」では、そもそも擬音語は言語体系の要素ではないことになってしまう。

fouet（鞭の意）とか glas（弔鐘の意）とかいった語に関して、「なにか暗示的な響きをもって、ある人の耳を打たないともかぎらない」というのも、それらの系統的な起源との関係で問題にすべきことではなく、同一言語体系内において、それぞれの能記から喚起される所記がどういうものかという問題であって、程度の差はあれ、同様のことはすべての語にもあてはまる、音象徴的な問題である。

このような、ソシュールの躊躇の元になった、オノマトペは非恣意的、という思い込みは、その後も根強く生き延びることになる。

1.2 辞典

擬音語に関する、現代日本での一般的な理解の仕方を、国語辞典で確認してみる。たとえば、小野正弘他編（2015）では、「擬音語」は「擬声語」と同じとされ、「擬声語」は「音や動物などの声をまねてあらわしたことば」と説明される。

専門的な辞典も大同小異で、飛田良文他編（2007）には、「擬声語」について「外界で生じる種々の音や声を言語音で模写した語の一群」、亀井・河野・千野編（1996）にも、「音声象徴（sound symbolism）によってつくられた語の一種。動物の声や自然界のもろもろの音、または、およそ物の発する音を模写したもの」とある。

これらは、語彙体系の一分野を、その起源から説明しようとする点、つまり「まね」あるいは「模写」という点によって、非恣意性＝有縁性を示すということでは同じい。語彙の特定分野が、このような観点から規定されること自体の是非について今は措いておくとしても、引っかかってしまう点があることも認めざるをえない。さしあたり、そのうちの3点を指摘してお

きたい。

1.2.1 恣意性

一つめは、件んの、恣意性の問題である。そして、二つめと三つめのひっかかりも、それに発している。

ソシュールの言う恣意性は、記号における能記と所記の関係についてであって、語（名前）と物の関係についてではない。「音や動物などの声」というのは物の世界であり、それらを「まねてあらわし」ているとされるのは、語ではなく、その能記つまり語形（聴覚映像）に関わるほうである。では、その能記に対応する所記は何か。その説明を、一般・専門を問わず、辞典類はしていない。

あるいは、自明と考えられているからかもしれない。なんらかの具体的な音声を「模写」した能記であるならば、所記は当然、そのなんらかの具体的な音声であって、だからこそ非恣意性＝有縁性が認められると。しかし、所記は個別から抽象化・普遍化されたものであって、音声そのものではない。

たとえば、「ほおほけきょ」という語を考えてみよう。この語の能記となるホーホケキョという語形に対応する所記はウグイスの鳴き声一般という、そのさまざまを指示しうる、抽象的に共通イメージ化したものであり、そのイメージのありようはあくまでも恣意的である。これを恣意的でないとするのは、実際にウグイスがそのように鳴く（たとえ聞き成しであったとしても）という体験あるいは知識などから説明できるからにすぎないのであって、言語そのものの問題ではない。その体験や知識を持たない人にとっては、「ほおほけきょ」という語は起源の如何によらず、そのような能記と所記との恣意的な関係を示すものとして学習するしかない。

個別言語ごとに、もとは同一とみなされる自然主体の音声を表す擬音語が相異なって見られることが、言語の恣意性の根拠の一つとして挙げられるが、同一言語体系内であってさえ、時代や地域による差異が認められるのも、同様である。もともと「うぐいす」という鳥名がウクイという鳴き声に由来することを知らなければ、その能記と所記は恣意的な関係のままなので

あって、そのような知識の有無が言語の体系や使用に影響を与えることはない。

1.2.2　模写

　二つめは、「まね」あるいは「模写」の主体は何か、という問題である。

　もちろん、主体は人間、となりそうであるが、個人であれ、共同体であれ、言語に関わる、そのような人間の意図的な行為が認められるのは、個別的な言語行動としての命名においてのみである。命名という営為は、「模写」も含め、恣意的なものであるが、それは語と事物の結び付け方についてであって、記号の能記と所記の関係における恣意性とは本質的に異なる。

　この点に関連して、今や否定されてはいるが、かつて言語一般の起源を擬音語とする説があった。言語は、周りの物音を模倣して発声するところから作られたとする考えである。しかし、自然音を人間の声によって再現することは不可能ではないけれども、その「模写」のみが意図された音声はそのままでは、「擬音」とは言えても、擬音語としての資格は持ちえない。

　また関連して、言語使用の初期段階である幼児語に擬音語が多いということも指摘されることがあるが、半沢幹一 (1999: 196) は、「ブーブー」という語の使用例を検討した結果、以下のように反論している。

　　この語はおそらく育児語として教示された幼児語であり、その指示用法の模倣使用によって習得されたとみなされる。この語は自動車の発する音を模倣契機にすると一般に考えられているが、幼児にとっては、それが確認されてから、この語が使用されるのでもなければ、そのような模倣契機があることによって、この語と対象との結び付きが確定したわけでもない。

1.2.3　イメージ

　三つめは、擬音語と擬態語の関係である。

　通常、オノマトペあるいは音象徴語と呼ばれる語彙には、擬音語だけでは

なく、擬態語も含められている。問題は、両者を一括して扱ってよいのかということである。

既出の小野正弘他編（2015）では、「擬態語」を「ものごとの状態の感じをそれらしくあらわしたことば」と説明している。先の「擬声語」の「音や動物などの声をまねてあらわしたことば」と比較してみると、異なるのは対象が音声か否かという点のみである。語彙の分野は対象の分野とほぼ照応するので、分野名としての擬音語と擬態語がその点において区別されるのは了解できる。それでは、両者を一まとめにしうる共通点は何か、ということになると、「まねて」と「それらしく」で同じことを意味するということにはなるまい。

飛田良文他編（2007）の「擬態語」の項には、次のような説明が見られる。

　　擬声語・擬態語ともに、言語音と意味との間に直接的な関係があるが、擬声語の方がその関係がより直接的である。擬声語は外界の音を言語音で模写したものであるから、音同士の対応になる。擬態語の方は、音を伴わない状態を言語音で模写したものであるから、対応は擬声語ほど直接的ではなく、その分普通の語に近い性質を帯びる。

これによれば、擬音語と擬態語に共通するのは、「言語音で模写した」という点である。しかし、「音を伴わない状態を言語音で模写」するとは、どういうことであろうか。その関係を含めて「模写」と言うことができ、かつ語一般と差別化するポイントであるならば、それは何か、である。言うまでもなく、1.2.2に取り上げた「模写」とは異なったものでなければならない。

それは、言語音を構成する個々の単位音あるいはその連続による能記がそれぞれのイメージを喚起することである。擬音語と擬態語がまさに共通に、語一般と差別化されるのは、このイメージ喚起によって成り立っているという点にある。

これに対して、すぐに二つの反論が想定される。一つは、喚起というのは、能記と所記の恣意的な関係を否定するのではないか、もう一つは、イ

メージというのは、所記に相当する概念と異なるのではないか、ということである。

　第一点について。能記と所記は、語という単位の設定と表裏の関係にあり、「個々の単位音あるいはその連続」というのも、語という単位を前提としたものである。つまり、特定のイメージを喚起するのは、単なる音連続ではなく、それが成り立たせる語の能記としてであって、そのイメージは個々の単位音のそれぞれに還元され、また集約されるという性質のものではない。言語の相対性と恣意性の相関は、言語のあらゆる単位に及ぶかもしれないとしても、能記と所記の恣意的関係は、語レベルにおける問題である。

　浜野祥子（2014: 161–162）は、次のように述べる。

> 日本語のオノマトペは、恣意的な記号組織としての言語の対極にあるのではなく、非常に構造的であり、音象徴の言語化という一見矛盾するかに見える性質を含む、一般語彙に隣接する組織である（中略）。

「隣接する組織」という位置付けの謂いは計りがたいが、オノマトペという語彙が「非常に構造的」であるとするならば、その語彙体系に含まれる要素語は能記であれ所記であれ、それぞれ相互に示差的な特徴によって関係付けられるのであり、その点において、両者の喚起関係はあくまでも恣意的なのであって、擬音語と擬態語とで、その恣意性に関する違いを認める必要はまったくない。

　第二点について。事は、用語の意味規定に関わる。「所記」「意味」「概念」「イメージ」、これらの用語同士の関係である。少なくとも、オノマトペがイメージ喚起を特徴とすると言う際には、「意味」を「概念」と同等とみなし、「イメージ」は「概念」とは別個なものとして、しかし「概念」同様に「所記」に含まれると考える立場に立つ。ここで言う「イメージ」とは、「言語刺激によって喚起・再生される対象の意図的な表象像」（半沢幹一（2016: 80））のことである。

　したがって、ソシュールの用いた「概念（concept）」の如何を詮索するこ

となく、能記と所記の関係を考えれば、同一言語共同体において、一定範囲で安定的に、能記から喚起される内容を「所記」と言うことにすれば、「概念」とは異なる「イメージ」もまた「所記」となりうるのである。

その点で注目したいのは、ソシュール．F／小林英夫訳（1973: 97）が掲げている、次の二つの図である。

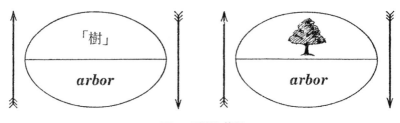

図1　所記と能記

察するに、左の「樹」が概念を示すのに対して、右の樹の絵はイメージを示しているのではないだろうか。何の説明もないけれども、あえて二つを並べているところには、所記として別種の性質のものがあることを示唆したように思われるのである。もとより、それが絵であるのは、あくまでも便宜のためであって、イメージが視覚的であるということを意味するわけではない。

2. 第二の思い込み：感覚性

2.1 感性

本書のタイトルは「感性の方言学」であり、その二本柱の一つがオノマトペである。これは、オノマトペは感性的な、しかもその典型的な語彙と考えられているからであり、一般的にもそのように捉えられているようである。

たとえば、日本語オノマトペ辞典の一つには、次のような説明がある。

　　擬音語・擬態語とは、外界の物音、人間や動物の声、物事の様子や心情

を、直接感覚的に表現することばである。(中略)擬音・擬態表現において、作家が自分だけの感性によって、通常ではない文字列を用いて独特の意味・ニュアンスをもたせたり、話し手が感情にまかせて音を自由に創作したりして表現することは十分にありうることである。

(飛田良文・浅田秀子編 (2002: v))

このように、「直接感覚的に表現する」「感性によって」「感情にまかせて」など、「感覚」「感性」「感情」などの一連の語が、オノマトペを特徴付けるものとして用いられているのである。

なぜ、オノマトペは感覚的とみなされるのか。これを第二の思い込みとして考えてみたい。

2.2 共感覚

次の二つの図を見てみよう。

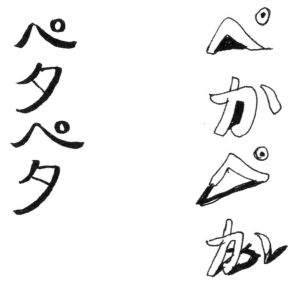

図2　オノマトペのイメージ

ともに、宮沢賢治の童話に見られるオノマトペであり、目を引くのはその手書きによる文字デザインである（栗原敦監修・杉田淳子編（2014）、文字デザイン：尾崎仁美）。該書に、オノマトペと文字デザインとの関係に関する説明は見られないが、各語から喚起されるイメージのありようを示そうとしたものと考えられる。それぞれが大方の共感・納得を得られるかどうかはともかくとして。

　注意しておきたいのは、次の二点である。一つは、音連続が聴覚イメージとしてではなく、文字という、しかも何らかの操作の加えられた視覚イメージによって表わされていること、もう一つは、同じ音・文字であっても、異なるイメージになっていることである。

　前者は、聴覚と視覚という異なる感覚モダリティーに通底する「共感覚」がオノマトペには顕著に認められるということを物語っている。後者は、同一の単音であっても、特定の連続関係を持つ能記となれば、それぞれ異なるイメージを喚起するということである。

　しかし、滝浦真人（1993: 83）は、次のように念押しをする。

　　〈共感覚〉がオノマトペの成立に根拠を与えると言うとき、〈共感覚〉はオノマトペを"基礎づけ"はするけれども、どこまで行っても、オノマトペが"感覚そのもの"になることはないということを忘れるわけにはゆかない。感覚に支えられているとはいえ、ひとたび個別言語の音韻体系に沿った"語"になってしまったものは、もはや感覚それ自体ではなく、多かれ少なかれ"観念"だからである。

　観念（概念）とともに所記を成すイメージも、所記である限りにおいて、能記が単なる聴覚あるいは視覚からの刺激ではなく、言語音として位置付けられるのと同じく、「感覚それ自体」ではない。オノマトペが感覚的とみなされるのは、その成立の根拠に関してであって、言語体系内の要素としての性質あるいは機能としてではないのである。

2.3 意味

2.2 に挙げた、宮沢賢治の「ぺかぺか」というオノマトペに関して、川越めぐみ（2007: 66）は、次のように説明する。

　　共通語の慣習的なオノマトペ「ぴかぴか」から派生したものと考えた場合、「ペカペカ」は「ぴかぴか」よりも光量が少ないという解釈だけで終わるのに対し、方言の用法を見ることで、賢治が表わそうとした、蛍のように「消えること」に特徴を持つ、点滅する光のありようがはっきり見えてくるのである。

「ぺかぺか」という賢治独自の創作と見られたオノマトペも、岩手県方言の慣習的な語を利用したものだったということである。このような説明の前提として、オノマトペのイメージについて、次のように述べる。

　　音声が持つイメージは漠然としたものであり、オノマトペの構成音として使用される際には、イメージの断片が恣意的に切り取られてくるものなのではないだろうか。言いかえれば、音声のイメージは有縁性を持つが、イメージの選択は恣意的であり、その言語による制約的ルールを持つものなのである。また、慣習的なオノマトペについては、繰り返し使われるうちに意味や用法が変化を起こすことも考えられるということからも、慣習的に定着したオノマトペの意味を考慮することは、必要なことだと思われる。
　　　　　　　　　　　　　　　　（川越めぐみ（2007: 70–69））

ここにも、恣意性をめぐって、起源と体系あるいは原因と結果の混乱が見られるが、それは「慣習的オノマトペ」と「創作的オノマトペ」の関係が考慮されているからかもしれない。しかしすでに説いたように、言語記号における恣意性と言語活動における恣意性とは、本来まったく別個のものであり、前者の恣意性は、慣習的オノマトペに関してのみ論じられるべきことである。

このこととは別に気になるのは、「イメージ」と「意味」との区別をどのようにしているのかという点である。他の箇所では「オノマトペの場合、意味が感覚的なもので捉えにくい」(川越めぐみ(2007: 62))ともしている。これでは、「意味＝イメージ＝感覚」のように受け取られかねない。あるいは、オノマトペは創作された時点では「イメージ」であるが、慣習化されるにつれ、「意味」になるということであろうか。どちらにしても、不審である。
　「ぺかぺか」というオノマトペが「点滅する光のありよう」を表すと説明するとき、この「点滅する光のありよう」とは、意味(概念)であって、それはイメージでもなければ感覚でもない。じつは、辞典類のオノマトペの語釈の仕方もすべて同じであり、極論すれば、何々を表すと、ことばによって説明される限りにおいて、それはどれも意味(概念)なのである。
　それでは、オノマトペは意味(概念)を表すということになるのか。先に、オノマトペはイメージを喚起する語彙であると規定したが、そのイメージとはどのようなものなのか。
　オノマトペに関して、通常、説明される意味(概念)とは、能記に対する所記そのものではなく、当該のオノマトペが使用される対象の状況如何に関するそれである。「ぺかぺか」という語は「点滅する光のありよう」、つまり「光」という対象の「点滅する」という状況に対して用いられる、ということである。そして、「ぺかぺか」という能記に対する所記は、その状況において、光が具体的にどのように点滅するかという、まさにそのイメージである。
　この「どのように」という点が、当の「ぺかぺか」以外のことばによっては簡潔に、かつおそらくは本質的に説明できないからこそ、イメージなのである。単純に言えば、「光がぺかぺか点滅する」という表現が成り立つとき、余剰とはなりえない、まさに「ぺかぺか」が喚起するイメージである。

2.4　体系

　1.2.3で、「イメージ」を規定するのに、「表象像」という語を用いたが、これだけでは、イメージは感覚であるかのように解釈されてしまうかもしれ

ない。しかし、その直前に「言語刺激によって」という条件を付けてあるのは、普通に言うところの「感覚」、つまり外界の物理的な刺激に反応する個々の生理的な感覚とは区別するためであり、いわゆる「共感覚」という、個別の感覚モダリティーとは次元を異にするものを想定している。

　言語刺激は、外言としては能記の聴覚的または視覚的な刺激媒体に限定されるから、それぞれに対応する受容器官が機能するのに対して、内言はそのような刺激媒体を問わず、言語記号の能記とともに「心的実在体」として抽象化されたものであって、身体感覚とも異なる、それはもはや感覚とは呼べない性質を帯びる（脳内のウェルニッケ野での電気的置換体とまでは言わないとしても）。

　竹田晃子（2012: 14）は、擬態語について、次のように説明する。

　　動きや存在の様子をいわば感覚的に表現するもので、身体感覚の表現にもよく使われます。身体感覚を他の人と共有することはまず不可能ですが、ことばによる表現を通して、他の人の身体感覚を理解したり想像したりすることができます。

　竹田晃子（2102）が取り上げているのは、体調・気分を表す、東北方言のオノマトペである。体調や気分というのは、身体感覚の中でもとりわけ「他の人と共有すること」が「不可能」な感覚であろう。そして、それを他の人が「理解したり想像したりすること」ができるのは、ことばの中でもとりわけ「感覚的に表現する」擬態語（オノマトペ）によってである、ということになろう。

　なじみやすい論理展開ではあるものの、ここにも「感覚」に関わる一つの顚倒がある。つまり、他人と共有することが不可能なのが「感覚」ならば、それを可能にするのは「感覚」ではありえないのである。ことばによって共有可能となるのは、個々の感覚からは離脱しているからこそであり、それが所記化されたイメージである。

　「感覚的」という言い方を、語彙体系における、その程度差を示すために

用いる向きもあるが、適切とは言いがたい。「感覚的に表現する」のは、対象に対する人間主体の営為としてであって、示差的に定位される語の能記と所記との関係の恣意性そのものに、感覚的か否かという程度差は認められない。その点に関しては、オノマトペも語一般と同じであり、さらに共通語のオノマトペと方言のオノマトペで所記イメージに異なりがあるにせよ、それぞれが体系を成す限り、方言のほうが感覚的ということにもならない。

2.5 比喩

室山敏昭（2012: 38）は、方言メタファーを取り上げる中で、次のような例も示している。

> 植物を鳥に見立てたメタファー表現も認められる。佐賀県では、「露草」を「トテコッコー」とか「トテッコッコー」と呼んでいる。苞から蕾を出した形が、いかにも鶏が羽毛を立ててふくらんでいるように見えるので、鶏に見立てて、その鳴き声で言い表したものである。島根県では「鬼百合」を「カッコーバナ」（郭公花）と呼んでおり、富山県では「猩々袴」を「ホケキョバナ」（ほけきょ花）と呼んでいるのは、花の色や模様が「ほととぎす」や「鶯」に似ているからである。植物を鳥に写像したメタファー表現が、鳥の鳴き声によっているのは、各地で鳥の呼称を、その鳴き声によって言い表す傾向が著しいためである。

以上の説明から、オノマトペとの関係で、二つの点を確認しておきたい。第一に、「トテコッコー」「カッコーバナ」「ホケキョバナ」などの植物名は、命名の起源を問わず、各地の方言語彙における植物名として通用しているということである。第二に、「鳥の呼称を、その鳴き声によって言い表す」のは、メトニミー（換喩）関係に基づくということである。

それぞれの植物に、視覚的な類似性によるメタファーとして鳥類名が当てられたとき、鳥類名が聴覚的な近接性によるメトニミーから成り立っていることが意識されたとしたら、その適用には支障が生じたのではないだろう

か。つまり、「トテコッコー・カッコー・ホケキョ」は、由来としてはともかく、すでにオノマトペとしてのイメージ喚起力を持たない、鳥類名としてのみ存していたということである。

室山敏昭（2012: 4）はまた、方言にメタファーから成る語彙が目立つという事実をふまえ、次のように述べる。

> このような様々の事実が、ともすれば制度として固定化し、硬直化しがちな認識の記号システム（「認識的理性」によってもたらされたもの）に、柔軟で多様な活力を付与し、新しい現実の想像を通して、環境世界に対するものの見方それ自体を開拓する「感覚的理性」として作用しているのである。

注目したいのは、「認識的理性」と「感覚的理性」という対比である。
同著にはこの両者に関する説明はとくに見られず、「感覚的理性」というのは撞着語法とも受け取られかねないが、言語化すること自体に「理性」を認めたうえでの「認識」と「感覚」という二分なのであろう。そして、「当初は、地域社会に生きてきた日本人の「想像力と具象力」の実体と特性を、方言比喩、とりわけ方言メタファーと方言オノマトペをのぞき窓にして、明らかにしてみたいと考えていた」（室山敏昭（2012: 396））というところからすれば、オノマトペもまた「感覚的」理性の作用したものとみなされる。この背後には、やはりオノマトペ＝感覚的という捉え方があるように思われる。

引用の文脈から見れば、「想像」が「感覚」に結び付けられているが、「想像」が生み出すのは「感覚」ではなく「イメージ」である。いっぽう、「認識」は「概念」に関わるものであるから、あえて言語に「理性」を用いるとしたら、「概念的理性」と「イメージ的理性」という二分法に置き換えることによって、オノマトペは後者側に正当に位置付けることができよう。

なお付言すれば、所記は概念かイメージかという二者択一ではない。というよりも、どちらかのみで成り立つ所記は自然言語においてはないと言える。その中にあって、オノマトペはオノマトペとしてある限り、イメージを

もっぱらの所記とするという点において、異色なのである。

3. 第三の思い込み：豊饒性

3.1 語彙量

　日本語はオノマトペが豊かな言語である、と思われているらしい。

　たとえば、金田一・林・柴田編（1988）の「擬音語・擬態語」の項には「日本語は擬音語・擬態語の豊富な言語とされ、ことに擬態語には種類が多く、日本人独特の主観に根ざした表現であるため、外国人には理解がむずかしいと言われている」、また国語学会編（1980）の「擬声語・擬態語」の項にも、「オノマトペの性質上、世界のすべての言語にその種類の語は存するが、その多種多様な使い方は、朝鮮語などともに、日本語において卓越している」とある。さらに、亀井・河野・千野編（1996）の「音声象徴」の項には、「東洋の言語に擬態語が豊かなのは、これらの言語が感覚ないし感情に優れているからである」という、驚くべき記述まで見られる。

　本当に、日本語そしてその生活語としての方言には、オノマトペが豊富と言えるのだろうか。これを、第三の思い込みとして取り上げる。

3.2 感情語

　真田信治・友定賢治編（2015）は、感情を表す方言語彙を、「気分・情緒面での一次的感情」（23項目）、「自我感情」（11項目）、「他人に対する感情」（21項目）、「美的感情」（9項目）の4分野に分類し、計74項目の全国調査の結果を示している。このうち、基準となる共通語として明らかなオノマトペは、「他人に対する感情」の中の「にこにこ」1語のみである。

　方言に対する内省がきかないので、各解説を手掛かりに検索してみると、じつは、方言オノマトペが顕著に認められる項目はほとんど見られない。

　多少バラエティーがあるのは「もどかしい」の項目くらいである。共通語オノマトペの「にこにこ」の項目においても、これと同語形か、その変異語形（「にごにご・にかにか・にこかこ・にこらかこら」など）がおもであり、

「ごっつり」(青森県南部)「えっこらえっこら」(群馬県)「えばえば」(福岡県)などは例外的・孤立的である。

項目語を含む例文内にある共通語オノマトペ(「執念深い」を修飾する「ねちねち」、「ののしる」を修飾する「がみがみ」)との対応を見ても、「ねちねち」は方言でもほぼ同語形であるが、「がみがみ」の方は同語形以外に、「がやがや・がーがー・がつがつ・ぎゃーぎゃー」などの類似語形や、「ぐじゃぐじゃ」などの別語形が見られるのが、目を引く程度である。

むしろ各方言独自かと思われるオノマトペは、数少ないながら、同著のコラムのほうに、つまりは全国共通の、感情に関する項目からは外れた分野で取り上げられた中に認められる。

感情とオノマトペの親和性が高いのならば、そして方言には感情表現が多いのならば、このような結果は何を物語っているのだろうか。

3.3　幼児語

友定賢治(1997)は、日本全国の幼児語を、Ⅰ習俗・信仰(3項目)、Ⅱ自然(10項目)、Ⅲ動物(24項目)、Ⅳ飲食(34項目)、Ⅴ服飾(13項目)、Ⅵ住居(6項目)、Ⅶ事物(13項目)、Ⅷ玩具(11項目)、Ⅸ乗り物(7項目)、Ⅹ身体(25項目)、Ⅺ老若男女(9項目)、Ⅻ行動動作(26項目)、ⅩⅢ状態(15項目)の13分野に分類し、計196項目にわたって該当語彙を載せている。

このうち、「全国」と表示された、オノマトペと認定されうる幼児語があるのは、次の66項目である(変異語形は「類」としてまとめられている)。なお、ⅠとⅪの分野には、該当項目が見られない。

これらは幼児語オノマトペとしての全国共通に用いられているということであり、大抵は覚えのあるものであろう。また、その命名の由来も見当が付きやすいであろう。

　Ⅱ：3／10：「星」キラキラ類／「雷」ゴロゴロ類／「風」ヒューヒュー・
　　　ビュービュー・ピューピュー類
　Ⅲ：16／24：「牛」モーモー類／「馬」ヒンヒン類／「豚」ブーブー類

／「山羊」メーメー類／「犬」ワンワン類／「猫」ニャーニャー・ニャンニャン類／「ねずみ」チューチュー類／「うさぎ」ピョンピョン類／「きつね」コンコン類／「すずめ」チューチュー・チュンチュン類／「からす」カーカー類／「鶏」コケコッコ類／「かえる」ケロケロ・ゲロゲロ類、ピョンピョン類／「蟬」ミンミン類／「蜂」ブンブン類／「蚊」ブンブン類

Ⅳ：8／34：「餅つき」ペッタンコ類／「めん類」ツルツル類／「切る」チョキチョキ類／「飲む」ゴクゴク類／「(熱いものを)さます」フーフー類／「なめる」ペロペロ類／「口を開ける」アーン類／「吐き出す」ゲー類

Ⅴ：2／13：「袖なし」チャンチャンコ類／「綿入れ」チャンチャンコ類

Ⅵ：1／6：「煙」モクモク類

Ⅶ：5／13：「うちわ」パタパタ類／「時計」カチカチ・コチコチ類、ボンボン類／「針」チクチク類／「はさみ」チョキチョキ・ジョキジョキ類／「てんかふん(天花粉)」パタパタ類

Ⅷ：8／11：「太鼓」トントン・ドンドン類／「笛」ピーピー類／「鐘」カンカン類／「鈴」リンリン類／「風鈴」リンリン・チリンチリン類／「がらがら(幼児玩具)」ガラガラ類／「風車」クルクル・グルグル類／「積み木」カチカチ類

Ⅸ：7／7：「船」ポンポン類／「汽車」ポッポ(ー)類／「くるま」ブーブー類／「自動車」ブーブー類／「三輪車」チリンチリン類／「自転車」チリンチリン類／「飛行機」ブーン類

Ⅹ：6／25：「髪を剃る」チョキチョキ類／「舌」ベロベロ類／「腹」ポンポン類／「小便」シーシー類／「つば」ペッペッ類／「風邪」コンコン類

Ⅻ：9／26：「手拍子」パチパチ類／「くすぐる」コチョコチョ類／「叱る」アップ類／「ねころぶ・横になる」コロ～類／「伸びをする」アーン類／「捨てる・投げる」ポイ類／「たたく」トントン類／「泣く」エンエン類／「洗う」ジャブジャブ類

XIII：1／15：「ぬれる」ビショビショ・ビチョビチョ類

　以上から、全国共通の幼児語オノマトペに関して、次の三点が指摘できる。
　第一に、196項目中の66項目つまり全体の三分の一にしか見られないということ、第二に、乗り物、玩具、動物の分野に目立つということ、第三に、対象に伴う音声に焦点を当てた語が多いということ、である。
　各項目の対象を表す成人語にはほとんどオノマトペがないので、それと比較すれば、幼児語にオノマトペが多いとは言えよう。しかし、勘違いしてはならないのは、幼児だからオノマトペを用いるということではけっしてないということである。たまたま幼児の発音あるいは記憶しやすい音あるいは音連続のパターンに適ったオノマトペがあったというにすぎない。しかも、それらは事物名として用いられる段階では、換喩的関係によってすでにオノマトペ性を希薄化あるいは無化されてしまっている。
　友定賢治（1997）が、全国共通以外で、各方言における幼児語オノマトペのバラエティーが目立つ項目として、とくに注記を施しているのも、「水たまり・食べる・火・傘・よだれ・鼻汁・背負う・こける（ころぶ）・つねる・咬む」くらいであり、それらのオノマトペとしての認定も推定か、あるいは未詳というのが少なくない。逆に、中には、帽子を表す「シャッポ」という外来語出自の幼児語に対して、「帽子を頭にもって行く動作を「シャッ」で、かぶる動作の終了を「ポン」で、見事にイメージできる語である。幼児向けの語としては実に合理的な語なのである」という、新たにオノマトペ性を付与する説明までも見られる。
　このような説明がありうるとしたら、幼児語には、幼児の発音や記憶の便宜以外に、ことばと物との結び付きを、幼児に分かりやすく示すためという側面もあるのかもしれない。しかしそれは、幼児の言語獲得にとっては、何の意味もない。言語を言語として獲得するとは、能記と所記の恣意的な関係を理解するということに他ならないからである。

3.4 パターン

　小野正弘編（2007）は、書名の上に「擬音語・擬態語4500」と、収録語数を謳う。凡例によれば、付録を含めると4700語以上とのことで、おそらく日本語オノマトペの辞典としては最大級のものであろう。

　さて、この4700語以上という語数は、現代日本語の総語彙の中で、あるいは他の言語と比べて、多いと言えるのだろうか。もとより、辞典に収録されているのであるから、慣習的なオノマトペのみの語数であるが、日本語であれ他の言語であれ、比較しうる客観的なデータに基づいたものではなく、印象として多いという思い込みがあるように思われる。

　ただし、そういう印象を抱くだけの根拠が、日本語には存在する。

　臨時的あるいは創作的なオノマトペが無数に作られ用いられているからである。それが可能なだけなく容易なのは、形態と用法における特定のパターンが担保されているからである。形態のパターンとしては、ABAB型という反復型や特定の音節（ン・ッ・ラ行音など）の挿入や付加があり、用法のパターンとしては、「と」や「に」を下接しての副詞用法、「する」を下接しての動詞用法などがある。

　これらのパターンが踏襲され、組み合わされさえすれば、臨時的でも創作的でもオノマトペらしき語を作ることができ、既存のオノマトペからの体系的な類推により、示差的にそれぞれのイメージが喚起されるのである。

4. 思い込みの功罪

　以上、オノマトペに関する三つの思い込みについて取り上げてきた。思い込みだから、すなわち間違いというつもりはない。それぞれなりの観点・立場としては、有効ということも考えられる。

　ただ、近年、オノマトペ研究が盛んになりつつある状況のようなので、その思い込みの所在と問題点を明らかにしておくことにも意味があるのではないかと判断してのことである。のみならず、言語を論じるにあたって、恣意性や感覚性という根本問題を抜きにすることはありえないし、日本語あるい

は方言の特色を取り立てる際、豊饒性の如何をどのように示すかは、その信頼性に関わる重要なことであろう。

　なお懸案として残るのは、イメージである。メタファーもオノマトペ同様、イメージ喚起を旨とするが、メタファーは慣習化し、さらに死喩となると、概念に回収されてしまう。ところが、一般語化したオノマトペには同じことが言えるのに対して、慣習化しても、オノマトペは周辺的な概念とともに中心的にはイメージを喚起するのは、なぜなのか。それを解くためにも、改めて、言語にとってイメージとは何かについて、できれば罪ではなく功となるような思い込みをとおして、考究を続けたい。

【補足】
　脱稿後に読みえた文献の中で、小論の主旨に変更はないものの、言及しておくべきと判断された論についてコメントを付し、補足としたい。
　まずは、三つの思い込みの第一に挙げた「非恣意性」に関して。浜野祥子（2017: 27–28）は、「近年では、言語学の中でも、言語の形態と意味の間に全く関係がないという主張はされなくなってきて、（中略）何らかの動機付け、必然性は認められるようになってきた」という状況をふまえ、「オノマトペは、「人間の言語らしからぬ」あるいは「言語に周辺的」どころか、極めて人間の言語に中心的な構造を持っているのだ。」と主張する。先に引用した浜野祥子（2014）からはオノマトペの位置付けが劇的に変化しているが、「中心的な構造」の謂いもやはり計りがたく、恣意性つまり「言語の形態と意味の間に全く関係がない」ことが主張されなくなったというのも、学史的に常識化したからであって、それ自体が覆されたからとは考えがたい。
　第二の思い込みとして挙げた「感覚性」について。小林隆（2017: 48）は、「一般の語（中略）が、認知した現象を頭の中で概念化し言語回路をくぐらせて表現するのに対して、オノマトペはそれらの現象をそのまま体の感覚でとらえ描写するものである。受信者も発信者と同様、体の感覚に頼ってそれを理解しようとする。いわば「身体化された言語」であるところにオノマトペの特徴がある。」とする。この説明どおり、オノマトペが「体の感覚」その

ものであって、「言語回路をくぐらない」のなら、そもそもオノマトペは言語ではない。「身体化された言語」という言い方はレトリックにすぎない。それでも、オノマトペを言語とみなしうるとしたら、一般語として成り立つ、概念化という言語回路とは別の言語回路を仮設し、それをくぐると説明しなければならないはずである。

　そういう、言語か否かという区別をしておきながら、方言語彙として一般語とオノマトペを同じレベルで扱うのでは、いかにも辻褄が合うまい。この点は、方言オノマトペ研究を先導する一人としての論者の影響力を考えると、指摘しておかざるをえない。

　さらに、これに関連して、小林隆（2017）は、方言による言語的発想法の違いをオノマトペと結び付けるが、ここにも看過できない問題がある。オノマトペの認定に関して、「これらの形式は、語源的にオノマトペの可能性が高いためにそのように判定したが、現在、使用者がこれらをオノマトペと意識しているかどうかというと疑わしい。つまり、意味の変質を蒙り一般的な語に近づいたオノマトペである。」（同上：59）とする点である。

　あくまでも調査上の便宜としてはやむをえないのかもしれないが、現在の使用者がオノマトペと意識していない語ならば、もはやそれはオノマトペではないのである。そのような語の多寡のありようが意味を持つとしたら、各地域方言の過去さらには起源に関してのみであって、現在の方言の運用すなわち発想・表現に関してではない。運用上、方言語彙の中での選択の余地がなく、オノマトペとしての意識もないのならば、一般語かオノマトペかによる表現価値の差など問いようがないのである。

　第三の思い込みとした「豊饒性」について。秋田喜美（2017: 67）は、「オノマトペが豊富な言語はほとんどの大陸に存在している。（中略）特に国際的に認知されているのは、日本語・韓国語のほか、西・南アフリカや東南アジア、さらにアマゾンである。」と指摘する。認定基準については不明な点があるものの、具体的なデータによって、語彙量において日本語の特徴とする、従来の見方を相対化したという点で、きわめて貴重である。これによって、今後、日本語また方言のオノマトペにおいて問題にすべきは、豊饒性と

いう量自体ではなく、その体系あるいは運用の質のありようであることが明らかになったと言える。

参照文献
秋田喜美(2017)「外国語にもオノマトペはあるの？」(窪薗晴夫編『オノマトペの謎』岩波書店)
小野正弘編(2007)『日本語オノマトペ辞典』小学館
小野正弘他編(2015)『三省堂現代新国語辞典　第五版』三省堂
亀井・河野・千野編(1996)『言語学大辞典　第6巻　術語編』三省堂
川越めぐみ(2007)「東北方言から見た宮沢賢治の童話のオノマトペ」(『文芸研究』163)
金田一・林・柴田編(1988)『日本語百科大事典』大修館書店
栗原敦監修・杉田淳子編(2014)『宮沢賢治オノマトペ集』筑摩書房
国語学会編(1980)『国語学大辞典』東京堂出版
小林隆(2017)「言語的発想法と方言形成」(大西拓一郎編『空間と時間の中の方言』朝倉書店)
真田信治・友定賢治編(2015)『県別方言感情表現辞典』東京堂出版
ソシュール，F／小林英夫訳(1973)『一般言語学講義』岩波書店、改版2刷
滝浦真人(1993)「オノマトペ論」(『共立女子短期大学文科　紀要』36)
竹田晃子(2012)『東北方言オノマトペ用例集』国立国語研究所
友定賢治(1997)『全国幼児語辞典』東京堂出版
浜野祥子(2014)『日本語のオノマトペ』くろしお出版
浜野祥子(2017)「「スクスク」と「クスクス」はどうして意味が違うの？」(窪薗晴夫編『オノマトペの謎』岩波書店)
半沢幹一(1999)「ことばという模倣」(『共同研究 〈子ども〉とことば』共立女子大学)
半沢幹一(2016)『言語表現喩像論』おうふう
飛田良文・浅田秀子編(2002)『現代擬音語擬態語用法辞典』東京堂出版
飛田良文他編(2007)『日本語学研究事典』明治書院
室山敏昭(2012)『日本人の想像力』和泉書院

II　地理的視野から

第 5 章
オノマトペを用言化する動詞と接尾辞の地理的分布

竹田晃子

1. はじめに

　日本語のオノマトペ（擬音語・擬態語など）にはさまざまな型がある。歴史的に長く使われてきた型としては次のようなものがあり、なかでも現代共通語では ABAB 型（サワサワ／スクスクなど）は最もオノマトペらしい形とされている（鈴木 2007）[1]。

　　ABAB 型、AB リ AB リ型、AB ン AB ン型、AB ラ AB ラ型、A ー BA ー B 型、A リ B リ型、A ン B リ型、A ッ B リ型、A ン B ン型、AB ッ型、AB ン型、AB リ型、A ラリ型、AB ー型など

　一方、方言のオノマトペは語形や型のバリエーションが豊富で、ABABAB 型、ABCB 型、A ッ B ラ型、AB ラ型、ABC ラ型、AAAA 型、AA 型、AB ナイ型など、共通語にはあまり例のない型も存在する。特に、同じ意味を表すオノマトペに多様な語形が存在する方言もある[2]（竹田 2012）。

　オノマトペに付く動詞も接尾辞には方言に豊富で、動詞をつくるもの（スル、ツク、イウ、メク・メカス）や、形容詞を作る接尾辞（ズー、ポイ、シー、ナイ）など、さまざまな形式があり（都竹 1966）、名詞・副詞・述語などの生産もさかんである。

このような動詞・接尾辞はオノマトペやさまざまな形式に付いて単語を生産し、各方言の語彙的・文法的性質を特徴付けていると考えられるが、複合語や派生語の地域差を扱った研究は多くない（接辞の範囲や規定によるのかもしれない）。たとえば、関東方言では<u>オッケール</u>（転倒する）、<u>カッタルイ</u>（だるい）、<u>ブッカク</u>（割る）などのように接頭辞が付いた語形が豊富に存在し、連続する東北方言においても豊富であるが、比較はされていない。

以上のようなことをふまえ、本論では、オノマトペを用言化する動詞・接尾辞の地理的分布と、特に周辺に分布する形式（メク類・ミチュン類、メカス類・ミカスン類、ズ類、ッテダ類）を取り上げ、その特徴を把握する。

考察対象として、先行研究のほか、全国各地の方言辞典・方言集（本論では「方言辞典類」と呼ぶ）と方言昔話・随筆、方言研究ゼミナール編（1992）『身体感覚を表すオノマトペ』（「資料叢刊」と呼ぶ）と「方言の形成過程解明のための全国方言調査」（「FPJD」と呼ぶ）を取り上げる[3]。

2．動詞・接尾辞の種類

最初に、オノマトペに付く動詞・接尾辞の種類を概観する。表1に、全国の方言辞典類約360冊の見出し語[4]と昔話・随筆、先行研究・資料叢刊・FPJDに確認された主な形式をまとめた。表では省略したが、断定辞（ダ／ジャ／ヤなど）が後接して名詞述語のように用いられる場合もある。

全国を見渡したとき、特に例が多いのは次の動詞・接尾辞である。

スル類（スル／スッ／スン／シュンやシテル／シトル／シヨル／ショールなど、ツク（ツクやツイテル／ツイトル／ツイチューなど）、イウ類（イウ／ユーやユッタ／イッテル／ユートルなど）、メク類（メグ／メク／ミキー／ミフ／ミチなど）、ミチュン類（ミチュン／ミキュンなど）、メカス類（メガス／ミカスなど）、ミカスン類（ミカスン／マカスン／ミカシュン／メカシュン／タカースンなど）、ズ類（ズー／ジーなど）、ッテダ類（ッテダ／ッテラなど）

表1 オノマトペにつく主な動詞・接尾辞

活用	形式	語例（意味：都道府県や地域）
動詞型活用	スル類	ウスウス‐スル（することもなくうろつく：茨城・栃木）、ウザウザ‐スル（悪寒をおぼえる：東京・神奈川）、ワサーワサー‐スン（胸騒ぎする：沖縄那覇）
	ツク類	ダグ‐ヅグ（胸が高鳴る：秋田）、ウザ‐ツク（寒気がする：千葉）、ジカ‐ツク（切り傷が痛む：岐阜）、ゾミ‐ツク（肌寒い：岐阜）
	イウ類	スッペラコッペラ‐ユー（くどくどと言い訳をする：愛媛）、ホーホー‐ユー（大いに喜ぶ：広島）
	コク	ウロ‐コク（うろたえる：岐阜）、グラグラ‐コク（立腹する：九州北部）
	ッテダ	ガンガン‐ッテダ（することもなくうろつく：茨城・栃木）、デラデラ‐ッテダ（凍って滑らかになっている：岩手）
	メク類	ノノ‐メグ（大勢の人が動き回る：岩手・秋田）、ホ‐メク（ほてる・暑い：中部〜九州地方）、クタ‐ミキー（疲労困憊すること：沖縄宮古）、トゥトゥ‐ミフ（どきどきする：沖縄伊良部）
	ミチュン類	ダク‐ミチュン（動悸をうつ：沖縄首里）、ガラ‐ミチュン（奉仕する：沖縄首里）
	メカス類	ベラ‐メガス（よくしゃべる：青森・岩手）、ガガ‐メガス（あかあかと点す：岩手）、ガン‐ミカス（がんと音をたてて打つ：沖縄伊良部）、ドゥ‐ミカス（勢いよく走る：沖縄伊良部）
	ミカスン類	パン‐ミカスン／パン‐ミカシュン（ぱんと打つ：沖縄那覇／首里）、ダク‐ミカースン（胸をどきどきさせる：沖縄今帰仁）
形容詞型活用	ズ類	パンガパンガ‐ズー（においがする：青森・岩手）、パヤパヤ‐ジー（毛が細く薄い：秋田）
	ポイ類	ウザッ‐ポイ（湿っている：栃木）、ワニッ‐ポイ（恥ずかしがる：山梨）、セセラ‐ポエ（喉がぜいぜいする：宮城）
	シー	カアカア‐シー（飢えて物を食べたがる：山梨）、ソゲソゲ‐シー（よそよそしい：香川）
	ナイ類	カチャクチャ‐ネァ（気分が晴れない：青森・秋田）、モチャクチャ‐ネー（だらしがない：秋田・山形）

このうち、地域的な偏りが極端に目立ったのは、東北方言に多いメク類・メカス類と、琉球方言に多いミチュン類・ミカスン類のほか、東北地方北部に多いズ類とッテダ類で、いわゆる地理的周辺部に多い。

3. オノマトペに付く動詞・接尾辞の地理的分布と特徴

3.1 オノマトペに付く動詞・接尾辞の地理的分布（FPJD）

具体的な動詞・接尾辞の地理的分布を把握するため、FPJD の調査結果をみる。このデータは、次のような調査目的・予想語形・質問文のもとで得られた項目で、全国 554 地点の調査結果が公開されている。

調査目的：オノマトペ＋接辞（動詞・形容詞）の接辞部分の分布を見る。
予想語形：〜メグ、〜ズ、〜ッテダ、〜スル、〜シテル、〜シトー、〜ショル、〜シチョー、〜シー、〜ネー、〜ナイ、〜ユー、〜イウ。
質問文：机が不安定に揺れる状態を地方によって、グラグラメグ・グラグラッテダ・グラグラユーなど、いろいろに言い表します。この土地では何と言いますか。（※オノマトペ部分は「グラグラ」以外でも可。※用言形成接辞もあわせて報告する。）

オノマトペに付く動詞・接尾辞などを分類し、図に記号で示した[5]。
表1で確認した形式のうち[6]、スル類が約 430 地点と最も多く、全国で回答された。次いでツク類の 111 地点が、近畿地方から中部地方の一帯を中心に広く分布している。三番目に多いのはシテイル類で、主に関東以南に 40 地点に回答されており、図ではスル類に含めた。四番目はメク類で、北海道・東北地方に 36 地点、五番目はイウ類で北海道・山形・福島と西日本の 29 地点、これに引用形式が付いたトイウに由来するトイウ類は岩手・山形・宮城・三重の 9 地点で回答された。他に、地域的にまとまった分布があるものには、ッテダ類が青森・岩手・新潟に 7 地点、ディア類が秋田に 4 地点、ミチュンが鹿児島与論と沖縄本島南部の計 3 地点となっている。

第5章 オノマトペを用言化する動詞と接尾辞の地理的分布　95

図　オノマトペにつく動詞・接辞尾など【FPJD】

表2に、スル類以外で分布に地域的なまとまりが確認された形式について、由来が同じとみられる形式は同じ行にまとめ、回答地点が多い形式をゴシック体で示した。ツク類以外では、メグ／ミチュン、ツー、ッテダ／テラなど、表1と同様、東北地方と沖縄にそれぞれ特徴的な語形が分布していることがわかる。

　ツク類とメク類・ミチュン類については、図で周辺にメク類・ミチュン類、中央にツク類が分布している。これは周圏的分布とみられ、日本語史とも符合している。メク類は中世頃までの中央語で生産的に用いられていたが、後にツク類に推移したと考えられる（平林2002）。後述するが、メク類の痕跡は方言辞典類にも確認することができる。一方のツク類は、現代でも、オノマトペだけでなく名詞や動詞などに後接して複合動詞を広く作り出している。

表2　地域的なまとまりのある形式（FPJD）

北海道	青森	岩手	秋田	山形	中部	近畿	中四国	九州	沖縄
ユー		ツー		ッテユー／イウ			ユー		
	ッテダ	テラ		ッテダ					
ツグ		ツグ			ツク	ツク	ツク	ツク	
メグ	メグ	メグ	メグ	メグ					ミチュン

3.2　オノマトペの型と動詞・接辞尾の組み合わせ（FPJD）

　FPJDの調査結果では、オノマトペの型と動詞・接尾辞の組み合わせには一定の傾向が見られる。オノマトペ部分について、ガタガタ／グラグラ／ユラユラなどのABAB型と、ガタ／グラ／ユラなどのAB型のどちらが使われているか、表3に主な組み合わせをまとめた。

　スル・イウ・トイウ・ッデダは主にABAB型に付いている。これに対して、ツクは、愛媛県美川村のグラグラグラ-ツクを除き、AB型のみに付く。ミチュンもAB型のみに付き、メクは北海道余市町・秋田県本荘市・三

重県上野市のグラグラ - メグを除き AB 型に付く。

　ABAB 型に付く形式を見ると、スル／シテイル／イウなど、単独でもよく使われる基本的な動詞類である。これに対し、AB 型に付く特にメク類とミチュン類は、現在の東北方言・琉球方言それぞれにおいて生産的に使われているオノマトペ専用の接尾辞である。

表3　オノマトペの型と動詞・接尾辞の主な組み合わせ（FPJD）

型	形式	分布域（地点数）
ABAB型	スル類	全国（約 470）
	イウ類	山形・福島・愛知・中国地方など（21）、
	トイウ類	ツー：岩手・宮城（3）、デァ類：秋田沿岸部（4）、ッテユーなど：山形・三重（5）
	ッテダ類	青森・岩手・山形・新潟（7）
AB型	ツク類	近畿地方から中部地方の一帯を中心に、北海道から九州まで全国に広く分布（111）
	メク類	岩手・青森を中心に北海道・秋田・宮城・山形（36）
	ミチュン類	鹿児島与論と沖縄本島南部（3）

　表3の組み合わせの偏りは、次のように考えることができる。AB 型はオノマトペらしさの特徴でもある ABAB 型（重複型）の繰り返しを一回に短縮した形式（短縮型）である[7]。短縮すると動詞・接尾辞を付けても語形の長さがさほど長くならないため、使いやすい。重複型のままさまざまな動詞を修飾する副詞的用法を担うしくみと、重複型を短縮することで語基としての性質を強め、それに接尾辞をつけて用言化を進めるしくみがあると考えられる[8]。

　以降では、オノマトペ専用の接尾辞であるメク類・ミチュン類とメカス類・ミカスン類と、それに近い用法を持つズ類、ッテダ類を取り上げる。

3.3 メク類・ミチュン類とメカス類・ミカスン類の地理的分布

　東北方言の自動詞を作るメクには、対応する他動詞を作るメカスがある。同様に、琉球方言には自動詞を作るメク・ミチュン、他動詞を作るメカス・ミカスンがある。これらの由来とみられる古典語の接尾辞「めく（めき）」「めかす（めかし）」は、中世頃の中央語で名詞・オノマトペに付いて生産的に用いられていた[9]。また、FPJDではメク類・ミチュン類の回答がない地域でも、方言辞典類をみると具体的な語形が掲載されている場合がある。

　そこで、これらの有無や偏りについて地理的分布を把握するため、1960-2015年の間[10]に発表された方言辞典類・資料叢刊・先行研究の記述を参照し、表4にまとめた。記述がある場合は接尾辞の形式を示し、方言辞典類の語形数がわかる場合は括弧内に異なり数を添え、記述がない場合は空欄とした（資料は末尾参照）。今回はのべ1,800語強を収集したが、参照したもののメク類・メカス類の例が得られない方言辞典類も多く、特に関東・中部地方に目立った。複合語や派生語を省略した場合があるのかもしれない。

　表4では具体的な語形は省略したが、中部・近畿・中四国・九州地方の多くの方言辞典類では一音節語基にメクが付いた固定的な数語が目立つ。主にオ-メク（叫ぶ）、ド-メク／ト-メク（大声で話す）、ホ-メク（熱を持つ／熱い）の3種類である。これらの語形は『日葡辞書』にもあり、主に西日本では伝統的に使われてきたものと考えられる。先の図の分析では歴史的にメク類・ミチュン類は古くツク類は新しいと指摘したが、これらの一音節語基＋メクは、過去にメク類が生産性を持っていた時期に生じて残ったものと考えられる。このことは、西日本の方言辞典類で二音節語基につく主な接尾辞がツク類であることからも裏付けられる。西日本に対して、東日本では岩手県宮古市のド-メグ（罵声や怒声を発する）以外にはみあたらず、主流はAB・Aラ・ABラなど二音節以上にメク・メカスが付いた語形である。

　また、表4では対象にしなかったが[11]、連用形による名詞もある。東日本には、グヤ-メギ（愚痴：岩手）、ジリ-メギ（霧雨が長く続く状態：岩手）、ド（ン）ド（ン）-メキ（川などの小さな滝で音を立てて水が落ちる所：岩手）、ケソ-メキ（日暮れ：長野）、ギシ-メガシ（いばるさま：岩手）などがある。

第 5 章　オノマトペを用言化する動詞と接尾辞の地理的分布　99

表 4　オノマトペに付くメク類・ミチュン類、メカス類・ミカスン類

地域	資料・論文	メク類・ミチュン類	メカス類・ミカスン類
北海道	石垣 1983・菊地 2000	メグ（29）	メガス（5）
青森県津軽地方	木村 1979・松木 1982	メグ（25）	メガス（11）
青森県八戸市	資料叢刊	メグ	
青森県南部地方	佐藤 1992・石手洗 2012	メグ（137）	メガス（30）
岩手県	18 点	メグ（404）	メガス（127）
秋田県	北条 1995	メグ（3）	
秋田県由利地方	本荘市 2004	メグ（69）	メガス（3）
山形県	菊地 2007	メグ（2）	
茨城県	赤城 1991	メク（2）	
埼玉県	篠田 2004	メク（1）	
新潟県	大橋 2003	メク（9）	
富山県	真田 1998	メク（4）	
石川県	中島 1996	メク（3）	
長野県	馬瀬 2010	メク（2）	
静岡県	富山 2007	メク（1）	
岐阜県	下野 1997	メク（1）	
三重県	江畑 1977・丹羽 2000・中野 1989	メク（4）	
京都府	堀井 2006	メク（3）	
大阪府	牧村 2004	メク（2）	
和歌山県	中野 1989	メク（1）	
兵庫県	岩本 2013	メク（2）	
鳥取県	森下 1999	メク（9）	
島根県	広戸 1964	メク（8）	
岡山県	岡山 1981	メク（1）	
広島県	山中 1975	メク（4）	
山口県	山中 1975	メク（4）	メカス（1）
徳島県	上野 1997	メク（3）	
香川県	近石 1976	メク（1）	メカス（1）
愛媛県	篠崎 1997	メク（1）	
高知県	土居 1985	メク（5）	
福岡県	江頭 1998・松石 1989・石井 1991	メク（9）	

佐賀県	福山 1995	メク (12)	
長崎県	原田 1993・坂口 1998	メク (14)	
熊本県	中川 2002・関東 2003	メク (6)	
大分県	渡部 1979	メク (6)	
宮崎県	小嶋 1969・亀山 2000	メク (3)	
鹿児島県	石野 2010・橋口 2004	メク (26)	
鹿児島県種子島	植村 2001	メク (3)	
鹿児島県喜界町	森 1979	ミチ (1)	
鹿児島県沖永良部	甲 1969	ミチュン (5)	ミカシュン (3)
鹿児島県与論町	資料叢刊	ミキュン	
沖縄県伊江村	資料叢刊		メカシュン
沖縄県今帰仁村	仲宗根 1983	ミチュン (15)	ミカースン (66)、タカースン (10)
沖縄県名護市	かりまた 2012		ミカスン／マカスン
沖縄県那覇市	内間 2006	ミチュン (4)	ミカスン (9)
沖縄県首里 1	国語研 1963	ミチュン (5)	ミカシュン (12)
沖縄県首里 2	稲福 1992	ミチュン (3)	ミカスン (5)
沖縄県宮古島市	与那覇 2003	ミキ (ー) (19)	
沖縄県伊良部	富浜 2013	ミフ (23)	ミカス (23)

琉球方言にも、フ-ミチ（炎天：沖永良部）、プ-ミツ（蒸暑いこと：伊良部）、パン-ミカシー（銭を打ちつける遊戯：首里）などがある。東北方言と琉球方言では、これらの名詞に対応する重複型のオノマトペや元の動詞が確認できる。

一方、表4のように語例が少ない西日本でも、ガラ-メキ（椋鳥／百舌鳥：香川）、グル-メキ（車の回転部の軸：高知）、ホ-メキ（熱気：高知・長崎）、ズ-メキ（悪寒：種子島）などの名詞が確認できた。ただし、ホ-メクを除き、元のメク類（グル-メクやズ-メクなど）が並記されていない場合が多い。

また、表4では、東北地方ではメク類による自動詞のほうが多く、沖縄本島ではメカス類・ミカスン類による他動詞のほうが多いという地域差も確認できる。具体的には、本土方言（琉球方言以外）では、メク類のほうがメ

カス類より多いか、あるいはメカス類の掲載がない[12]。琉球方言の周辺部でも、伊良部（メク類とメカス類が同数）を除き、沖永良部ではミチュン類のほうがミカスン類より多く、喜界・与論・宮古島にはメク類・ミチュン類はあるがメカス類・ミカスン類がみあたらない。

これに対して、沖縄本島のミカスン類はミチュン類より多いか、あるいはミチュン類の記載がない。例えば、沖縄県名護市幸喜方言を記述したかりまた（2012）には、オノマトペに付く接尾辞として、-tu、-nai、-ditʃi、-ʃiː（-suN）、-mikatʃi（-mikasuN）が取り上げられている。-mikasuN は本論のミカスン類にあたる接尾辞だが、メク類・ミチュン類はない[13]。

このような偏りは、各方言の語彙を特徴付けている要素と考えられる。今後は、オノマトペに付くメク類・ミチュン類、メカス類・ミカスン類だけでなく、他のさまざまな接尾辞との関係を把握する必要があるだろう。

なお、前接するオノマトペを見ると、東日本では擬態語が大半で、琉球方言は擬音語・擬声語が目立つ。自動詞と他動詞の偏りによるものか、各方言におけるオノマトペの語彙的特徴によるものか、今後の課題である。

3.4　メク類・ミチュン類とメカス類・ミカスン類の用法

自動詞を作るメク類・ミチュン類と、他動詞を作るメカス類・ミカスン類の前接形式と用法について東北方言と琉球方言を比較しながら述べる。琉球方言は、特に、かりまた（2012）を参照しながら述べる。

前接形式について、最初にオノマトペの型をみてみよう。琉球方言の接尾辞類は AB 型に付く。ABAB 型は二例だけ、宮古島市のトゥトゥ-ミキー（盛んに胸さわぎするさま（与那覇 2003: 331））、首里にトゥルトゥル-ミカスン（うたた寝する（国語研 1963: 532））が得られたが、この他にみつからなかった。琉球方言ではごく限られた重複型のみに付く可能性がある。

AB 型にミカスン類が付いた派生動詞の意味について、かりまた（2012）には次のような指摘がある[14]。なお、当該方言の baːbaː は、「hadʒinu baːbaː pukuN.（風がびゅうびゅう吹く。）」「piːnu baːbaː meːiN.（火がぼうぼう燃える。）」のように用いられるとある（かりまた 2012: 18）。

ba:ba: は、風が吹くようすをあらわす様態副詞の意味も、髪の毛や草が乱雑に伸びている結果的な状態をあらわす結果副詞の意味もあらわすが、<u>接尾辞 —mikasuN が一回、あるいは短時間の運動をあらわす派生動詞を派生させる</u>ので、風が勢いよく吹くことをあらわす ba:mikasuN（びゅうっと吹く）を派生させることはできるが、火がもえることをあらわす派生動詞を派生することはできない。

106）hadʒinu <u>ba:mikatʃi</u> putʃi ja:du baNmikasutaN.
（風が　びゅうっと吹いて　戸を　バンと閉めた。）（かりまた 2012: 26）

　東北方言では、重複型（ABAB 型・ABCB 型・ABAC 型など）に付くメク類・メカス類には次のような例があるが、AB 型と比べると全体に数は少ない[15]。

メク類：オロヘロ - メグ（慌てふためく）、ガタクタ - メグ（がたがたする）、ガンガラ - メグ（ぐずぐずしている）、ギスガス - メグ（窮屈にきしむ）、シタクタ - メグ（せわしく動きまわる）、ドガスカ - メグ（大騒ぎをする）、ヌラクラ - メグ（緩慢に動く）、ノタクタ - メグ（まがりくねって動く）、ノンノン - メグ（群衆や水がひしめく）、バシバシ - メグ（大勢で物を競い取る）、ビクシャク - メグ（恐れおののく）、ヒョロヒョロ - メグ（定まらない足取り）、ヒラヒラ - メグ（火傷のあとなどが痛む）、ヘーヘー - メグ（息が切れる）、モカラモカラ - メグ（緩慢に動く）、ヨラヨラ - メグ（ふらふら歩く）、ニコカコ - メグ（にこにこする）、ワサクサ - メグ（ぼやぼやする）など
メカス類：ガガ - メガス（盛んに燃やす・大騒ぎする）、ジュジュ - メガス（無理を強いる）、チョンチョゴ - メガス（機嫌をとる）、ドガスカ - メガス（荒荒しく音を立てて仕事をする）など

　一般に、オノマトペの重複型は状態・反復する動作やその状態の物体が複数であることなどを表すことが多いが、東北方言では、重複型を短縮した AB 型（短縮型）にメク／メカスが付いた語と重複型＋動詞／接尾辞の意味を

比べても、持続時間の違いは特に確認できない。方言辞典類のメク類／メカス類の意味や解説を見ると、重複型＋スルによる（1）（2）のような説明が多く、（4）〜（6）のように継続を表すアスペクト形式（テル／デル／テダなど）が後接する場合もある。

（1） 鍬ノ　柄ガ　グラメグ。（鍬の柄がグラグラする）
（坂口 2012: 259、岩手県）
（2） はら　あ　きやめぐ。（腹がキヤキヤする）（山浦 2000: 1088、岩手県）
※キヤキヤは「胃腸の蠕動が亢進して、腹が鋭く痛む様」。
（3） 英語をばらめがす。（英語をよどみなく話す）（佐藤 1981: 187、岩手県）
（4） 祭りだどて　まちなが　ひとだで　ぞろめでる。（祭りだといって、町の中人達で大勢通っている）　　　（本荘市 2004: 300、秋田県）
（5） 何　ダカメガシテるのや。（何を騒々しくしているのだ）
（花巻市 2005: 59、岩手県）
（6） オメェダジァ　エジマデ　ゴジャメガシテルンダベ。（お前たちはいつまでべちゃくちゃおしゃべりをしてるんでしょう）
（松木 1982: 167、青森県）

オノマトペ以外では、琉球方言のミカスン類には感動詞ヒヤに付く特定の語がある。自動詞のミチュン類にはないようである。東北方言のメク類／メカス類も感動詞に付きそうではあるが、確例がみあたらない。

（7） hijamikasjuN：hija（えい。それ）と言う。hijamikasee.（hija と言って力を出せ）　　　　　　　　　　　　　（国語研 1963: 211）
（8） ヒヤミカスン：えいっと気合を入れる。※感動詞「ヒヤ」に接尾辞ミカスンが付いたもの。カチャーシーで、三線を奏でても、みんながしりごみして踊ろうとしない場合などに、ヒヤミカシェー（えいっといって踊れ）と言う。（内間 2006: 233）〔カチャーシーは「かき回し」という意味で、沖縄民謡に合わせた踊りのこと〕[16]

また、古典語を含む中央語の接尾辞メクについては多くの論文があり、名詞に付く場合があることが指摘されている。東北方言では名詞に付くがカレコレ‐メガス（差し出口をする）、ドノコノ‐メグ（弁解や文句を並べ立てる）などに限られており、オノマトペの語例が中心である。琉球方言には、現時点で名詞に直に当該の接尾辞が付いた例はみあたらない。

　述語としての性質について見てみよう。基本的に、文末に用いられる用法がある。以下は、東北方言のメク類（9）、メカス類（10）[17]と、琉球方言のメク類（11）・ミチュン類（12）、メカス類（13）・ミカスン類（14）の例である。

(9)　おらえのおが　いづも　グヤメグ。（私の母はいつも小言を言う）
　　　　　　　　　　　　　　　　　　　　　（金野 1964: 61、岩手県）
(10)　裾を　ばほめがす。〔着衣の裾を風を起こすように動かす〕
　　　　　　　　　　　　　　　　　　　　　（堀米 1989: 173、岩手県）
(11)　かじん　やどぅぬ　がらみふ。（風で戸ががらがら音をたてる）
　　　　　　　　　　　　　　　　　　　（富浜 2013: 199、沖縄伊良部）
(12)　cimunu 'jutamicuN.（心が動揺する）　（国語研 1963: 293、沖縄首里）
(13)　やーゆ　ぷみかす。（家を温かくする）（富浜 2013: 645、沖縄伊良部）
(14)　Nni dakumikasjuN.（胸をときめかす）（国語研 1963: 436、沖縄首里）

　動詞を修飾する副詞的用法もある[18]。東北方言にはメク類（15）・メカス類（16）の例がある。琉球方言についてはメク類（17）（18）・ミカスン類（19）（20）の例がある[19]。

(15)　まるで　デガㇷ゚メッテ　歩いでら。〔共通語訳：とても得意げに歩いている〕　　　　　　　　　　　　　　　　（花巻市 2005: 66、岩手県）
(16)　そのそろばん　がっちゃめかして　ありってらずもな。〔共通語訳：そのそろばんの玉の音を立てながら歩いていたというものな〕
　　　　　　　　　　　　　　　　　　　　　（鈴木 1999: 6、岩手県）
(17)　じゃみっち　びり。（走って／急いで行け）

(富浜 2013: 281、沖縄伊良部)
(18) ぱたらみっち　うまはま　まーイ。(ばたばたとあっちこっち歩きまわる)
　　　　　　　　　　　　　　　　　　(富浜 2013: 545、沖縄伊良部)
(19) pucimikaci 'uuritaN. (ぽきんといって折れた)
　　　　　　　　　　　　　　　　　　(国語研 1963: 443、沖縄首里)
(20) tamana ta:tʃiNgati gusumikatʃi ki:N. (キャベツを二つにザクッと切る)
　　　　　　　　　　　　　　　　　　(かりまた 2012: 17、沖縄名護)

　命令形をとることもある。琉球方言のミカスン類には次のように命令形の例がある。メク類・ミチュン類の命令形や、禁止表現の語例はみあたらない。

(21) ずーズぅばー　ふかふ　かじー　ふクみかし。(畑は深く耕してふかふかにしなさい)
　　　　　　　　　　　　　　　　　　(富浜 2013: 624、沖縄伊良部)
(22) wa:ga miQtʃutu tʃumija turumikaʃe:. (私が　見ているから　しばらく　寝ていろ。)
　　　　　　　　　　　　　　　　　　(かりまた 2012: 26)
(23) pana: tʃimatutu hiNmikaʃe:. (鼻が　詰まっているから　洟をかめ)
　　　　　　　　　　　　　　　　　　(かりまた 2012: 25)

　一方、東北方言では命令形は岩手県種市のメカス類に2例だけ、「ミリ-メガセ」(一生懸命やれ)と「ワッタ-メガセ」(荒々しくやれ)(どちらも堀米1989)があった。自動詞のメク類には「～メゲ」のような命令形はない。禁止表現の例は、次のようにメク類／メカス類に豊富に得られた。

(24) いっつまでも　ぐやめぐな。〔いつまでも愚痴を言うな〕
　　　　　　　　　　　　　　　　　　(中谷 2010b: 10、岩手県)
(25) あんまる　チャッチャメグなでゃ。〔あまりせわしく振る舞うなよ〕
　　　　　　　　　　　　　　　　　　(中谷 2010b: 22、岩手県)
(26) 間もなぐ　結果わがるから　ばだめぐな。(間もなく結果が分るから

慌てるな）　　　　　　　　　　　（本荘市 2004: 430、秋田県）
(27)　埃立づがら、そごらで　パサメガスなじゃ。〔埃が立つから、その辺
　　　りでばさばささせるなよ〕　　　　　　（中谷 2010b: 36、岩手県）
(28)　クサクテ　マエネェハデ、ソウ　ブブメガスナ。（臭くて困るから、
　　　そんなに音を出して屁をひるな）　　　　（松木 1982: 406、青森県）

　以上の比較から、東北方言のメカス類と琉球方言のミカスン類はどちらもオノマトペに付いて他動詞を作る接辞という点でよく似ているが、前接形式や用法について違いがあることがわかった。琉球方言のメク類・ミチュン類の資料が少ないため、東北方言のメク類との比較は今後の課題である。

3.5　ズ類の地理的分布と用法

　表3（FPJD）では、山形でッテユー、岩手・宮城でツーが回答されたが、これらは助詞ト＋動詞イウに由来する形式である。このうちツーと、青森・岩手・秋田の方言辞典類から得られたズー／ジー（合わせてズ類と呼ぶ）は、ABAB型・ABCB型などの主に重複型に付いて、状態を表す。

　図・表3や方言辞典類を見ると、岩手県ではズ類よりメク類／メカス類が圧倒的に多く、秋田県・山形県ではズ類が多いため、地理的分布は相補的である。また、FPJDでは、ズ類の元の形トイウに近いッテユーなどの語形が山形県の西側で回答されており、東側の山形市などではトの付かないイウが回答されており、変化の方向が異なる様子がうかがえる。

　ところで、ズ類は動詞イウに由来する形でありながら、形容詞型活用である。この形式が最も盛んに使われる秋田県方言について記述した北条（1995: 31–32）には、次のようにある[20]。また、北条（1995: 172–248）ではこれらの接尾辞が付くオノマトペのリストをまとめており、624例中546語が重複型（ABAB型・ABCB型・ABAC型など）である。

○歯グラグラ ジー。
○歯グラグラ ジベェ（だろう）。

○歯グラグラ ジグナッタ。
○歯グラグラ ジグレェ(位)デ泣グナ。
○歯グラグラ ジナバ(のなら)ハェシャサ(歯医者へ)行ゲハ。
○歯グラグラ ジガタ(ぐらぐらした)。　　　　　　　　(以上大曲市)

　岩手県のズ類も形容詞型活用で、重複型(ABAB型・ABCB型)に付き[21]、方言辞典類にはAB型に付く例はみあたらない[22]。

(29)　はらへってセコセコズ。〔お腹が減って疲れた〕　　(金野1964: 91)
(30)　難すぅ問題は先立づぁすっかるすねぇど、ゴダクタヅゥぐなるよ。
　　　〔難問は先頭がしっかりしないと、ごたごたもめるよ〕(中谷2010b: 12)
(31)　すばらぐドッカドッカづがった。〔しばらく心臓が高鳴っていた〕
　　　　　　　　　　　　　　　　　　　　　　　　　　(中谷2010b: 30)
(32)　今日はムッチムッチズ日なもんだ。〔今日は蒸し暑い日だな〕
　　　　　　　　　　　　　　　　　　　　　　　　　(金野1964: 157)
(33)　ズ：副詞のオノマトペに付いてその状態を述語化する語。―している。―しい。「ギスギス・ズ(ぎしぎしと軋んでいる)」「ナヨナヨ・ズ(弱そうでなよなよしい)」　　　　　　　　　(菅谷1998: 143)

　ただし、(30)のような例について、橘正一(1933: 106)には「活用する形の上から見れば、形容詞とほとんど違ひはありません。たゞ、少し違ふ所は、副詞に、ピカピカヅグを使はないで、ピカピカドと言ふことです。」とある。(30)の例からみて77年前の記述であることを考えると、当時の盛岡市方言のズ類は、全ての活用形で形容詞型活用を備えていなかったのかもしれない。
　このズ類は、岩手県では引用や伝聞の形式としても使われている。その場合、たとえば(34)〜(37)のズの部分を元のトイウに置き換えることができ、オノマトペに付くときの(29)〜(31)のような活用はしない。メク類／メカス類に付くこともある。

(34) ズ：―という。―と呼ばれる。「盛岡ズ・ドゴァ（盛岡という所は）」
「山ズ山サ雪降ッタ（山という山に雪が降った）」　　（菅谷 1998: 143）
(35) ズ：伝聞を表す語。―そうだ。―とのことだ。「行ガネ・ズ（行かないそうだ）」「オモセガッタ・ズ（面白かったそうだ）」
　　　（菅谷 1998: 143）〔「そうだ」をトイウに置き換えることが可能〕
(36) ズド：～してみると、～したところ。「よぐ見るヅドあったっだ。」（よく見るというとあった）　　　　　　　　　　　　　（花巻市 2005: 65）
(37) ズナ：～というのは、～というものは。「熊ヅナおっかねぁものだ。」
（熊というのは怖いものだ）　　　　　　　　（花巻市 2005: 65）

しかし、(29)～(33)のような重複型＋ズでは、ズの部分をトイウに置き換えることはできない。重複型に付くズは、橘正一が「盛岡辯では、一種の擬容詞的形容詞が発達して、本來の形容詞の代りを努めてゐる。」(橘 1932: 7)と指摘したように、それ自体が活用する形容詞になっている。

3.6　ッテダ類の地理的分布と用法

ッテダ類（(ッ)テダ／(ッ)テラなど）は、図・表3では青森・岩手・新潟の6地点で回答された。トイッテイタあるいはトシテイタに由来し、ッテダ類の形でABAB型のオノマトペに付き、「ABABと言っている／としていた（と言っていた／していた）」という継続の意味を表す（現在か過去かは文脈による）。

ッテダ類は方言辞典類には次のようにあり、オノマトペ専用形式ではなく、汎用的な文末形式である。(43)(44)のようにメク類に後接した場合にも、他と同様に継続の意味を表す。

(38) テラ：①用言などに接続して第三者の話を伝達する語。「来ッテラ（来いと言っている）」「行グッテラ（行くと言っている）」「好ギダッテラ（好きだと言っている）」　②動詞の連用形（接続形）、副詞のオノマトペに接続してその状態を表す。「来テラ（来ている）」「行ッテラ（行っ

ている）」「ガサガサッテラ（がさがさと音を立てている）」

（菅谷 1998: 153）

(39) コテラ。（「来い」と言っている）　　　　　（細越 1963: 40）
(40) だめだテラッタ。〔だめだと言っていた〕　　（軽米町 1987: 101）
(41) けさ　なんと　あ　よすはまとぉげ゛　あ　すみで　でらでらってだ。（今朝などは吉浜戸峠は凍結してデラデラになっている）（デラデラ：氷が寒気の中で硬く光って凍っている様）　　　（山浦 2000: 424）
(42) このヒラギぁ　えりえりってだぁぞ。〔この干物は鮮度が落ちていていたぞ〕　　　　　　　　　　　　　　　　　　（関谷 2007: 72）
(43) 元朝めぁりでノンノンメイデラ。（元朝参りで人が込み合っている）

（花巻市 2005: 77）

(44) ミジァ　ダラメデラジャ。（水がだらだら流れているよ）

（松木 1982: 262、青森県）

　ッテダ類は、話し手の観察に基づく出来事を客体的に述べるときに使われる傾向がある。ズ類と比較すると、たとえば、空腹や疲労で体力が消耗しているさまを表すヘカヘカでは、「ヘカヘカズ（自分の状態）」「ヘカヘカッテラ（他者の状態）」のように、ッテダ類は他者の様子、ズ類は自分のことを主体として言うときに使われる（菅谷 1998: 166）。FPJD の質問項目は「机が不安定に揺れる状態」を観察して述べる例であったため、ズ類とッテダ類の両方を使う方言ではッテダ類のほうが回答されやすかったとみられる。

3.7　まとめ
　以上で、オノマトペを用言化する動詞・接尾辞についてみてきた。概略をまとめると次の通りである。

・FPJD の調査結果からオノマトペを用言化する動詞・接尾辞の地域差について把握し（図・表 2）、特に、周辺（東北・琉球）にメク類・ミチュン類、中央（近畿）にツク類という周圏的分布が確認できた。オノマトペの型と

- 動詞・接尾辞の組み合わせをみると（表3）、主に、ABAB型には動詞が付き、AB型には接尾辞が付く。
- 西日本では中世以降の古典語にもみられる一音節語基にメクが付いた固定的な数語が目立ち、メクが生産性を失って以降、これらが伝統的に使われてきたとみられるが、東北方言にはこれらの語はない（表4）。
- メク類とミチュン類は自動詞を作り、メカス類とミカスン類は対応する他動詞を作る。これらは東北方言と琉球方言にあるが、東北方言はメク類が多く、琉球方言はミカスン類が多いという偏りがある（表4）。オノマトペ専用の接尾辞とみられる。
- 東北方言のズ類はトイウに由来する形容詞型活用の接尾辞で、主に重複型に付き、引用や伝聞にも用いられる。東北方言のッテダ類はシテイタに由来し、重複型に付いて「〜と言っている」などの意味を表す。

以上のようなことから、オノマトペを用言化する動詞・接尾辞には、次のようないくつかのタイプがあることが明らかになった。

東北方言のメク類・メカス類と琉球方言のミチュン類・ミカスン類は短縮型のオノマトペを語基として動詞を作る接尾辞であり、琉球方言には感動詞に付く例もあるが、およそオノマトペ専用とみてよい。東北方言のズ類は反復型に付き、引用・伝聞形式のトイウに由来し、平行して引用・伝聞形式としても用いられるが、オノマトペに付くときは形容詞型の活用を行い、形容詞のようにふるまう。東北方言のッテダ類はトシテイタまたはトイッテイタに由来し、反復型のオノマトペに付いて継続の意味を表すが、多種の語にも付く汎用的な形式である。

4. おわりに

本論では、オノマトペを用言化する動詞・接尾辞について、地理的分布と特徴的な形式の用法を明らかにした。

日本語にはオノマトペから名詞・形容詞・動詞・副詞などを作るシステム

があり、オノマトペは、語基を提供する重要な役割を担ってきたと考えられる。複合語や派生語を作るしくみを明らかにすることで、オノマトペの語彙への取り込み方に注目して方言を分類することができるだろう。オノマトペ専用の用言化接尾辞によってさかんに用言化する方言や、専用の接尾辞を持つわけではないがさまざまな形式を使って用言化を行う方言、専用の接尾辞を持たず副詞的用法にとどまる方言などである。

　上記について、本論は東北方言と琉球方言にオノマトペ専用の接尾辞があり、東北方言が複数の形式で用言化を行っていることを指摘するにとどまったが、本論中で指摘した課題(琉球方言のメク類・ミチュン類と東北方言のメク類との比較、ツク類などさまざまな他の形式の用法、用言化における擬音語・擬態語などの違い、資料の時代差の扱いなど)とともに、今後の課題としたい。

注

1. ABAB型は、畳語と同じ形式的特徴を持つ。日本語では、近年においても動詞・形容詞の連用形／語幹や名詞を繰り返すアゲアゲ(上げ上げ)、ノリノリ(乗り乗り)、アツアツ(熱々)、モチモチ(餅々)などの畳語が生産的に作り出されている。継続性や反復性を帯び、アスペクト形式のように用いられる場合もある(ノミノミ(飲みながら)／フリカエリフリカエリ(振り返りながら))。このような畳語のシステムがオノマトペのABAB型と平行して存在する状況を考えると、単に出自の問題から純粋なオノマトペかどうかを追求することはあまり有益ではない可能性がある。
2. たとえば、シェラシェラ／シェロシェロ／ゼィロゼィロ／ゼーゼー／ゼセガセ／セセセセ／ゼセゼセ／セラセラ／ゼラゼラ／セレカレ／ゼレガレ／セレセレ／ゼレゼレ／ゼレンゼレン／セロセロ(痰が喉に絡むさまや息苦しいさま：青森・岩手・宮城)のように、同じ意味を表すオノマトペに複数の語形が存在する(竹田 2012: 63・65)。
3. 資料叢書：方言研究ゼミナール編(1992)、FPJD：大西拓一郎編(2016)。資料叢書は、方言研究者が2010–2015(平成22–27)年に全国44地点において標準語78語を翻訳する形式で収集したデータを報告したものである。FPJDは、国語研研

究所所員・大学教員等が 2010–2015(平成 22–27)年に全国 554 地点で行った標準語翻訳式による臨地面接調査のデータ 211 項目である。

4. 書名は省略するが竹田(2015)において「試みとして、小野正弘編著(2007)『日本語オノマトペ辞典』の方言項目を担当した際、筆者は、全国各地の方言集・方言辞典からオノマトペを収集する作業を始めた。一定期間で閲覧可能な刊行物を全頁チェックして入力するという制限付きの作業ではあったが、その後の追加もあり、現時点で約 350 点の方言集類から、のべ 15000 語ほどの方言オノマトペを収集した。」と述べたデータの、最近までの追加を含む 361 冊である。
5. 図の凡例に②がついたものは、オノマトペの重複型に付く動詞・接辞である。「その他の動詞」としたものはウゴク／イノク／スワリワルイ／ユスレルなどの 30 地点で、「接尾辞なし」49 地点、「NR」8 地点であった。
6. 表 1 で確認した動詞・接尾辞のすべてが FPJD で回答されたわけではないが、かなり重なっている。
7. FPJD のオノマトペ項目はこの項目のみで、ABAB 型と AB 型と接尾辞類の組み合わせについてこれ以上の分析を進めることは難しい。ただし、AB 型が回答された地域の方言辞典類を参照すると、ガタガタ／グラグラ／ユラユラなどの ABAB 型が収載されていることから、以上の推測を行った。
8. 変化の方向について、AB 型が重複して ABAB 型ができたと考えることもできるが、方言辞典類をみわたすと、AB 型＋動詞／接尾辞を持つ方言のほとんどが ABAB 型を有しているため、ここでは、オノマトペらしい ABAB 型(重複型)を短縮して AB 型が生じたと考えた。
9. 琉球方言のこれらの形について、都竹(1966: 80)では「ミチュイ・ミチュンは「めき居り」の変わったもの。ミカシュンは「めかし居り」の変わったもの」と説明されており、ミチュン類とミカスン類は、本土方言のメク類とメカス類にそれぞれ対応する由来を持つと考えられる。琉球方言のこれらの接尾辞はアスペクト形式を含む形式であるため、かりまた(2012)が指摘するようにミカスン類が状態性を表現しにくいのかもしれない。
10. 現時点ではこれらの資料の年代的位置づけには特に考慮しないが、55 年間には数世代の話者交替や近代の言語接触が想定される。データ数が増えたら成立年についても考慮して分析したい。
11. 数は少ないがホメキイ(むし暑い。土井 1985: 592、高知県)のような形容詞も散見された。
12. 「日葡辞書」(1603 年)でも本土方言の方言辞典類と同様の傾向がみられた(森田武編 1989『邦訳　日葡辞書索引』(岩波書店)の見出し語との比較による)。
13. ミカスン類については、「擬声擬態語のひとえ形に接尾辞 -mikasuN をつけてつ

くった複合動詞 dusamikasuN、gusumikasuN の第二中止形が連用修飾語として動詞を修飾する。」（かりまた 2012: 17）とある。「ひとえ形」とは本論の AB 型で、ミカスン類は AB 型に付くということである。また、ʃi:(suN の第二中止形が連用修飾語として動詞を修飾するようになったもの）について、「重複形の擬声擬態語に suN をくみあわせた複合動詞は無意志的な状態動詞として使用され、ひとえ形の擬声擬態語に接尾辞 -mikasuN を後接した派生動詞は意志的な主体動作動詞として使用されている。」とあり（かりまた 2012: 26）、次の例が示されている。

102) terebi ma:gatʃi: turuturusutaNmunu…. （テレビを　見ながら　うとうとしていたのに…）

103) wa:ga miQtʃutu tʃumija turumikaʃe:. （私が　見ているから　しばらく寝ていろ。）

14. ただし、かりまた（2012: 26）には、前出のように「26) wa:ga miQtʃutu tʃumija turumikaʃe:.（私が　見ているから　しばらく　寝ていろ）」という例があるが、turumikasuN の持続時間については説明がない。共通語に「〜ている」が付いているように持続時間が比較的長いとすると、追加の説明が必要である。「一眠りしろ」という共通語訳のほうが適切なのかもしれない。

15. 島（1960: 31–32）には「中央語の「ヒラメク」「キラメカス」などはほとんど畳語にはつかないが、岩手では平気で畳語につく。（中略）「ツンブカブメク」（中略）「ワクワクメカス」「チャッチャメカス」「エカエカメカス」「ギッツギッツメカス」「パタクタメカス」「ワッタワッタメカス」「ゴモゴモメカス」など活動的な領域が広い。」とあり、主に ABAB 型のメカス類の例が挙げられている。しかし、方言辞典類を見ると ABAB 型のメク類は多いがメカス類は限られている。方言辞典類の限界かもしれない。今後は資料の範囲拡大や臨地面接調査などの必要があるだろう。

16. 以下、本論で追加した共通語訳や説明を〔　〕に示した。

17. メク類／メカス類については、次のように体言、テンス・アスペクト形式、使役・受身・可能表現に付く例があり、述語として広く用いられている。

「よぐ　ヘラ‐メグわらすだな。」（ずいぶんと　おしゃべりする子供だな。）（花巻市 2005: 89）

「英語で　ベラ‐メガセる人だっけ。」（英語で　ぺらぺら話せる人だよ。）（同：89）

「試験前になって　トカ‐メイだ。」（試験前になって　緊張した。）（同：89）

「店の前　ノッツ‐メイでらっけ。」（店の前に　人だかりがしていたよ。）（同：76）

「母親にずっと　グヤ‐メガれだ。」(母親にずっと　恨み言を言われた。)(同：38)

「何やったもんだが、本家の爺さまぬギリ‐メガサれでらっけ。」(何をしたのか、本家のお爺さんに追及されていたよ。)(中谷 2010b: 8)

18. 多くはないが形容詞を修飾する副詞的用法もある。東北方言：アダマァ　ギリメッテ　イデァ。(頭がギリギリして痛い。)(山浦玄嗣 2000: 514、岩手県)、琉球方言：ku:nu me:ja garamakatʃi hupahaN.(今日の飯はさらっとして固い)(かりまた 2012: 25、沖縄名護)。

19. かりまた(2012: 16–17)には「複合動詞(接尾辞—mikasuN が付いた形)の第二中止形が連用修飾語として動詞を修飾する」とある。方言辞典類ではミチュン類の副詞用法の例がみつからなかった。

20. 北条(1995: 172–248)のリストを地図化してみたところ、県南のデァ以外は秋田県内での地域差は明瞭ではなく、ほぼ全域ですべての形式が使われているようである。なお、デァ／デェについては次のような例が挙げられている。「ネヅデアダマ　マグマグデェ。」〔熱で頭がくらくらする〕(p.173)／「マナグ　マクマクデァガタ。」〔目が眩んだ〕(p.232)／「ナットケバ　クヂノナガ　ネパカパデァグナル。」〔納豆を食うと口の中がねばねばになる〕(p.218)。「サドウコボシテベタベタデェ。」〔砂糖を零してベタベタする〕(p.226)／「スイドウ　タチタチデェグシカ　デネグナッタ。」〔水道が水滴が垂れるようにしか出なくなった〕(p.205)／「「オラノマエノミヂ　テカンテカンデェグナッテラオダ。」〔うちの前の道が　雪が堅く凍っているのだ〕(p.205)。このような例があることから、デァ／デェは形容詞を作る接尾辞タイに由来する可能性があると考えられる。

21. 橘(1933: 104–106)にも「ヅ型の形容詞」という節があり、トイウに由来しながらズが形容詞型活用の接尾辞であることを指摘している。

22. 橘(1933: 106)には、「ヅ型の形容詞は、必ず、畳語であるとは限りません。ポカッヅ(ぽかッとする。暖い様)、ザワッヅ(ざわッとする。旋律の様)エカッヅ(棘のささった様)などいう様な例もあります。」とあるが、方言辞典類では確認できなかった。

文献(一部，表1・表4の資料を含む)

かりまたしげひさ(2012)「沖縄県名護市幸喜方言の擬声擬態語」『日本東洋文化論集；琉球大学法文学部紀要』18，pp.9–28.

島稔(1960)「日本語におけるオノマトペアの位置と岩手の方言」『民研岩手班調査資

料』国民教育研究所，pp.1–37.
鈴木雅子（2007）「解説―歴史的変遷とその広がり―」小野正弘編『日本語オノマトペ辞典』小学館，pp.577–648.
竹田晃子編（2012）『東北方言オノマトペ用例集』国立国語研究所.
竹田晃子（2015）「方言オノマトペの特徴と地域差」『日本語学』34–11，明治書院，pp.22–33.
橘正一（1932）「盛岡弁の動詞と形容詞」『方言と土俗』3–1, pp.1–19.
橘正一（1933）「盛岡弁の形容詞の語法」『國學院雑誌』39–10, pp.102–106.
都竹通年雄（1966）「方言の擬声語・擬態語によることばづくり」『言語生活』184，p.80
平林一利（2002）「象徴詞＋動詞化接尾辞「つく」について―その消長と構成のありかた―」『近代語研究5』ひつじ書房，pp.443–461.
北条忠雄（1995）『解説秋田方言―その諸相を探る―』「解説秋田方言」刊行会.

図・表1～4の資料（地域別）※共著者名などを省略して引用した.
石垣福雄（1983）『北海道方言辞典』（増補改訂版）北海道新聞社.
菊地富雄（2000）『道南の方言と函館弁』（第2版：私家版）.
木村国史郎編（1979）『津軽森田村方言集』文芸協会出版.
佐藤政五郎（1992）『南部のことば（第三版増補改訂）』伊吉書院.
石手洗弘二編（2012）『消えつつある八戸の方言（第三刷（付わらべ歌））』.
松木明（1982）『弘前語彙』弘前語彙刊行会.
及川慶郎（1993）『藩境北上市周辺の話しことば』（私家版）.
軽米町教育委員会編（1987）『軽米・ふるさと言葉』岩手県軽米町.
金野静一・菊池武人（1964）『気仙方言誌』（私家版）.
坂口忠（1965）『岩手県宮古市方言語彙』宮古市教育研究所（私家版）.
坂口忠（2012）『岩手県宮古市宮古ことばのおくら』（上・下）（私家版）.
佐藤好文編（1981）『盛岡のことば』盛岡市.
鈴木サツ語り／小澤俊夫・荒木田隆子・遠藤篤編（1999）『鈴木サツ全昔話集』鈴木サツ全昔話集刊行会.〔昔話〕
関谷徳夫（2007）『私の吉里吉里語辞典―いとしくおかしく懐かしく―』（私家版）.
菅谷保之（1998）『もりおか弁入門―もりおか言葉990選―』（私家版）.
中谷眞也編（2010a）『盛岡の擬容語（オノマトペ）（擬態語擬音語）辞典』（私家版）.
中谷眞也編（2010b）『盛岡ことば辞典』（私家版）.

畠山宗太郎編(2004)『岩手県南方言ふんさﾞぁべん改訂版』(私家版).
花巻市教育委員会編(2005)『花巻ことば集―せぎざぐら―』花巻市教育委員会.
細越孝一(1963)『盛岡ことば』(私家版).
堀米繁男編(1989)『種市のことば―沿岸北部編―』種市町歴史民俗の会.
松本源蔵(2004)『続・わたしの盛岡』(私家版).〔随筆〕
丸山久子・佐藤良裕編(1973)『陸奥二戸の昔話』三弥井書店.
八重樫眞編(1932)『岩手県釜石町方言誌』日本民俗研究會.
山浦玄嗣編(2000)『ケセン語大辞典』(上・下)無明舎出版.※引用にあたっては原文のケセン文字を仮名表記に置き換えた.
山田長耕(1999)『紫波の言葉―岩手県央部―』(私家版).
本荘市教育委員会編(2004)『本荘・由利のことばっこ』秋田文化出版.
菊地直編(2007)『置賜のことば百科―読む方言辞典―』(私家版).
赤城毅彦(1991)『茨城方言民俗語辞典』東京堂出版.
大橋勝男編(2003)『新潟県方言辞典』おうふう.
真田信治編著(1998)『富山県のことば』明治書院.
中島桂三(1996)『ワガミのことば辞典』明治言院.
馬瀬良雄編(2010)『長野県方言辞典』信濃毎日新聞社.
下野雅昭編著(1997)『岐阜県のことば』明治書院.
富山昭(2007)『え～らしぞーか―静岡県方言誌』静岡新聞社.
江畑哲夫編(1977)『南牟婁方言集―三重県南牟婁郡・熊野市の方言―』(私家版).
丹羽一彌編著(2000)『三重県のことば』明治書院.
中野朝生(1989)『面白紀州弁』(私家版).
堀井令以知編(2006)『京都府ことば辞典』おうふう.
牧村史陽編(2004)『新版大阪ことば事典』講談社.
岩本孝之(2013)『じょろりでいこか！ 淡路ことば辞典』神戸新聞総合出版センター.
中野朝生(1989)『面白紀州弁』(私家版).
森下喜一編 1999『鳥取県方言辞典』富士書店.
広戸惇・矢富熊一郎編(1964)『島根県方言辞典』島根県方言学会.
岡山方言事典刊行会(1981)『岡山方言事典』日本文教出版株式会社.
山中六彦 1975『新訂 山口県方言辞典』マツノ書店.
近石泰秋(1976)『香川県方言辞典』風間書房.
上野和昭編(1997)『徳島県のことば』明治書院.
土居重俊・浜田数義編(1985)『高知県方言辞典』高知市文化振興事業団.
松石安兵衛(1989)『柳川方言総めぐり』生涯学習振興財団.
石井正大(1991)『浮羽方言考「ふる里ことば」』(私家版).

江頭光 (1998)『博多ことば』海鳥社．原田章之進編 (1993)『長崎県方言辞典』風間書房．
中川義一編 (2002)『こらおもしろか　肥後弁辞典』熊本出版文化会館．
関東にしはら会編 (2003)『熊本西原語辞典初版』(私家版)．
渡部之夫・佐藤八重子 (1979)『大分県方言集成』(私家版)．
小嶋政一郎 (1969)『延岡の言葉』光輪社．
亀山孝一 (2000)『木花方言辞典』(改訂版) 木花方言辞典刊行会．
橋口滿編 (2004)『鹿児島方言大辞典 (上下)』高城書房．
石野宣昭 (2010)『鹿児島弁辞典』南方新社．
植村雄太朗編 (2001)『種子島方言辞典』武蔵野書院．
森豊良 (1979)『喜界島の方言集』(私家版)．
仲宗根政善 (1983)『沖縄今帰仁方言辞典』角川書店．
かりまたしげひさ (2012)「沖縄県名護市幸喜方言の擬声擬態語」『日本東洋文化論集；琉球大学法文学部紀要』18, pp.9–28．(再掲)
内間直仁・野原三義編 (2006)『沖縄語辞典―那覇方言を中心に―』研究社．
国立国語研究所編 (1963)『沖縄語辞典』(国立国語研究所資料集 5) 大蔵省印刷局．
稲福盛輝編著・加治工真市監修 (1992)『医学沖縄語辞典』ロマン書房．
富浜定吉 (2013)『宮古伊良部方言辞典』沖縄タイムス社．
与那覇ユヌス編著 (2003)『宮古スマフツ辞典―ミャーク方言辞典―』(私家版)．
FPJD：大西拓一郎編 (2016)『新日本言語地図―分布図で見渡す方言の世界―』朝倉書店．(データは http://www2.ninjal.ac.jp/hogen/dp/fpjd/fpjd_index.html 参照)
資料叢刊：方言研究ゼミナール編 (1992)『方言資料叢刊　第 2 巻：身体感覚を表すオノマトペ』広島大学教育学部国語教育学研究室方言研究ゼミナール．

謝辞

本研究は JSPS 科研費 JP22520484、JP25370538 の助成を受けた。

第6章
地方議会におけるオノマトペの使用分布

高丸圭一

1. はじめに

　地方議会では、住民の中から直接選挙で選出された議員や首長が、予算や条例の制定等についての審議を行っている。議会における議員、首長、および、職員の発言はすべて文字に書き起こされ、地方自治法123条に基づき会議録として記録される。従来は製本され役所に保管されるだけのものであったが、情報公開の進展やインターネットの普及により、地方議会会議録をウェブに公開する自治体が増加している。2010年の時点ですべての都道府県議会と、73.4％の市区町村議会が会議録をウェブに公開している（高丸他 2011）。筆者らはウェブ上に公開された地方議会会議録を収集し、コーパスとして学際的に利用することを目指した研究プロジェクトを進めている（木村他 2012）。ウェブに公開された地方議会会議録をプログラムによる自動処理によって収集し、統一的なフォーマットに整形した上で関係データベースに登録した（齋藤他 2011、菅原他 2012）。さらに、単語 n-gram の構築や、ウェブユーザインターフェイス（検索システム、可視化システム）に関する研究を行っている（乙武他 2013）。また、人文社会科学分野において、均質な比較研究を行うために、同一期間の47都道府県議会会議録コーパス、47都道府県庁所在地市議会コーパス、東京23区議会コーパスといったサブセットの作成を進めている。

　地方議会会議録は特定の自治体に居住する者の発言が、地域別・年度別に

記録されたものである。一つの地方議会の会議録を遡れば通時的な言語変化を辿ることができ、全国の地方議会会議録を横断的に調査すれば地域差を分析することができるため、言語研究の資源として注目に値する。竹安（2004）の調査によると、地方議会議員の87.5％は当該都道府県において出生している。このことから、地方議会における発言者の大多数はその土地の方言話者であり、自治体別に公開された会議録はそれぞれの地域の方言を含んだ資料として取り扱うことができると考える。井上（2013）、高丸（2014）では、地方議会会議録に含まれる方言語彙や文末表現の地域差の存在を指摘している。また、二階堂他（2015）では、地方議会会議録を用いた方言研究の可能性について論じている。先に述べたように、地方議会会議録には、議会における発言がすべて記録されているものの、言語研究のための精緻な書き起こしではなく、可読性を考慮した修正（整文）が行われている点に注意が必要である。この点については2.2節で実例を挙げて述べる。

　本研究では、地方議会会議録コーパスにみられるオノマトペについて、使用分布の観点から考察する。日本語には豊富なオノマトペ（擬音語および擬態語）があり、音、雰囲気、程度、様子を効果的に伝えるために用いられることが知られている。地方議会という場での話しことばにおけるオノマトペの使用頻度、および、その地域差を明らかにすることを目的とする。

　オノマトペに関する研究では、どの範囲までをオノマトペとして認定するかという判断に難しさが存在する。新しい表現や臨時的な表現をオノマトペと認定してよいか、また、一般の形容詞や動詞等を語源に持つ表現はオノマトペと言えるのか、語彙化が進み話者にとってオノマトペであるという意識が薄れた語はどう扱うべきかといった問題である。特に、本研究のように大規模コーパスを用いたアプローチの場合、実例を観察し、オノマトペであるかどうかを判定するのではなく、あらかじめ対象語を定めなければならない。本研究では、オノマトペ辞典（小野2007）に掲載された語を対象とする。形態素解析によってオノマトペ辞典の見出し語を含む文の抽出した上で、真にオノマトペであるかを目視で確認するという手順をとる。詳しくは第3節に述べる。なお、工学的には、抽出リストにないオノマトペ（オノマ

トペである可能性が高い文字列）を自動的に抜き出す方法（池田他 2015）や、オノマトペの見出し語の表層的変形に対応したオノマトペ抽出手法（内田他 2015）の研究があるが、十分に検証が行われているとは言えないため、今回は採用しない。

本稿の流れは以下の通りである。まず、第 2 節で本稿の研究対象である地方議会会議録とはどのようなものかについて述べる。次に、第 3 節には地方議会会議録からのオノマトペの抽出について述べる。第 4 節では抽出されたオノマトペの出現分布について述べ、第 5 節ではオノマトペの表層形態、名称に使われるオノマトペの実態について分析する。

2. 地方議会会議録コーパス

2.1　コーパスの概要

筆者らが構築した地方議会会議録コーパスには 425 地方議会の会議録（総発言文数：約 1 億 2500 万文、総文字数：約 81 億文字）が収録されている。本稿ではこのうち、2010 年度の 1 年分の会議録を用いる。表 1 に収集自治体数、発言文字数、形態素解析に基づく単語数を示す。また、収集自治体の一覧を付録 A に示す。

地方ごとに収集データの分量が異なるため、比較の際には、次式で求められる出現率（総単語数に占める割合の百万分率）を併せて用いる。

　　出現率＝（対象語の出現数／総単語数）× 10^6

表1　対象とする会議録の自治体数と単語数

地方	収集自治体数	発言文数	単語数
北海道	17	395,841	14,318,931
東北	29	1,034,272	17,576,826
関東	104	4,290,880	97,129,985
北陸	18	334,379	10,178,679
中部	65	1,541,264	44,191,543
近畿	67	1,959,910	50,616,071
中国	37	729,359	21,000,874
四国	19	322,888	8,794,639
九州	37	739,326	21,531,478
沖縄	13	290,328	7,851,404
総計	406	11,638,447	293,190,430

2.2　議会会議録の整文と会議録

　議会会議録は読みやすさ等の観点からいくつかの基準による修正（整文）が行われていることが知られている。国会会議録に関する整文の実態については松田他（2010）に述べられている。地方議会会議録については、議会事務担当者向けの書籍（野村・鵜沼 1996）に整文の指針が示されている。また、速記実務者向けには整文の手引書（日本速記協会 2007）が刊行されている。自治体によっては会議録に加えて、議会の映像をウェブで公開している場合がある。高丸（2011）では、栃木県、宇都宮市、那須塩原市の3自治体を対象として議会の映像と会議録の文字列を比較し、実際の発言とのレーベンシュタイン距離を測定した。その結果、約6%（会議録100文字あたり平均6文字）が整文によって修正されていた。

　以下に整文基準とその基準によって整文された例を示す。例文中の打ち消し線は映像の発言に存在し、会議録では削除されている文字列を表し、［大括弧］は会議録で追加された文字列を表す。

○整文基準：無機能語、言いさし、ひとり言について削除する
（１）　~~い―~~当然、~~え―~~適任者と~~お―~~いうことで~~え― え― せ~~選定をするということが~~あ― ひ あの~~大事であります。~~で~~ま学区内をま ~~あ―~~ 優先というか…
　　　　　　　　　　　　　　　　　　　　　　　（栃木県那須塩原市議会）

○整文基準：崩れた言い回しを整える
（２）　これを~~減らしておか~~減らせば、~~もっと~~この二十二億円は吹っ飛んじゃう［でしまう］話で…
　　　　　　　　　　　　　　　　　　　　　　　　　　　　（栃木県議会）

○整文基準：言葉が脱落している場合や、省略され、意味不明または意味が把握しにくくなる場合などは、適切な語句を補正する
（３）　特定の候補者への応援は、公［職］選［挙］法に抵触する可能性もあると思われ
　　　　　　　　　　　　　　　　　　　　　　　（栃木県宇都宮市議会）

　方言に関連する整文基準として、日本速記協会（2007）には「なまりは標準的な語句に置きかえる」とある。また、野村・鵜沼（1996）では整文対象の項目に「地方のアクセント（なまり）等」を挙げている。前者では「わだぐすから…」という発言は「私から…」と記録するという例が、後者では「ぎょうしぇええんかいは…」という発言は「行政委員会は…」と記録するという例が示されている。いずれも、音声現象についての言及であり、方言文法や方言語彙の整文方法については具体的に言及されていない。文法や語彙については、上述の「崩れた言い回しを整える。」という基準の中で口語的な表現を整える際に、部分的に修正されることがあるようである。映像と会議録の比較には以下のような例が存在する。

（４）　そうしたら、おめほうに２人も市［議］会議員がいるんだはんで［のだから］、そういう話はあ―うちき［に］出しねえ［ない］で市［議］会議員しゃべろと。
　　　　　　　　　　　　　（青森県弘前市議会、二階堂他（2015）から再掲）
（５）　私なんかほとんど見ないでえ―処理しっちゃー［してしまう］ほうなんで…

(栃木県那須塩原市議会)

いずれの例でも、方言的特徴の修正が行われている。しかし、(4)では「おめほう」や「しゃべろ」がそのまま記録されている。

2.3　会議録におけるオノマトペの記録のされ方

本稿の観察対象であるオノマトペそのものは整文の過程で削除や修正の対象になることはないと考えられる。ただし、「崩れた言い回しを整える」という整文基準によって、オノマトペに見られる表層形の変化(促音や長音の挿入など)は修正され、基本形が記録される可能性がある。

オノマトペ「どん(と)」を例に会議録における実際の記述を確認する。2010年度の会議録に基本形の「どん(と)」が586例見られる。長音が挿入された「どーん(と)」は81例、長音部分をひらがなで書いた「どおん(と)」が18例、末尾に促音が挿入された「どんっ(と)」が5例見られた。以下に、それぞれの例を示す。

(6)　これは一遍にどんと駆け込まれると困るとか、そういったものがあるのかもしれません。　　　　　　　　　　　　　　　　　(東京都町田市)
(7)　こういう中で本当にこんな状態で間口にどんと雪を置かれてしまったら、お年寄りだとか障がいを持っている方の家庭ではもうどうしようもないという状態になっているのだと思います。　　(北海道北見市)
(8)　単独でどーんと女性センターをつくるというのは、今は余りしていないですよね。　　　　　　　　　　　　　　　　　　　(埼玉県朝霞市)
(9)　それともう一つは、黒字決算になる、赤字決算になる、これは議員もご案内のとおりでございますが、そのときのインフルエンザでもどおんと変わってしまうわけですね、流行によって。　　　　　(三重県名張市)
(10)　そういう実情もよく踏まえて、それは首長とすれば、首長の会合には、やはり大型の黒光りの自動車で行って、よその市長と同じく肩を並べて車からどんっとおりたい気持ちは十分わかるのです。

（埼玉県春日部市）

　「どーん」や「どんっ」と記述されたオノマトペは実際にそれに近い発音がされていると考えられるが、「どん」と記述されているものが実際にどのように発音されたのかを調べることはできない。このため、促音や長音の挿入の実態を会議録から計り知ることはできない。ただし、地方議会という場における発言ということを考えると、個人差はありそうだが、やや丁寧なスタイルを採用する発言者が多いと予想され、意味をつかめないほどの臨時的な表現や、表層形が大幅に変化したオノマトペが高頻度で生じる可能性は低いと思われる。

　なお、オノマトペはカタカナで書かれる場合とひらがなで書かれる場合があるが、議会会議録にはすべてひらがなで記述されている。

3. オノマトペの抽出

3.1 形態素解析器を用いた自動抽出

　オノマトペの抽出には形態素解析器 JUMAN を用いた。まず、JUMAN のユーザ形態素辞書に『日本語オノマトペ辞典』（小野編 2007）の意味分類別索引に見出し語として掲載された 1,751 語を登録した。次に、会議録のすべての発言文を形態素解析し、ユーザ形態素辞書に登録したオノマトペを含む文を抽出した。

　形態素解析による抽出の結果、1,751 の見出し語のうち、982 語（計 186,416 例）が抽出された。出現頻度上位 30 語を表 2 に示す。会議録全体で出現頻度がもっとも高いオノマトペは「しっかり」（77,464 例）であり、「どんどん」（20,680 例）、「はっきり」（19,382 例）と続く。会議録では、「しっかり」の出現頻度が特に高く、施策の推進や明確な言及を求める発言で利用される。このため、共起する単語を見ることで、発言者の主張（政治課題）を見つけることに役立つと考えられる。具体例を以下に示す。

表2 オノマトペ抽出の結果（上位30語）

	オノマトペ	抽出数		オノマトペ	抽出数		オノマトペ	抽出数
1	しっかり	77,464	11	たん	1,769	21	ぽん	788
2	どんどん	20,680	12	ゆっくり	1,610	22	りん	741
3	はっきり	19,382	13	じっくり	1,541	23	しん	729
4	だんだん	5,679	14	どん	1,393	24	つくづく	622
5	かん	5,171	15	がん	1,277	25	すくすく	542
6	びっくり	2,910	16	かっ	1,130	26	えへん	527
7	つい	2,728	17	がちゃん	1,079	27	ぎりぎり	513
8	もろもろ	2,372	18	くい	1,040	28	がっかり	499
9	そろそろ	2,021	19	わくわく	889	29	こうこう	485
10	だっ	1,984	20	こん	856	30	さっぱり	484

(11) まず先ほどお話ししたように、担い手の集積含めて<u>しっかり</u>と対応していかなあかんなっていうのが一つでございます。　　（福井県越前市）

(12) バスがそういうふうに減便になって、あそこへ<u>どんどん</u>人が集中して来よったのが来なくなったという状況がありながら、皆さんはそのことにどういう手だてを打とうとしておられるんですか。

（広島県広島市）

(13) そういう部分を考えたときには、やっぱり函館は毅然とした態度で、やっぱりバス転換ならバス転換、<u>はっきり</u>言うべきだと思うんです。

（北海道函館市）

3.2　目視による確認作業

　形態素解析の結果得られた186,416文には誤抽出、すなわち、実際にはオノマトペではないものが含まれる。例えば抽出数5位の「かん」は金属等をたたいて出る音を表すオノマトペである。しかし、抽出結果にはオノマトペの「かん」は見当たらず、以下のような例が並ぶ。

(14) いずれの場合も主催者のかんぽ生命とかNHK全国ラジオ体操連盟から関係者へ子供から大人までの参加依頼があったそうでございます。

(茨城県ひたちなか市)

(15) 改めて端的に申し上げると、一つはイマジネーション、想像力のかん養であります。 (埼玉県)

(16) それはさておき、他の町村が参加して能力上げるとか云々かんぬんということについて、いいとか悪いとかじゃないんです。

(岩手県盛岡市)

このほかにも、表2の上位30語を見ると、2拍の語を中心として、会議録中に高頻度で出現することが直感的に疑わしい語が存在する。一般に短いひらがなの文字列(形態素)は、文中のさまざまな位置で表層一致しやすいため、誤解析を生じやすい傾向がある。高丸他 (2015) の分析では、形態素解析によって抽出したオノマトペのうちの約3分の1が誤抽出であった。2拍のオノマトペに限定すると約4分の3が誤抽出であった。そのため、3.1節で得られた形態素解析による抽出結果をそのまま使うことは適切ではない。そこで、抽出結果が真にオノマトペであるかを1つずつ確認する必要がある。本稿では、出現率が50以下の語(出現頻度に換算すると概ね300以下に相当)のオノマトペ942語(用例数24,089)に対象を絞り、目視による作業を行った。この結果、822語(用例数16,700)が真にオノマトペであると確認された。次節以降では、これを対象とする。この822語のオノマトペの一覧を付録Bに示す。

4. 出現頻度に地方差が見られる語

4.1 10地方区分によるオノマトペの使用分布

地方差を見るために、オノマトペの出現頻度を「北海道」「東北」「関東」「北陸」「中部」「近畿」「中国」「四国」「九州」「沖縄」の10地方区分で集計した。表3に出現頻度、出現率、および、比率の差の検定結果を示す。

表3　822語のオノマトペの出現率と出現頻度、および、比率の差の検定結果

	出現率 (百万分率)	出現頻度	北海道	東北	関東	北陸	中部	近畿	中国	四国	九州	沖縄
北海道	54.05	774		*				*	*	*	*	*
東北	45.29	796			*	*	*	*	*		*	*
関東	50.63	4,918						*	*	*	*	*
北陸	51.09	520						*	*		*	*
中部	51.68	2,284						*	*		*	*
近畿	74.13	3,752								*	*	*
中国	76.66	1,610								*	*	*
四国	45.37	399									*	*
九州	62.93	1,355										*
沖縄	37.19	292										
計	59.96	16,700										

　比率の差の検定には統計言語 R の prop.test 関数を用いた。すべての地方区分の組み合わせに対して総当たりで検定を実行した。「*」は有意水準5%で出現率に有意差がある組み合わせである。

　出現率が全国平均(59.96)を上回った地方は、中国地方(76.66)、近畿地方(74.13)、九州地方(62.93)である。また、沖縄地方(37.19)の出現率がもっとも少ない。有意差のない組み合わせをグループにまとめ、出現率の高い順に並べると、地方議会におけるオノマトペの出現率には、概ね以下の大小関係が見えてくる。国会会議録おける発言者出身地別のオノマトペ使用頻度の分析(平田他 2015)においても、四国と沖縄を除く西日本出身の議員においてオノマトペの使用頻度が高く、沖縄がもっとも低い結果となっており、本稿の結果と概ね一致する。

                           「北海道」
「近畿」   「関東」   「東北」
        ＞「九州」＞   ＞   ＞「沖縄」
「中国」   「北陸」   「四国」
                           「中部」

4.2 対応分析

　前節で地方議会会議録におけるオノマトペの出現率は地方によって差があることを示した。西日本に出現率が高い地方が多い傾向が見えた。本節では、どのオノマトペが出現率の偏りに影響しているのかを確認する。このため、総出現頻度が 30 回以上の 130 語を対象に、地方区分とオノマトペの出現頻度の対応分析を行った。対応分析には R の MASS パッケージに含まれる corresp 関数を使用した。因子数は 3 とし、それぞれの寄与率は第 1 軸から順に 45.4％、34.1％、20.5％である。第 1 軸と第 2 軸の関係を図 1 に、第 1 軸と第 3 軸の関係を図 2 にそれぞれ示す。いずれのグラフも、中心に集中して付置する語はプロットのみの表示とし、周辺に付置する語はラベルを表示した。

　オノマトペの出現率が相対的に低かった地方、および、多くの単語が、グラフの中心付近に集中して付置しており、これについては詳しく読み取ることは難しい。一方、「九州」地方は第 1 軸において、「近畿」地方は第 2 軸において、「中国」地方は第 3 軸において分離されており、それぞれの地方で多く出現する語がその近傍に付置している。

　図 1 で、九州地方の近傍に付置している「ずっ」「ぴしゃっ」の地方別の出現率を表 4 に、近畿地方の近傍に付置している「のびのび」「ころっ」「さんさん」「かちっ」「めちゃくちゃ」「らんらん」「ばくっ」「ぐんぐん」「がばっ」「ぴゅっ」を表 5 に示す。また、図 2 で、中国地方の近傍に付置している「きらら」「ぴちっ」「ぴんぴん」「ころり」「つるつる」を表 6 に示す。

　九州地方の 2 語のうち、「ぴしゃっ」は約 8 割が九州地方で出現している。全国的には、(17)-(19) のように「ある基準で完全にやめる、閉める、止めるさま」という語義の用例が見られる。一方、九州地方では、(20)-

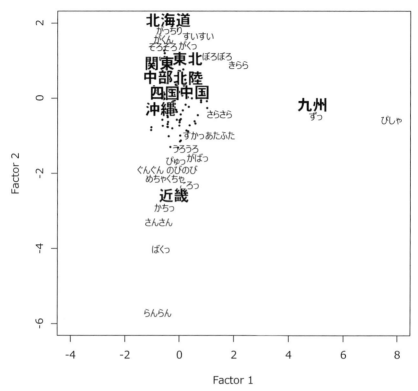

図1 対応分析の結果（横軸：第1軸、縦軸：第2軸）

(23)のように、「きちんと」「しっかりと」「はっきりと」に類する意味で使用される。議会において全国的に出現頻度の高い「しっかり」「はっきり」と言い換えられるため、九州地方の議会において多用されやすい表現であると考えられる。

(17) 市長はお金がないというたった一言でぴしゃっと切ってしまったんです。　　　　　　　　　　　　　　　　　　　　　　　（和歌山県和歌山市）

(18) 逆にきょう呼んでしっかり話をして、それでぴしゃっとやめるとなれば、やれないことないと思うけど　　　　　　　　　　（長野県松本市）

第 6 章 地方議会におけるオノマトペの使用分布　131

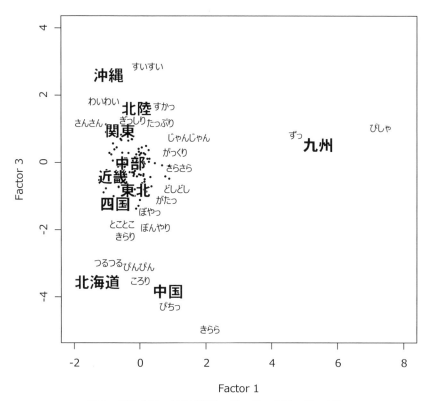

図 2　対応分析の結果（横軸：第 1 軸、縦軸：第 3 軸）

(19)　あの地域内に水が入るのをぴしゃっと入り口でとめていただいたということで、大変対応がよかったというふうなことを、まず、感謝を申し上げたいと思います。　　　　　　　　　　　　（山口県山陽小野田市）
(20)　だから、審査会の権限とか、そういうものについてぴしゃっと明らかにして示す必要があるんじゃないかというふうに思うんですが、そこら辺についてどう考えますか。　　　　　　　　　　（福岡県嘉麻市）
(21)　そりゃ、職員は黒字が出ようが赤字が出ようがぴしゃっとボーナスも出ておる。　　　　　　　　　　　　　　　　　　　（長崎県雲仙市）
(22)　それから、そのときも出たんですけれども、資料の提出方法を、もう

表4 「九州」近傍に布置する2語の出現頻度

	全国	北海道	東北	関東	北陸	中部	近畿	中国	四国	九州	沖縄
ずっ	134	2	4	22	0	8	17	5	2	74	0
ぴしゃっ	112	0	0	3	0	5	6	6	2	90	0

表5 「近畿」近傍に布置するオノマトペ10語の出現頻度

	全国	北海道	東北	関東	北陸	中部	近畿	中国	四国	九州	沖縄
のびのび	284	2	3	102	2	11	132	7	5	15	5
ころっ	112	2	7	16	1	8	53	13	3	9	0
さんさん	99	0	2	9	2	5	60	2	0	1	18
かちっ	81	3	1	10	0	3	49	7	7	1	0
めちゃくちゃ	75	1	0	9	1	19	35	3	3	4	0
らんらん	72	0	0	0	0	2	69	0	0	0	1
ばくっ	69	0	2	3	0	10	51	2	0	1	0
ぐんぐん	52	2	0	11	8	4	25	1	0	1	0
がばっ	43	2	1	10	0	4	18	3	0	5	0
ぴゅっ	31	0	0	4	0	9	13	2	1	2	0

表6 「中国」近傍に布置する5語の出現頻度

	全国	北海道	東北	関東	北陸	中部	近畿	中国	四国	九州	沖縄
きらら	109	4	11	4	3	4	4	56	3	20	0
ぴちっ	66	0	0	11	0	3	14	32	1	5	0
ぴんぴん	51	11	4	8	1	5	7	9	2	3	1
ころり	39	9	3	4	1	1	8	6	4	3	0
つるつる	32	11	0	5	0	2	10	2	0	1	1

ちょっとぴしゃっと定めた方がいいのかなというような気はいたしました。　　　　　　　　　　　　　　　　　　　　（熊本県熊本市）
(23)　ここら辺をぴしゃっと整備しなければいけないというふうに思っておりますし、住民から信頼される自治体となるべく努力をしていかなければいけない　　　　　　　　　　　　　　　　　　（宮崎県小林市）

　近畿地方に多く出現するオノマトペ「ばくっ」はオノマトペ辞典に掲載された語義は「勢いよく食いつく」「大きく開く」であるが、その語義での用例はない。「（棒状のものが）ばくっと折れる」（岩手県）が１例あり、このほかは、以下の例のように「漠然とした大まかなさな」の意味で用いられた。これは「漠とした」がオノマトペ化した用法であると解釈することができ、近畿を中心に使用される表現である。

(24)　まずは、何ていうんですかね、議会としてのばくっとした考え方なりを聞きたいというそういった思いで委員会、特別委員会だと思っております。　　　　　　　　　　　　　　　　　　　　（愛知県尾張旭市）
(25)　どういう課題が出てくるのかということについてはばくっとは聞きましたけれども、たらればという話がいっぱいあってなかなか定かになっていない　　　　　　　　　　　　　　　　　　（滋賀県大津市）
(26)　平均値がどれぐらいちゅのがもしわかれば、ばくっとでも結構です。　　　　　　　　　　　　　　　　　　　　　　　　（大阪府羽曳野市）
(27)　こうなってくると、ばくっと私が考えるのは、逆にその責任体制が分散してしまって、だれがじゃあこのプロジェクトを回していくのか　　　　　　　　　　　　　　　　　　　　　　　　（兵庫県豊岡市）

　「ぴちっ」は「隙間なく、完全に合うさま」という語義で、予算やスケジュール等への言及で、頻度はそれほど高くないものの全国的に使用される。表６に示したように中国地方で多く出現しているが、用例を具体的に見ると、中国地方の 32 例中 30 例は同一の議員が使用しているものであっ

た。すなわち、「ぴちっ」の使用頻度の偏りは本データの範囲では、個人差によるものであると考えることが適切である。

(28) 今後規則の中で、優先順位を<u>ぴちっ</u>とつけて、余り私は一般にというか、初めから平常時の活用の間口を広げるような形にはしないほうがいいのではないかというふうに　　　　　　　　　　　　　（東京都台東区）
(29) そのけえなことを<u>ぴちっ</u>としてもらわにゃおえんと思よん。
　　　　　　　　　　　　　　　　　　　　　　　　（岡山県赤磐市）

　また、「きらら」は、「明るくまぶしく輝き続けているさま」をあらわすオノマトペであり、雲母の別称としても使われる。山口県において、自治体が行うイベントや取り組み、施設等の名称に多く採用されており、会議録においてもすべて固有表現（名称）として出現した。「きらら」を含む固有表現は26種類（109例）あり、このうち11種類（55例）は山口県において出現している。

(30) 業務用米としての「<u>きらら</u>397」のほか、「おぼろづき」「ふっくりんこ」といった良食味米に続きまして、「ゆめぴりか」も新たに登場するということで　　　　　　　　　　　　　　　　　　　　（北海道）
(31) 従来より山口大学医学部附属病院などとも連携を図りながら、消防防災ヘリ「<u>きらら</u>」を活用し、ドクターヘリ的な運用による救急救命活動を展開しております。　　　　　　　　　　　　（山口県宇部市）
(32) 補助するグループホームはゆもと苑に併設されている<u>きらら</u>の里で、この施設以外は全部火災通報設備は設置されているとの説明がありました。　　　　　　　　　　　　　　　　　　　（山口県長門市）
(33) 県は<u>きらら</u>博に始まり、国民文化祭、そして国民体育大会と大型イベントを行う一方で、福祉政策の費用をカットする態度は、決して許されるものではない。　　　　　　　　　　　　　　（山口県周南市）
(34) 山陽小野田市<u>きらら</u>ガラス未来館の指定管理者の指定について質疑を

行います。 （山口県山陽小野田市）

　図2において、「中国」の近傍に「北海道」が付置しており、本分析の範囲では、十分に分離されていない。「ぴんぴん」「ころり」「つるつる」は北海道地方に出現の偏りがある。「ぴんぴん」と「ころり」は高齢者政策においてよく使われる語である。また、北海道地方における「つるつる」の頻度は、言語的特徴ではなく、気候の特徴によるものである。

(35)　そのための具体案がPPK、ぴんぴんころりであり、そして動くための組織改革で観光部局を独立した構造改革を行ってくださいと提案しているのですよ。　　　　　　　　　　　　　　　（北海道苫小牧市）
(36)　また、つるつる路面対策に対してどのような対策を講じているのか、お示しください。　　　　　　　　　　　　　　　　　　（北海道釧路市）

5．分析

5.1　表層形

　次に、表層形と出現分布の関係を見る。822語をオノマトペの代表的な表層形態「ABAB」「ABCB」「AっBり」「AんBり」「ABっ」「ABん」に分類した。各地方での出現率を図3に帯グラフで示す。また、表層形態と地方区分の対応分析の結果を図4に示す。

　図4では、「ABっ」が近畿地方、中国地方、九州地方の近傍に付置している。表4〜6に示した3地方で出現率の高かったオノマトペに「ABっ」形のものが多いことと一致する結果である。

　このほか、「ABり」の形が北海道地方の近傍に付置している。北海道地方に見られる「ABり」は「ずばり」「きらり」「がらり」「ぶらり」「ころり」「ずらり」の6語であるが、このうち「きらり」が複数の固有表現（「子ども総合支援センターきらり」「道産食品独自認証制度きらりっぷ」）に使用されていることで、使用頻度が高くなった。会議録に見られるオノマトペの

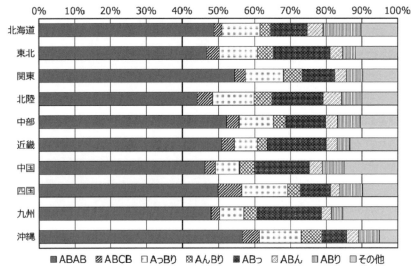

図 3　表層形の出現率の地方差

頻度は、固有表現での採用により、繰り返し出現する場合がある。そこで、次に、固有表現内のオノマトペについて分析する。

5.2　固有表現（名称）に利用されるオノマトペ

中国地方で「きらら」(4.2 節)が、北海道地方で「きらり」(5.1 節)が固有表現（名称）として多く使用されていることを指摘した。図 7 に固有表現に用いられているオノマトペの地方ごとの異なり語数、および、文中の使用率と使用頻度を示す。全体の約 1 割にあたりあたる 1,666 文が固有表現内で使われるオノマトペであった。

具体的には、出現頻度の高い順位に、「のびのび」(246 例)、「わいわい」(170 例)、「きらり」(168 例)、「きらきら」(145 例)、「きらら」(109 例)、「にこにこ」(105 例)、「さんさん」(97 例)、「らんらん」(71 例)、「ほのぼの」(47 例)、「ぶらり」(38 例)と続く。固有表現内のオノマトペは、様子を直感的にイメージしやすくするためのオノマトペ使用と、抽象的にポジティブなイ

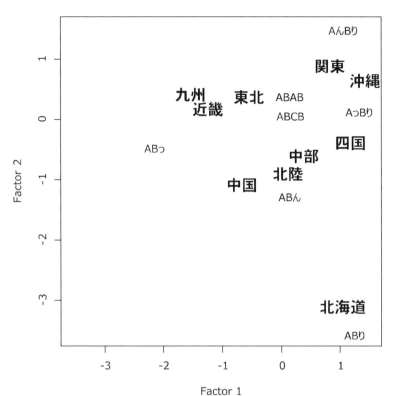

図 4　表層形と地方分類の対応分析（横軸第 1 軸、縦軸第 2 軸）

表 7　固有表現内のオノマトペの使用率（使用頻度）

	全国	北海道	東北	関東	北陸	中部	近畿	中国	四国	九州	沖縄
異なり語数	80	7	20	42	22	35	27	17	13	21	7
使用率	5.68	6.29	3.53	5.45	6.48	3.53	8.40	5.57	4.32	5.99	6.88
使用頻度	1,666	90	62	529	66	156	425	117	38	129	54

メージを想起させるオノマトペ使用が観察できる。以下に具体例を示す。

○様子を直感的にイメージしやすくするためのオノマトペ使用の例
(37) そんな中で私たちは、「ごろっとよかもん。しあわせやつしろ」という、八代ごろよか計画をスタートいたしました。　　　（熊本県八代市）
(38) 次に、市民活動促進事業では、草加三郷線わきの180mのうち100mをじゃぶじゃぶ池に工事するために966万円が使われました。
　　　　　　　　　　　　　　　　　　　　　　　　　　　（埼玉県草加市）
(39) そんな中で来年の1月末にわんわんフォーラムというふうな形、これは犬の正しい飼い方、こういう一つのフォーラムを行おうという事業を持っておるわけです。　　　　　　　　　　　　　　（大阪府門真市）
(40) 本市は生活習慣病の予防推進の一環として、乳児期にはもぐもぐごっくん教室、そして離乳食の指導、保育園等では給食の展示指導を行い、実際の食事の量や質についての食育を行っております。
　　　　　　　　　　　　　　　　　　　　　　　　　　（栃木県大田原市）

○抽象的にポジティブなイメージを想起させるオノマトペ使用の例
(41) 区内のコミュニティFM放送、エフエム角田山、通称ぽかぽかラジオを活用して区域の情報を毎日2回、10分ずつ放送する事業を行いました。　　　　　　　　　　　　　　　　　　　　　（新潟県新潟市）
(42) 小野市はといいますと、もう市長は計画段階から、私らんらんバスの担当なので指示がありまして、コミバスをいかに有効に運行するかと。　　　　　　　　　　　　　　　　　　　　　　（兵庫県小野市）
(43) そこで、今お話しいたしましたごみ問題、プレミアム商品券、子育てにっこりパスポートの三点について、中期的な視点で今後の事業展開をお示しください。　　　　　　　　　　　　　　　　　（東京都北区）

6．まとめ

　本稿では、オノマトペ辞典の見出し語となっている語を対象として、地方議会におけるオノマトペの使用について述べた。地方議会では、「しっかり」「どんどん」「はっきり」等が地域を問わず、多数出現する。特に、他の言語資料と比べて「しっかり」の出現数が突出している。

　使用分布では中国地方、近畿地方、九州地方の西日本3地方において、オノマトペの使用率が平均を上回る結果であった。三井他（2007）は、東北地方の自然談話においてオノマトペが多く話されていると述べている。本稿とは異なる結果であるが、この理由として①本稿はオノマトペの種類を限定した調査であること、②地方議会での発言は自然談話と比べると、やや改まったスタイルであることが考えられる。①については全国の方言オノマトペ集を抽出対象リストに入れたり、未知オノマトペやオノマトペの表層的変化に対応した抽出方法を応用したりすることによって、追加調査を行い、明らかにしていく必要がある。しかし、出現傾向が覆るほど大量の方言オノマトペや未知オノマトペが会議録に含まれているとは考えにくいため、②の要因が大きいと考える。議会での発言には、あらかじめ原稿を用意して行われる朗読に近いものから、質疑の過程で感情的をむき出しにして話しているものまで、さまざまなスタイルが混在する。強意のオノマトペや固有表現内のオノマトペはどのようなスタイルの発言でも使用されるであろう。オノマトペを含む文を改めて観察すると、やや砕けた口調の発言において、オノマトペが使用されている例が多いようである。すなわち、議会においてオノマトペの使用に地域差が生じる要因の一つに、議会の場での発話スタイルの選択の地域差がある可能性がある。

　議会における固有表現内のオノマトペも、さらに掘り下げて分析するに価値がある。田守（2012）の指摘にもあるように、施設名、組織名、施策名等には、ポジティブなイメージを持つオノマトペが多い。会議録に見られる固有表現は自治体職員が命名している場合が多い考えられる。自治体職員には、「きらきら」「きらら」「さんさん」といった輝かしい印象を与えるオノ

マトペが好まれている。ただし、固有表現の出現頻度はその対象が繰り返し議論の遡上にのることによって高くなるため、異なり数に着目した分析を今後試みたい。

　なお、本稿で用いたデータの抽出作業および分析の一部は高丸他（2015）における共同研究で行ったものである。

文献

池田祐一・阪本浩太郎・渋木英潔・森辰則（2015）「国際音声記号を素性とした 3 文字以下の未知のオノマトペ自動抽出手法の提案」『言語処理学会第 21 回年次大会発表論文集』pp.47–50

井上史雄（2013）「去った○日」『ことばの散歩道』明治書院、pp.154–155

内田ゆず・高丸圭一・乙武北斗・木村泰知（2015）「BCCWJ コアデータにおけるオノマトペ出現実態の分析」『人工知能学会全国大会論文集』29、3G4-OS-05b-5

乙武北斗・高丸圭一・渋木英潔・木村泰知・森辰則（2013）「地方議会会議録コーパスの学際的応用を目的とした n-gram データの構築およびウェブ UI の試作」『言語処理学会第 19 回年次大会発表論文集』pp.733–736

小野正弘編（2007）『日本語オノマトペ辞典』小学館

木村泰知・渋木英潔・高丸圭一・乙武北斗・森辰則（2012）「地方議会会議録コーパスの構築とその利用」『人工知能学会全国大会論文集』26、3B3-NFC-4-3

齋藤誠・大城卓・菅原晃平・永井隆広・渋木英潔・木村泰知・森辰則（2011）「地方議会会議録の収集とコーパスの構築」『言語処理学会第 17 回年次大会論文集』pp.368–371

菅原晃平・大城卓・齋藤誠・永井隆広・渋木英潔・木村泰知・森辰則（2012）「地方議会会議録コーパスの拡充における問題点の分析と対処」『言語処理学会第 18 回年次大会論文集』pp.251–254

高丸圭一（2011）「規模の異なる自治体における地方議会会議録の整文の比較」『社会言語科学会第 27 回研究大会発表論文集』pp.256–259

高丸圭一・渋木英潔・木村泰知（2011）「全国の市町村議会会議録のウェブ公開とデータ提供の状況」『都市経済研究年報』11、pp.47–72

高丸圭一（2014）「地方議会会議録コーパスにおける出現率の相関を用いた文末表現の地域差の分析」『社会言語科学会第 33 回研究大会発表論文集』pp.174–177

高丸圭一・内田ゆず・乙武北斗・木村泰知（2015）「地方議会会議録コーパスにおける

オノマトペ—出現傾向と語義の分析—」『人工知能学会論文誌』30、1、SP2-K、pp.306–318
竹安栄子 (2004)「地方議員のジェンダー差異—「2002 年全国地方議員調査」結果の分析より—」『京都女子大学現代社会研究』7、pp.99–118
田守育啓 (2012)「商品名および店名・施設名に利用されているオノマトペ」『人文論集』47、pp.49–70
野村稔・鵜沼信二 (1996)『地方議会実務講座』3、ぎょうせい
二階堂整・川瀬卓・高丸圭一・田附敏尚・松田謙次郎 (2015)「地方議会会議録による方言研究—セミフォーマルと気づかない方言—」『方言の研究』1、pp.299–324
日本速記協会 (2007)『発言記録作成標準』日本速記協会
平田佐智子・中村聡史・小松孝徳・秋田喜美 (2015)「国会会議録コーパスを用いたオノマトペ使用の地域比較」『人工知能学会論文誌』30、1、SP2-H、pp.274–281
松田謙次郎・薄井良子・南部智史・岡田裕子 (2010)「国会会議録はどれほど発言に忠実か？—整文の実態を探る—」松田謙次郎編『国会会議録を使った日本語研究』ひつじ書房
三井はるみ・井上文子 (2007)「方言データベースの作成と利用」小林隆編『方言学の技法』岩波書店

謝辞

本研究の一部は JSPS 科研費 JP26370498、JP17K02739 の助成による。

付録 A・収集自治体一覧
【北海道地方】北海道／札幌市／函館市／旭川市／室蘭市／釧路市／帯広市／北見市／留萌市／苫小牧市／稚内市／芦別市／根室市／千歳市／登別市／伊達市／北広島市
【東北地方】宮城県／山形県／福島県／八戸市／盛岡市／大船渡市／花巻市／北上市／陸前高田市／釜石市／奥州市／滝沢村／紫波町／石巻市／大崎市／美里町／秋田市／仙北市／山形市／鶴岡市／酒田市／庄内町／福島市／郡山市／いわき市／須賀川市／南相馬市／泉崎村／川内村
【関東地方】栃木県／群馬県／埼玉県／水戸市／つくば市／ひたちなか市／鹿嶋市／潮来市／守谷市／坂東市／稲敷市／行方市／東海村／宇都宮市／足利市／栃木市／日光市／大田原市／矢板市／那須塩原市／さくら市／高崎市／太田市／館林市／安中市／さいたま市／熊谷市／秩父市／所沢市／本庄市／東松山市／春日部市／狭山市／羽生市／鴻巣市／上尾市／草加市／越谷市／蕨市／戸田市／入間市／朝霞市／新座市／

桶川市／北本市／富士見市／三郷市／蓮田市／坂戸市／幸手市／日高市／ふじみ野市／三芳町／毛呂山町／白岡町／銚子市／館山市／成田市／佐倉市／柏市／流山市／八千代市／我孫子市／鴨川市／君津市／富津市／印西市／富里市／香取市／いすみ市／大網白里町／新宿区／台東区／墨田区／目黒区／大田区／世田谷区／杉並区／豊島区／北区／荒川区／足立区／葛飾区／江戸川区／立川市／青梅市／昭島市／調布市／町田市／清瀬市／瑞穂町／横浜市／川崎市／相模原市／横須賀市／鎌倉市／藤沢市／小田原市／茅ヶ崎市／三浦市／大和市／海老名市／座間市／大磯町

【北陸地方】 石川県／新潟市／長岡市／新発田市／小千谷市／五泉市／上越市／氷見市／黒部市／小矢部市／南砺市／金沢市／七尾市／加賀市／福井市／大野市／越前市／おおい町

【中部地方】 長野県／岐阜県／三重県／都留市／山梨市／韮崎市／甲斐市／中央市／長野市／松本市／上田市／岡谷市／飯田市／諏訪市／小諸市／駒ヶ根市／大町市／塩尻市／安曇野市／軽井沢町／下諏訪町／富士見町／原村／箕輪町／松川村／高山市／関市／中津川市／美濃加茂市／土岐市／各務原市／浜松市／伊東市／富士市／磐田市／掛川市／御殿場市／裾野市／御前崎市／伊豆の国市／名古屋市／豊橋市／瀬戸市／春日井市／豊田市／安城市／蒲郡市／常滑市／小牧市／稲沢市／大府市／知多市／尾張旭市／日進市／北名古屋市／扶桑町／武豊町／津市／松阪市／鈴鹿市／名張市／亀山市／いなべ市／志摩市／菰野町

【近畿地方】 滋賀県／兵庫県／大津市／長浜市／近江八幡市／草津市／栗東市／甲賀市／湖南市／東近江市／京都市／福知山市／舞鶴市／宇治市／城陽市／向日市／八幡市／大山崎町／大阪市／堺市／豊中市／池田市／高槻市／貝塚市／守口市／茨木市／八尾市／泉佐野市／富田林市／寝屋川市／河内長野市／松原市／大東市／柏原市／羽曳野市／門真市／東大阪市／大阪狭山市／豊能町／能勢町／姫路市／尼崎市／明石市／西宮市／伊丹市／豊岡市／加古川市／赤穂市／西脇市／宝塚市／三木市／川西市／小野市／三田市／加西市／篠山市／丹波市／淡路市／たつの市／猪名川町／多可町／稲美町／市川町／上郡町／奈良市／和歌山市／田辺市

【中国地方】 山口県／米子市／倉吉市／八頭町／湯梨浜町／伯耆町／松江市／浜田市／出雲市／益田市／安来市／江津市／雲南市／奥出雲町／岡山市／津山市／玉野市／笠岡市／高梁市／備前市／瀬戸内市／赤磐市／浅口市／里庄町／鏡野町／美咲町／広島市／福山市／府中市／庄原市／神石高原町／宇部市／下松市／岩国市／長門市／周南市／山陽小野田市

【四国地方】 徳島県／愛媛県／徳島市／鳴門市／阿南市／三好市／高松市／丸亀市／坂出市／観音寺市／松山市／宇和島市／伊予市／四国中央市／東温市／高知市／土佐市／四万十市／いの町

【九州地方】 長崎県／熊本県／大分県／北九州市／大牟田市／飯塚市／小郡市／福津

第 6 章　地方議会におけるオノマトペの使用分布　143

市／嘉麻市／遠賀町／苅田町／佐賀市／唐津市／鳥栖市／多久市／伊万里市／佐世保市／雲仙市／時津町／熊本市／八代市／天草市／合志市／大分市／中津市／日田市／津久見市／竹田市／杵築市／豊後大野市／九重町／都城市／小林市／串間市／鹿児島市／鹿屋市／薩摩川内市
【沖縄地方】那覇市／宜野湾市／石垣市／豊見城市／うるま市／宮古島市／南城市／東村／恩納村／北谷町／西原町／八重瀬町／竹富町

付録 B・会議録に出現したオノマトペ

あくせく／あたふた／あっけらかん／あっぷあっぷ／あはあは／あやふや／あわわ／あんあん／いらいら／うきうき／うざうざ／うじゃうじゃ／うだうだ／うっすら／うっとり／うとうと／うねうね／うはうは／うふふ／うやむや／うようよ／うらら／うるうる／うるっ／うるるん／うろうろ／うろちょろ／うわーん／うんざり／えへへ／おぎゃーおぎゃー／おずおず／おたおた／おっとり／おどおど／おめおめ／おろおろ／おんおん／かーっ／がーっ／がーん／がくがく／かくっ／がくっ／がくん／がくんがくん／がさがさ／がさっ／がじがじ／がしっ／かしゃかしゃ／がしゃがしゃ／がしゃっ／がしゃん／かすかす／かたかた／がたがた／がたごと／がたっ／かたん／がたん／かたんかたん／がたんごとん／かちかち／がちがち／かちっ／がちっ／かちゃかちゃ／がちゃがちゃ／がちゃっ／かちゃん／かちん／がちん／がちんがちん／かっか／かつかつ／がつがつ／かっきり／がっくり／かっくん／がっしり／がったん／がったんがったん／がっちゃん／がっちり／がつっ／がっぷり／がっぽがっぽ／がっぽり／がつん／がばがば／がばっ／がぶがぶ／がぶっ／がぶり／かぽっ／がやがや／がらがら／からっ／からり／がらり／がらんがらん／かりかり／がりがり／かんかん／がんがん／ぎくしゃく／ぎくっ／ぎしぎし／ぎしっ／きちきち／ぎちぎち／きちっ／きちん／きちんきちん／きっかり／ぎっしり／ぎゃーぎゃー／きゃっ／ぎゃっ／きゃっきゃっ／ぎゃふん／ぎゃんぎゃん／ぎゅーぎゅー／きゅっ／きゅっきゅっ／きゅん／ぎょっ／きょろきょろ／きらきら／ぎらぎら／きらっ／きらら／きらり／きりきり／きんきらきん／きんきん／ぎんぎん／ぐい／ぐいぐい／ぐーっ／ぐぐっ／ぐさっ／ぐさり／ぐしゃぐしゃ／ぐじゃぐじゃ／くしゃっ／ぐしゃっ／ぐじゅぐじゅ／ぐしょぐしょ／ぐじょぐじょ／くすくす／ぐすぐす／ぐずぐず／くすっ／くだくだ／ぐたぐた／ぐだぐだ／ぐちぐち／くちゃくちゃ／ぐちゃぐちゃ／ぐちゅぐちゅ／ぐちょぐちょ／くっ／ぐっ／ぐっぐっ／ぐっすり／ぐったり／くどくど／ぐにゃ／くにゃくにゃ／ぐにゃぐにゃ／くねくね／くよくよ／くらくら／ぐらぐら／くらっ／ぐらっ／ぐらり／ぐりぐり／ぐんぐん／げーげー／けちけち／けちょん／げっそり／けらけら／げらげら／けろっ／げんなり／ごくごく／ごくん／ごしごし／ごじゃごじゃ／こせこせ／こそこそ／ごそごそ／こそっ／ごそっ／ごたごた／ごちゃ／ごちゃご

ちゃ／ごちょごちょ／ごちん／こちんこちん／こっくり／ごっくん／こつこつ／ごっそり／ごった／ごっちゃ／こってり／ごってり／こつん／ごつん／こてこて／ごてごて／ことこと／ごとごと／ごとっ／ごとん／ごにょごにょ／ごみごみ／ごりごり／ごろごろ／ころっ／ごろっ／ころり／ごろり／ころりん／ころん／ごろん／ごろんごろん／ごわごわ／ごん／こんこん／ごんごん／こんもり／ざーっ／さくさく／ざくざく／さくっ／ざざっ／ざっ／ざっく／ざっくばらん／さっくり／さっさ／さっさっ／ざばっ／ざぶざぶ／ざぶん／さらさら／ざらざら／さらっ／さわさわ／ざわざわ／さんさん／ざんざん／じーっ／じーん／じぐざぐ／しくしく／じくじく／しげしげ／しこしこ／じたばた／じっ／しっちゃかめっちゃか／しっとり／しとしと／じとじと／しどろもどろ／じめじめ／しゃかしゃか／じゃかじゃか／じゃかすか／しゃきしゃき／しゃきっ／しゃっきり／しゃっしゃっ／じゃぶじゃぶ／じゃらじゃら／じゃらん／じゃりじゃり／しゃん／じゃんじゃか／しゃんしゃん／じゃんじゃん／じゅくじゅく／しゅっ／じゅっ／しゅっしゅっ／しゅん／しょぼしょぼ／しょぼん／しょんぼり／しらっ／じりじり／しれっ／じろじろ／じろっ／しわくちゃ／じわじわ／じわっ／じわり／じわりじわり／じん／しんみり／じんわり／ずい／すいすい／すかすか／ずかずか／すかっ／ずきっ／ずきん／ずくずく／すくっ／ずけずけ／すごすご／すこん／すすっ／ずずっ／すたすた／ずたずた／ずっ／すっすっ／ずっずっ／すっぱり／すとん／ずどん／ずばずば／ずばっ／ずばり／ずばりずばり／ずぶずぶ／ずぼぼぼ／ずぼっ／すらすら／ずらずら／すらっ／ずらっ／ずらり／するする／ずるっ／するり／ずん／ずんぐりむっくり／ずんずん／すんなり／せかせか／ぞくぞく／ぞくっ／そそくさ／そよそよ／ぞろぞろ／ぞろっ／ぞろり／そわそわ／だー／だーん／だくだく／たじたじ／だだーっ／だだだだ／たっ／たったかたったか／たったっ／だっだっ／たっぷり／だぶだぶ／たらたら／だらだら／たんたん／たんまり／ちかちか／ちくちく／ちくり／ちくりちくり／ちびちび／ちびりちびり／ちゃかちゃか／ちゃきちゃき／ちゃっ／ちゃっかり／ちゃぷちゃぶ／ちゃらちゃら／ちゃん／ちゃんちゃか／ちゃんちゃん／ちょこちょこ／ちょこっ／ちょっきり／ちょっくら／ちょっぴり／ちょぼちょぼ／ちょぼっ／ちょろちょろ／ちょん／ちらちら／ちらほら／ちらり／ちりんちりん／ちん／ちんちん／ちんどん／ついつい／つかつか／つべこべ／つやつや／つらつら／つるつる／つんつん／てかっ／てかてか／てきぱき／てくてく／でっぷり／てんてこ／でんでん／てんやわんや／どーっ／どかっ／どかどか／どかん／どきっ／どきどき／どぎまぎ／とくとく／とげとげ／とことこ／どさくさ／どさっ／どさん／どしどし／どすっ／どすん／どたどた／どたばた／どっきり／どっさり／とっと／どっと／とっとことっとこ／とっとっ／とっぷり／どっぷり／どどっ／どばっ／どぶどぶ／とぼとぼ／どぼん／どやどや／とろとろ／どろどろ／どんちゃか／どんちゃん／どんどこ／とんとん／どんぱち／どんぶりこ／どんより／なみなみ／にこっ／にこにこ

／にたっ／にたにた／にっこり／にやっ／にやにや／にょきにょき／にょろっ／にんまり／ぬくぬく／ぬけぬけ／ぬめり／ぬるっ／ぬるぬる／ねちねち／ねっとり／ねばねば／のこのこ／のっしのっし／のびのび／のほほん／のらりくらり／のろのろ／のんびり／のんべんだらり／ばーん／ばかすか／ぱかぱか／はきはき／ばくっ／ぱくっ／ばくばく／ぱくぱく／ばさっ／ぱさっ／ばさばさ／ぱさぱさ／ばしっ／ばしばし／ばしゃっ／ばたっ／はたはた／ばたばた／ぱたぱた／ばちっ／ぱちっ／ばちばち／ぱちぱち／ばちゃっ／ぱちゃっ／ばちん／ぱっ／ぱっくん／ばっさばっさ／ばっさり／ぱっさり／はっし／ぱっちり／ぱっぱ／ぱっぱか／はっはっ／ばっぱっ／ぱっぱっ／ぱぱっ／ははは／ばらっ／ぱらっ／はらはら／ばらばら／ぱらぱら／ばらり／ばりっ／ぱりっ／ばりばり／ぱりぱり／ぱん／ばんばん／ぱんぱん／ぴーん／ぴかっ／ぴかぴか／ぴかり／びくっ／ぴくっ／びくびく／ぴくぴく／ぴこぴこ／びしっ／ぴしっ／びしびし／ぴしぴし／びしゃっ／ぴしゃっ／びしゃびしゃ／ぴしゃり／びしょびしょ／ひそひそ／びたっ／ぴたっ／ひたひた／ぴたぴた／ぴたり／ぴちっ／ぴちぴち／びちゃびちゃ／びっ／ぴっ／ぴっかぴか／びっくら／びっしょり／びっしり／ぴったり／びっちょり／ぴっちり／びびっ／ぴぴっ／ひやっ／ひやひや／ひやり／びゅー／びゅーびゅー／ぴゅーぴゅー／ひゅっ／びゅっ／ぴゅっ／びゅん／ぴゅん／びゅんびゅん／ひょい／ぴょー／ひょこ／ひょこひょこ／ひょろひょろ／ひょろり／ひらひら／ぴらぴら／ひらりひらり／びりっ／ひりひり／びりびり／ぴりぴり／ぴりり／びろびろ／ぴん／ぴんしゃん／びんびん／ぴんぴん／ひんやり／ぷい／ぷいぷい／ぷー／ぶーぶー／ぷかっ／ふかふか／ぶかぶか／ぷかぷか／ぶくぶく／ぷくぷく／ぶすっ／ぶすぶす／ぶちっ／ぷちっ／ぶちぶち／ふっ／ぷっ／ぶつくさ／ふっくら／ぶつっ／ぷつっ／ぶっつり／ぷっつり／ぷっつん／ぶつぶつ／ぷつぷつ／ぶつり／ぷつり／ぶつん／ぷつん／ふにゃ／ふにゃふにゃ／ふふん／ふやふや／ぶよぶよ／ふらふら／ぶらぶら／ぶらり／ぶらん／ぶるぶる／ぷるぷる／ふわっ／ふわふわ／ぶわぶわ／ぷん／ぶんぶん／ぷんぷん／ふんわか／ふんわり／べこべこ／ぺこぺこ／べたっ／ぺたっ／べたべた／ぺたぺた／ぺたん／べちゃくちゃ／ぺちゃくちゃ／べちゃべちゃ／べったり／へとへと／べとべと／へどもど／へなへな／へへへ／べらっ／へらへら／べらべら／ぺらぺら／べろっ／ぺろっ／へろへろ／ぺろん／ぺんぺん／ほいほい／ぼーっ／ぼーん／ぽーん／ぽかっ／ほかほか／ぽかぽか／ぼかん／ぽかん／ぼきっ／ぽきっ／ほくほく／ぼけっ／ぽこっ／ぼこぼこ／ぽこぽこ／ぽこん／ぼさっ／ぼさぼさ／ぼそっ／ぽそっ／ぼそぼそ／ぼたっ／ぼたぼた／ぽたぽた／ぽたり／ぼたん／ぼちぼち／ぼちゃぼちゃ／ぼちゃん／ぼっ／ぽっ／ほっかり／ぽっかり／ぽっきり／ぼっこり／ぼつっ／ぽつっ／ぽってり／ぼつぼつ／ぽっぽっ／ぽつぽつ／ぽつり／ぽつん／ぽてっ／ぽてぽて／ぽとっ／ぽとぼと／ぽとぽと／ぽとん／ほのぼの／ぼやっ／ぼやぼや／ぼやり／ぼりぼり／ほろっ／ぼろっ／ぼろぼろ／ぽろぽろ／ぼろり／ぼ

ろん／ほわっ／ぼわっ／ぼわん／ぼん／ほんのり／ぼんぼこ／ぼんぼん／ぽんぽん／ぼんやり／ほんわか／まごまご／まざまざ／まじまじ／まんじり／みしみし／みっしり／むかっ／むかむか／むくむく／むしむし／むしゃくしゃ／むずむず／むっく／むにゃむにゃ／むらっ／むんむん／めきめき／めためた／めちゃくちゃ／めちゃめちゃ／めっきり／もくもく／もぐもぐ／もこもこ／もごもご／もさもさ／もじもじ／もしゃもしゃ／もそもそ／もぞもぞ／もたもた／もにゃもにゃ／もやっ／もやもや／もりもり／もわっ／もわもわ／やいのやいの／やいやい／やきもき／やんわり／ゆったり／ゆらゆら／ゆらり／ゆるゆる／ゆるり／よたよた／よちよち／よぼよぼ／よろよろ／らんらん／るんるん／わーっ／わーわー／わーん／わいわい／わさわさ／わたわた／わっさわっさ／わはは／わやわや／わらわら／わんさか／わんさわんさ／わんわん

第 7 章
オノマトペ使用頻度に対する意識の地域比較
―主観的使用頻度および居住地・出身地による使用頻度イメージの違い―

平田佐智子

1. はじめに

　オノマトペ（擬音語・擬態語）は日本語語彙の一部を占め、漫画や商品の宣伝などに幅広く使用される。その一方で、話し言葉におけるオノマトペ使用頻度は地域や状況によって異なり、特に近畿圏における使用頻度が高いという指摘がなされている。先行研究では、一般的に信じられている「近畿の人はオノマトペ使用頻度が高い」という現象が実際に存在するのかどうかを調べる目的で、オノマトペの主観的使用頻度とオノマトペを最も使用すると思われる地域について全国的に調査した。日本各地に居住する調査協力者の主観的なオノマトペ使用頻度を調べた結果、各地域にあまり差はみられなかった。また、オノマトペを最も多く使用する地域としては、近畿圏が1位として選出されることが明らかになった。本論文では、近畿圏内外の居住者および出身者が「オノマトペを最も多く使用する地域」をどのように認識しているのかを分析した。その結果、近畿圏内居住者の7割近くが自身の居住エリアを「オノマトペを最も多く使用する地域」として認識しており、また近畿圏出身者ではその傾向がより強くみられることがわかった。

2. 序論

2.1 オノマトペ

オノマトペ（onomatopoeia）とは、たとえば、太鼓の音を「ドンドン」、柔らかい物を「ふわふわ」と表現するなど、物や人の状況や心情を音を用いて表現する言葉であり、擬音語・擬態語・擬情語とも呼ばれる。オノマトペは商品の素材や質感を効果的に伝えることばとして広告・宣伝において活用されている。また、動作や感覚情報をうまく伝えるツールとして、心理学・人間工学・情報工学など、多方面から研究が進められている。また、漫画や文学作品などの芸術分野や、幼児向けの絵本において使用されることが多い反面、新聞などのフォーマルな書き言葉ではあまり使用されないという側面を持つ。

2.2 オノマトペと地域

地域によって方言と呼ばれる様々な日本語が存在するように、オノマトペにもある地域でしか用いられないオノマトペがある。また、ある地域においてオノマトペがよく使われやすい、という認識が存在する。このような認識のうち、最も強いものは「関西に住む人はオノマトペを多用する」であると考えられる。例えば、田原（2001）は関西のテレビ番組の内容を分析した結果、「ガーッ」「バーッ」など、強調型のオノマトペが多用されることを指摘している。また、わかぎ（2011）も、関西の人々の性質について書かれた書籍において、「オノマトペを使用することが関西の人々の特徴である」と述べている。

方言談話に関する全国調査の結果によると、一定発話数中に含まれるオノマトペの数は、必ずしも関西圏が多いわけではなく、どちらかというと東日本で多い傾向が認められる、とされている（三井・井上、2007）。また、方言オノマトペ（地方特有のオノマトペ）の種類に関しては、東北地方において多いという報告もなされている（三井・井上、2007）。

実際に関西地方に住む人が他の地方よりもオノマトペを多用する傾向があ

るのかどうか、筆者らはいくつかの先行研究を行った。一つは、Web 全国調査を中心とした、話者の主観的な使用頻度を対象とした研究（平田・秋田・小松・中村・藤井・澤井、2012）であり、もう一つは国会会議録データベースを使用した客観的な使用頻度を対象とした研究（平田・中村・小松・秋田、2015）である。Web 調査の結果としては、主観的な使用頻度、つまり「自身が日常的にどの程度オノマトペを使用しているか」という度合いに関して、地域差は見られなかった。しかしながら、「オノマトペを最もよく使っている地域」を尋ねた場合、近畿圏が最も高い割合で選択されたのである。この結果から、主観的使用頻度とは乖離する形で、「近畿圏・関西の人々はオノマトペをよく使う」という強いイメージ・信念が存在することが分かった。また、これらのイメージはマスメディアによる影響がある可能性も指摘された。

　先行研究の分析では、全国の調査対象者から得られた結果を概観し、オノマトペ使用に関する地域特性があることを確認するに留まったが、より詳細に、各地域の認識の違いについても検討すべきであると考える。例えば、自身が居住する地域とそうでない地域のオノマトペ使用に対しては、感じ方が違う可能性がある。本研究では、特に「近畿圏内外の居住者」に認識の違いは見られるのかどうかに注目した。近畿圏内居住者は、周囲に同じく近畿圏居住者がいる状態であり、その言語傾向に関しても特徴を捉えやすい立場にある。対して、近畿圏に居住しない話者は、周囲に近畿圏居住者があまりいない状態であるため、マスメディアが与える近畿圏居住者のイメージに影響を受けやすいのではないかと考えられる。また、言語的特徴についてより正確な知識をもつ可能性があることをふまえ、近畿圏居住者のみでなく、近畿圏出身者（現居住地は近畿圏外である対象者も含める）も分析対象とする。

　本論文では、平田ら（2012）の分析に加えて、近畿圏内外の居住者・出身者がもつ、オノマトペ高頻度使用地域のイメージを比較することで、生身の近畿圏居住者から得られるイメージ（近畿圏内居住者）と、マスメディアから得られるイメージ（近畿圏外居住者）をある程度分離して捉えることを目的とする。この目的のため、近畿圏居住者ならびに近畿圏出身者に注目し、

オノマトペ高頻度使用イメージについて詳細を分析する。

3. 方法

3.1 調査対象者

　日本国内に住む1100名の日本人を対象とした。47都道府県を11のエリア（北海道・東北・関東・信越・北陸・東海・近畿・中国・四国・九州・沖縄）に分割し、各エリアに対し100名（男女比1:1、年代は16～65歳を5カテゴリに分割し、各カテゴリに10名）分の回答数が得られるように統制した。また、海外滞在歴が2年未満である人を調査対象とした。なお、各エリアへの振り分けは、現在の居住地を元に行った。

3.2 調査項目

　本調査では、以下3つの設問に対し、調査対象者に回答を求めた[1]。
Q1)「あなたは日常の会話において擬音語・擬態語（「ふわふわ」「くるくる」などのことば。オノマトペとも呼ばれます）をどの程度使いますか。」
回答方法：五件法
1：滅多に使わない
2：数日に一回
3：一日（会話をした日）に10回未満
4：一日（会話をした日）に10回以上～20回未満
5：一日（会話をした日）に20回以上
Q2)「『これをよく使う』というお気に入りの擬音語・擬態語があれば具体的に教えて下さい。」回答方法：自由記述、上限15件
Q3)「日常生活で擬音語・擬態語を多く使っているイメージがあるのは、どこの地方の人ですか。」回答方法：1位～5位までをエリア名を回答
　また、実際の調査では、これらの設問以外にもオノマトペの使用に関する設問が含まれていた。

3.3 手続き

本調査は民間調査会社を通してインターネット上で行われた。調査実施期間は 2012 年 1 月 31 日〜 2 月 2 日の間であった。

4. 結果

4.1 スクリーニング

調査項目 Q2 の回答内容を元に、本調査が想定した「擬音語・擬態語（オノマトペ）」概念を調査対象者が正しく理解しているかどうかを判断した。そして、以下の条件に該当するとみられる対象者を除外した。

- 「だよ」「なり」など、語尾であると認識している
- 「行く、行く」「まあまあ」など、繰り返しの言葉全般であると認識している
- 「マジ」「ヤバくね」など、若者言葉全般であると認識している
- 「えー」「あっ」など、間投詞・感動詞であると認識している
- 「一応」「ちなみに」「普通」「ちゃんと」など、オノマトペの定義を理解していないとみられる

スクリーニングの結果、39 名が除外対象とされた。以降の分析ではこれらの対象者のデータは分析対象としなかった。

4.2 各エリアにおけるオノマトペの主観的使用頻度

まず、国内の各エリアにおいて、オノマトペの使用頻度に差があるのか、という点を明らかにするため、Q1 において「日常会話においてどの程度オノマトペを使用するか」について回答を求めた。図 1 は各エリアにおけるオノマトペの主観的使用頻度を示している（1 は滅多に使わない、5 は会話をした日に 20 回以上使う、を示す）。

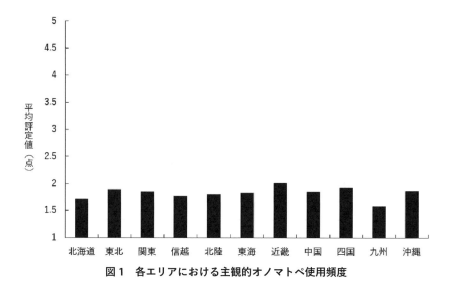

図1　各エリアにおける主観的オノマトペ使用頻度

各エリアのオノマトペの主観的使用頻度は全体的に低く、最も高いのは近畿エリア (2.02) であり、また最も低いのは九州エリア (1.58) であることがわかる。平均評定値が2を上回る地域がほとんど見られず、主観的にはオノマトペを使っている意識があまりないことが伺える。

4.3　高頻度オノマトペ利用地域の認識

最もオノマトペを使う地域として認識されている地域はどこか、を明らかにするため、Q3「日常生活で擬音語・擬態語を多く使っているイメージがあるのは、どこの地方の人ですか。」に対して、各エリアから1位から5位までを選出させた。図2は最もオノマトペを多く使用している (1位として選択) と回答されたエリアを示す。図2から、近畿エリア (36.5%) が「最もオノマトペを使用するエリア」と回答されていることがわかる。また、東北 (22.1%)、沖縄 (13.5%)、関東 (12.6%) がその他の地域よりも割合を占めている。

1位から5位に選択されたエリアに対し、1位には5点、2位には4点、3

第7章 オノマトペ使用頻度に対する意識の地域比較 153

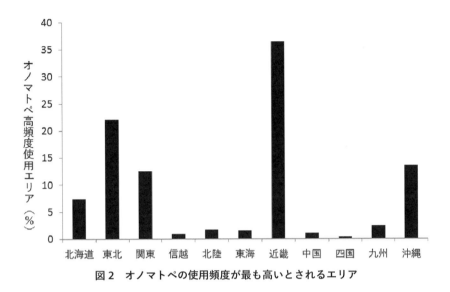

図2 オノマトペの使用頻度が最も高いとされるエリア

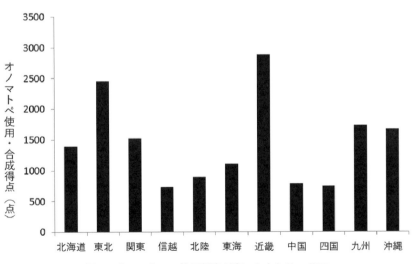

図3 オノマトペの使用頻度が高いとされるエリア
（縦軸は重み付けされた合成得点を表す）

位には 3 点、4 位に 2 点、5 位に 1 点を付与し合算することで、重み付けを行った上で合成得点を算出し、比較した。図 3 は重み付けを行った各エリアの得点を示す。図 3 より、1 位から 5 位を合算すると、総合的に近畿エリアがオノマトペをよく使用する地域であると判断されていることが分かる。しかしながら、図 2 と比較すると、東北や北海道、九州が総合得点を伸ばしており、近畿エリアとの差を縮めている。そのため、これらの地域は 2 位から 5 位としてよく挙げられていることが伺える。

4.4　近畿圏内居住者および出身者のオノマトペ高頻度使用エリアの認識

　4.2 の結果から、全国的に「オノマトペを最もよく使用するのは近畿圏である」と認識されていることがわかった。それでは、近畿圏内と近畿圏外ではその認識に違いがあるのだろうか。

　近畿圏居住者は「近畿圏の人はオノマトペをよく使う」というイメージの対象である地域の中で暮らしている人たちである。そのため、周囲にいる近畿圏の人たちの様子にもとづき、より事実に即した判断をしている可能性がある。対して、近畿圏外居住者は、「近畿圏の人はオノマトペをよく使う」というイメージの対象である近畿圏には居住していないため、生身の話者ではなく、マスメディアなどに与えられた近畿圏に関する知識を元に判断を行っている可能性がある。そのため、近畿圏内外居住者の回答傾向を比較することで、これらのイメージがどのような情報を元に形成されたのか、に迫ることができると考える。さらに、近畿圏出身者は、近畿圏において言語形成期を迎えているため、現在の居住者よりも近畿圏の言語的特徴をよく理解している可能性がある。そのため、本分析では、近畿圏居住者（現在の居住地が近畿圏である対象者）と非居住者、近畿圏出身者と非出身者を分類し、比較する。パーソナルデータとして「5 歳までの間で最も長く過ごした地域はどこか」を回答させており、その回答をもって当該対象者の出身地と判定した（この設問に無回答であった 1 名は分析対象から除外した）。

　図 4 は、近畿圏内居住者および出身者が、どの地域を「最もオノマトペ使用頻度が高い」と感じているかを示している。居住者・出身者共に圧倒的

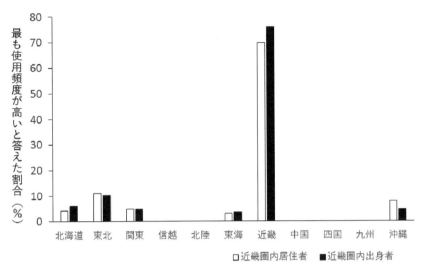

図 4　近畿圏内居住者・出身者からみたオノマトペ使用頻度が高いエリア

に高い割合で自らの居住地区・出身地区である近畿圏を選択した（居住者：69.8%、出身者：76.1%）。図 2 において見られた東北・九州・沖縄といった他の地域は、ほとんど選択されていない。また、近畿圏居住者と近畿圏出身者を比較すると、わずかながら近畿圏出身者の方が居住者よりも多く「最もオノマトペを使用するのは近畿圏である」と判断していることが伺える。

4.5　近畿圏非居住者および非出身者のオノマトペ高頻度使用エリアの認識

図 5 は近畿圏非居住者および非出身者が、どの地域を「最もオノマトペ使用頻度が高い」と感じているかを示している。図 4 と比較すると、近畿圏が最も多く選択されている点は類似しているが、全体的な割合としてはそこまで高くなく、3 割程度である。また、図 2 においてみられた特徴である東北や沖縄といった地域もある程度選択されている。また、近畿圏非居住者に関しては、近畿圏非出身者との差はあまり見られない。

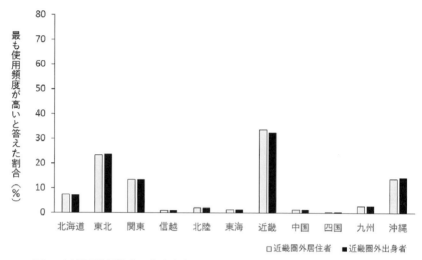

図5　近畿圏非居住者・非出身者からみたオノマトペ使用頻度が高いエリア

4.6　東北圏内居住者および出身者のオノマトペ高頻度使用エリアの認識

4.4および4.5において、近畿圏内外居住者の比較を行った。近畿エリアは「オノマトペがよく使われる地域」として指摘があることから、特徴的な傾向がみられることは予測可能であった。それでは、近畿エリアに次いで「オノマトペがよく使われる地域」として選出された東北エリアは、現地居住者と非居住者において傾向に差がみられるのだろうか。近畿圏との比較のため、東北圏内外居住者および出身者／非出身者の分析を行った。

図6は、東北圏内居住者および東北圏出身者が「オノマトペを最も使用する地域」として選択した地域の割合を示している。東北圏居住者が最も多く選択したのは東北エリア（25.5％）であり、次いで近畿エリア（24.5％）であった。また、東北圏内出身者は居住者より東北エリアを選択する割合が高くなった（26.3％）。図2の全国的な傾向と比較すると、近畿を選択する割合がやや下がるが、東北圏の割合が高くなる、といった大きな変化はみられない。

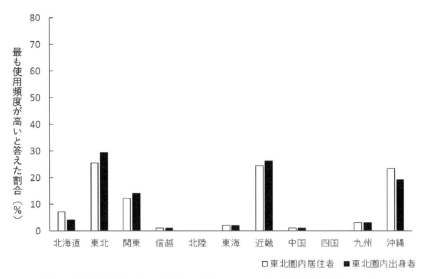

図6　東北圏内居住者・出身者からみたオノマトペ使用頻度が高いエリア

4.7　東北圏非居住者および非出身者のオノマトペ高頻度使用エリアの認識

図7は、東北圏外居住者および東北圏外出身者が「オノマトペを最も使用する地域」として選択した地域の割合を示している。図2の全国的な傾向と同様に、近畿エリアが最も割合が高く、次いで東北・関東が選択される結果となった。

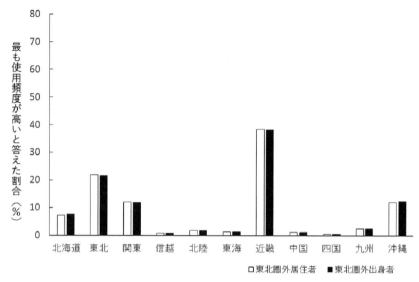

図7　東北圏外居住者および非出身者からみたオノマトペ使用頻度が高いエリア

5. 考察

5.1　結果のまとめ

　本論文では、平田（2012）らの調査データより、まず各エリアのオノマトペの主観的使用頻度およびオノマトペ高使用頻度エリアに対する認識を比較した。その後、近畿圏の居住者・出身者とそれ以外の地域の居住者・出身者が「オノマトペを最も多用する地域」としてどの地域を選出するのか、に関するデータを詳細に検討した。

　4.2では各エリアの調査対象者に対し、日常会話においてどの程度オノマトペを使用するかを尋ねた。その結果、オノマトペの使用頻度は全体的に低めであり、また地域による有意な差も見られないことがわかった。ただし、後述する問題点について引き続き検討する必要があるといえる。

　また、4.3では、最もオノマトペを使うと認識されている地域を尋ねた結果、全体の3割を超える調査対象者が近畿エリアを1位として選択した。

さらに1位～5位を重み付けした上で合算し、総合得点を算出した結果としても、近畿エリアが最も得点が高いことがわかった。

さらに、4.4では、近畿圏内居住者・出身者と近畿圏非居住者・非出身者という分類に注目し、身の回りに近畿圏居住者がいる環境とそうでない環境において、オノマトペ高頻度使用エリアについてどのように認識しているかを分析した。その結果、近畿圏居住者では7割、近畿圏出身者に至っては8割近くが、近畿エリアを「オノマトペを最も多用する地域」として選択し、その他の地域はほとんど選出されなかった。4.5では、近畿圏非居住者・非出身者のオノマトペ高頻度使用エリアの認識について分析した結果、「オノマトペを最も多用する地域」として近畿エリアを選択したのは全体の3割前後に留まり、東北や沖縄、関東もある程度選択された。この傾向は、4.3における全国を対象とした場合の傾向と類似しており、この傾向に近畿圏の特徴的な傾向が重なることで、結果的に近畿が最も使用頻度の高いエリアとして選出されたといえる。

4.4および4.5において行った近畿圏内外に注目する分析の比較対象として、4.3において二番目に選択された東北圏にも注目した。そして、東北圏内外居住者・出身者に分類して分析を行った。4.6では、東北圏居住者・東北圏出身者に限定して「オノマトペを最も多用する地域」をまとめた結果、近畿圏で見られるような自身の居住区を選択する傾向はあまり見られなかった。また、4.7において東北圏外居住者・東北圏非出身者に対する同様の分析を行ったが、全国的な傾向と類似する結果となった。

5.2　主観的オノマトペ使用頻度に関する問題

本調査では、調査対象者の主観的なオノマトペ使用頻度を尋ね、得られた結果を主観的使用頻度として扱った。しかし、このデータはあくまで調査対象者が認識している頻度である。自身の発話内容を客観的に把握することは困難であることから、厳密なオノマトペ使用頻度を算出するためには、話し言葉コーパスや発話データをあわせて使用するなど、別の手法を併用する必要がある。ただし、該当する設問では、「○回以上」という絶対値による回

答を求めているため、調査対象者の認識と実際の発話状況に差が少ないようであれば、ある程度信頼できるデータであるといえる。

　また、本設問に対する回答方法として、オノマトペの使用頻度を 5 段階に分けたが、評定平均値がほとんどの地域において 2 を下回っていたため、設定した段階の区分が不適切であった可能性が考えられる。より低い使用頻度の差を適切に捉えることのできる選択肢を用いて再度調査を行うことで、この問題については解決可能であると考える。

5.3　近畿圏居住者・出身者が持つ、「ウチ（近畿圏）」のイメージ

　近畿圏内外の居住者および近畿圏内外出身者がもつ、「オノマトペを多く使用する地域」のイメージを詳細に検討した結果、近畿圏内居住者は近畿圏外居住者に比べて「近畿圏は最もオノマトペ使用頻度が高い」という認識を強く持っていることがわかった。また、この傾向は近畿圏内出身者においてやや強くあらわれることがわかった。加えて、近畿圏外の居住者も「近畿圏はオノマトペ高頻度使用地域である」と選択する割合がある程度高いことから、全国的な傾向として近畿圏が特別視されており、近畿圏居住者の信念がそれを後押しする形で全国的な傾向が形成されていると考えられる。

　では、なぜ近畿圏居住者は、自身の居住エリアをより多く選択したのだろうか。近畿圏の居住者は、身近にオノマトペを多く使用するケースを経験した上でこのような判断をしていると考えられる。また、近畿圏出身者は、言語形成期を近畿圏で過ごしており、近畿圏の言語特徴を踏まえた上でこのような判断をしていると考えられる。すなわち、マスメディアなどの影響ではない、生身の話者の傾向にもとづいた選択傾向であるといえる。一つの可能性としては、各地域において「自身の居住区を選択しやすい」という傾向の存在が考えられる。しかしながら、4.6 で行った東北圏内居住者の分析では、近畿圏居住者のような、自身の居住エリアをより好んで選択する傾向はみられなかった。もう一つの可能性は、やはり近畿圏居住者は、他の地域の話者と比べて、自身の周囲の話者がオノマトペを多用している事実をふまえて、「近畿圏はオノマトペを多用する地域である」と認識している可能性で

ある。近畿圏の特性として、日常生活において方言の使用が求められる「方言中心社会」であることが挙げられる（高木、2016）。そのため、近畿圏におけるオノマトペ多用についても、関西方言の中でオノマトペがもつ役割について追究することが必須であると考える。

5.4　オノマトペ地域比較の今後

　本研究の結果として、いくつかの問題点は残るものの、オノマトペの主観的使用頻度には差が無く、また近畿圏と近畿圏以外の居住者には、オノマトペ高頻度使用エリアに対する認識に大きな隔たりがあることがわかった。本論文では、方言そのものを扱うことはなかったが、オノマトペの使用という一つの切り口から、全国の言語傾向を捉えようと試みた。その結果、近畿圏居住者・出身者は自身の居住／出身エリアこそがオノマトペを最も多用する、という強い信念を持つことを発見するに至った。オノマトペと近畿圏および関西方言との関係性は、方言学はもとより文化心理学やコミュニケーション論といった分野においても扱う必要のある、興味深くかつ複雑な関係性であると考えられる。"performative（遂行的）"（Dingemanse, 2012; Nuckolls, 1995）であったり、"expressive（表現的）"（Dingemanse, 2012; Diffloth, 1972）である性質をもつオノマトペは、言語コミュニケーションを豊かにする効果があり、関西方言話者・近畿圏居住者は、その性質を言語コミュニケーションにおいて知らず知らず活用しているのではないかと考える。

注
1. 調査時にはこれらの設問以外にもオノマトペに関連する項目が含まれていたが、本論文において分析対象としないため、割愛する。また、本調査は小松孝徳氏・中村聡史氏（明治大学）、秋田喜美氏（名古屋大学）、澤井大樹氏（株式会社イデアラボ）との共同研究として行ったものである。

文献

Diffloth, G. (1972) "Notes on expressive meaning." *Chicago Linguistic Society*, 8, 440–447.

Dingemanse, M. (2012) "Advances in the Cross-linguistic Study of Ideophones." *Language and Linguistics Compass*, 6 (10), 654–672.

平田佐智子・秋田喜美・小松孝徳・中村聡史・藤井弘樹・澤井大樹(2012)「オノマトペに対する意識の地域比較」『人工知能学会第26回全国大会論文集』pp.1–4.

平田佐智子・中村聡史・小松孝徳・秋田喜美(2015)「国会会議録コーパスを用いたオノマトペ使用の地域比較」『人工知能学会論文誌』vol.30(1), pp.274–281.

三井はるみ・井上文子(2007)「方言データベースの利用」小林隆(編),『方言学の技法』pp.39–89, 岩波書店

Nuckolls, J. B. (1995) "Quechua texts of perception." *Semiotica*, 103 (1/2). 145–169.

高木千恵(2016)「現代関西方言」井上史雄・木部暢子(編),『はじめて学ぶ方言学 ことばの多様性を捉える28章』pp.100–108, ミネルヴァ書房

田原広司(2001)「ピャッととちぎってシャッと渡す―関西弁のオノマトペ―」『月刊言語』Vol. 30, pp.24–25.

わかぎゑふ(2011)『「はい」といわない大阪人』ベストセラーズ

謝辞

　本研究は、科学研究費補助金：特別研究員奨励費(課題番号：23・4301)(平田)、科学研究費補助金：学術研究助成基金助成金(若手研究(B))(課題番号：24720179)(秋田)、科学研究費補助金：学術研究助成基金助成金(若手研究(B))(課題番号：23700248)(小松)、科学研究費補助金：学術研究助成基金助成金(若手研究(A))(課題番号：23680006)(中村)の補助を受けて行われた。本研究の一部は人工知能学会第26回全国大会(平田ら、2012)およびACIS2013において発表されたものを加筆・修正した。なお、本研究の分析にあたり株式会社イデアラボ澤井大樹氏より有益なコメントを頂いた。この場を借りて感謝する。

第8章
対称詞の間投用法と文末用法の西日本分布について

友定賢治

1. はじめに

　人称詞（自称詞・対称詞）や人称詞由来の文末詞が、「訴えかけ」「呼びかけ」として用いられる。例えば次のようなものである。該当事象に下線を付した。（3）の出典は、日本放送協会編（1966–1972）『全国方言資料』《全11巻》、日本放送出版協会であり、出典を記してないのは筆者が収集したものである。

（1）ヨー　カワナンダ　ワレー。（よう買わなかったよ。）淡路島
　　　　　　　　　　　　　　　　　　　　　　　　　　　（藤原1986）
（2）ソギャーナ　モン　ヨー　クワン　ワー。（そんなもの食べられないよ。）岡山
（3）イーエー　アータ　コッチコソ　ゴブレーシマシテ。（いいえ、あなたこちらこそご無礼しまして。）熊本　　　　　　（『全国方言資料』）
（4）カライモ　ホッタトバ　チットバッケ　ヤローカ　ナンタ。（さつま芋を掘ったのを少しばかりさしあげましょうか。）佐賀　　（同上）

（1）（2）が自称詞と自称詞由来の文末詞、（3）（4）が対称詞と対称詞由来の文末詞の例である。（2）について、藤原（1994: 211）は、

方言上では、

　　（5）　知らん　ワイ。

などと言う。九州方言でなら、

　　（6）　シリマッシェン　バイ。

などと言う。これらでの、「ワイ」「バイ」は、じつは、「私」系の語である。「いやだ　ワ。」などと言われる「ワ」もまた、「ワイ」に属するものであり、「私」系のものと考えられる。

としている。（4）の「ナンタ」は「ナー＋アンタ」の複合形である。本稿では（3）（4）について考察し、（1）（2）については別稿を予定している。

藤原（1986: 379）は、人称詞が呼びかけのことばになることについて、次のように述べている。

　　人称代名詞の対称のものが文末詞化するのは、よびかけのことばという点から、もっともしぜんのことと解されよう。自称のものが文末詞化するのは、どういうわけか。これも、考えてみれば、しぜんのことである。話し手は、自己をひっさげて訴えようとする。自己のたちばを出して、相手に訴えようとする。
　　対称のばあいにしても、けっきょくは、「アナタ」などとよびかけて、よびかける自分のたちば（話し手のたちば）を表明しているのではないか。－自己を出すものである。

2．問題の所在

（3）（4）のような、対称詞が、間投詞として用いられたり、文末で用い

られたりすることについては、方言以外のものを含めて、すでに考察がある。田窪（1997）は、呼びかけを、①注意を引くための呼びかけ、②聞き手認定の呼びかけの二つに分けて考察し、「あんた」については、聞き手という役割が先に決まっていて、呼びかけによって指示対象が決められるとしている。林他（2005）では、「あんた」の役割を注意喚起のための呼びかけとしている。また、森本（2008）は、本稿の考察対象ではないが、会話の中で相手の名前を呼ぶことについて考察している。

　ただ、まだ説明の必要なことが残っている（後述）。その中で、本稿では、この用法が西日本に偏在することの意味を考えてみたい。「注意喚起」という説明だけでは足りないと考える。この分布については、すでに、藤原（1986）や山本（2014）で述べられているが、その解釈は十分にはなされていない。ただ、本稿は未だ仮説レベルのもので、さらに資料収集と考察を重ねていきたい。

3．対称詞の使用例

　『全国方言資料』から、本稿で考察対象とする対称詞の用法をみてみる。文頭・文中・文末で遊離成分として用いられているもので、格関係にある用法は含まない。

〇文頭での用法
（7）　オマエン　カジェガ　フクト　エー　イナンヤラ　ニーガ　ソレコス　コント　エー　イナンヤラシテ〜。（あんた、風が吹くと帰れないとか、荷がそれこそ来ないと帰れないとか〜。）宮崎
　この用法はほとんど見られないので、取り立てての説明はしない。

〇文中での用法
（8）　アー　マー　マイ　オマエモ　マイ　ラクナ　ミジャシ　マイ　ブラブラシトリャ　エーンジャシノー。（ああ、まあ、おまえもねえ、楽

な身だしねえ。ぶらぶらしていれば　いいのだからねえ。）三重
（9）　ナーンノ　アータ　モー　エ　カラダダン　アンタ　ドンナカバッテ
　　　ンカー　トキニカ　アンタ　ドケーイキヨンノ。（なあにあなた、か
　　　らだはどうもありませんが。ところであなたどこへ行くところかい。）
　　　福岡

○文末での用法
（10）　オハヨ　アータ。長崎
（11）　ドーゾ　マー　ヨロシュー　アータ。　熊本
（12）　ンー　ドーモ　アリガト　ゴザリマシタ　オマヤ。佐賀

（12）の「オマヤ」は、「おまえは」だと思われる。なお、上の（4）に挙げた「ナンタ」のように、複合形もみられる。

4．分布

　山本（2014）は、国立国語研究所編『日本のふるさとことば集成』（全20巻）を資料として、アナタ類、オマエ類の独立用法が、各県にどの程度出現するかを調べ、図1のような結果を示している。なお、この資料は、47都道府県の48地点について、約23時間（各巻平均約70分）の方言会話を、1970～1980年代に収録したもので、話者は、おもに明治生まれの人である。
　山本（2014: 11）は、次のように述べている。

> 　東日本は独立用法の二人称代名詞がみられない地点が多い。一方で、西日本は独立用法の二人称代名詞がみられる地点が多く、特にアナタ類において顕著である。ここから西日本で使用されるアナタ類において二人称代名詞の独立用法が発達したと考えられる。さらに、西日本にはオマエ類にも独立用法の用例がある程度みられることから、西日本ではアナタ類において発展した独立用法の二人称代名詞の用法がオマエ類にも

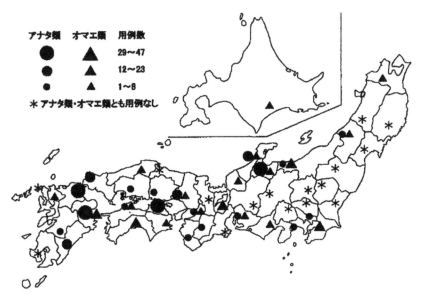

図1 『ことば集成』の独立用法の二人称名詞の用例数の地域差

適用されるようになったものと考えることができる。

　このように、西日本に偏在することが示されている。ただ、「西日本ではアナタ類において発展した独立用法の二人称代名詞の用法がオマエ類にも適用されるようになった」については、さらに検討が必要と思われる。

　西日本分布を裏付けるために、『全国方言資料』でも同様の用法を調べてみた。『全国方言資料』は、昭和27年から、各県2地点（そうでない県もある）と離島・僻地を加え、全国141地点で、生え抜きの人2～3人の談話を収録したもので、自由会話が2場面、挨拶が8場面である。本稿に用いたのは、「内地一般型方言」で、青森から鹿児島までの84地点分である。結果は次表のようになった。

表 『NHK全国方言資料』の対称詞の文中・文末用法数

	「あなた」類		「おまえ」類		その他		合計
	文中(間投)	文末	文中(間投)	文末	文中(間投)	文末	
青森							0
岩手							0
宮城	2				キサー1		3
秋田				3			3
山形				2			2
福島							0
茨城					人名2	親族名称5	7
栃木							0
群馬							0
埼玉		1		1			2
千葉			1	1			2
東京(江戸)					オクサン1		1
神奈川				3			3
新潟					ジーサ1	ジーサヤレ1 ジーサ4 ジーヤ2	8
山梨						オジサン1	1
長野				1	オジーサン3	オジーサン1 バーヤン1	6
富山	11	1	2		オバサン1 オババ1	オジジ1 ズーマ1	18
石川			24	1			25
福井	2			1			3
岐阜			2	2		トッツァマーァ1	5
静岡	2		1				3
愛知			3				3
三重	7		6	2	オバー1		16
滋賀			1		ワレ4	オジー1	6
大阪	8						8
京都	7						7
兵庫	1	1	18		ワレ3		23
和歌山	2		1	2		オイヤー1 オイサン1 コイ1	8
奈良							0
鳥取			5				5
島根	3	2					5
岡山	2	1					3

広島	3	3			オバーサン1 オバサン1	オバーサン2 オジサン1	11
山口	11	2（ノンタ）	2（ナントメー）				15
香川					人名2		2
愛媛	2（フーンタ）		2				4
徳島							0
高知	1		1		ノーシ3	ノーシ9	2
福岡	90	52	10	2	ナシ1 ゴリョンサン1		156
佐賀	9	23	9	9			50
長崎	27	14					41
熊本	46	17					63
大分	13	2	17	1			33
宮崎	3	1	12	1	ワガ2		19
鹿児島	1	1	1	5	センセー2 ハンナ4	ハンナ4	18

分布の概要は、山本（2014）とほぼ共通しており、
1. 東北、関東甲信越には、間投用法は、ほぼ認められない。文末用法は、「おまえ」類がわずかにみられる。
2. 北陸以西は、「あなた」類、「おまえ」類とも、ほとんどの県にあるが、「あなた」類は、九州の福岡・佐賀・長崎・熊本で使用頻度が高い。

「あなた」「おまえ」のそれぞれで見ると、
- ○「あなた」類の間投用法　　北陸以西にあり、九州では頻用される。
- ○「あなた」類の文末用法　　中国・九州に認められる。
- ○「おまえ」類の間投用法　　北陸以西にみられる。
- ○「おまえ」類の文末用法　　全国に散在する。

その他のものとして、「われ」の間投用法が滋賀・兵庫、「わが」が宮崎にある。親族名称によるものは全国に散在する。

　また、藤原（1986: 497）には、人称代名詞系の文末詞のうち、対称詞系のものとして、詳しい記述があるが、分布のまとめとして、

　　　対称系のものは、九州方言下で強勢のほかは、より小勢である。

と述べている。さらに、

> 「ナンタ」や「ナータ」「ナタ」、これに対する「ノマイ」が、一彼我あい対しておこなわれて、今日、とくに九州地方にいちじるしいのは、なぜであろうか。ともかくも、こういうものを見せるところに、九州方言の風土性があるといわなくてはなるまい。

と述べ、「風土性」としている（同：486）。

このように、対称詞の間投用法・文末用法が、西日本に分布する事象であることは確かなものだと思われる。

5. 先行研究

対称詞の間投（感動詞）用法について、すでに、いくつかの説明がなされている。神部（2003: 7–10）では、

> 話し手は、自己の待つ情報を、誇張的に相手に持ちかけている。間投の「アンタ」は、相手を改めて捉え直して、その情報を、一方的、誇張的、さらには主張的に持ちかけようとする情意を、頂点的に表示していよう。

とし、さらに、

> 但馬地方の「アンタ」は文末に行われることが顕著であり、「念押し・確認・補充」の意図があり、さらに大きな呼びかけの効果を見せて行われている。
>
> 会話の表現のリズムを導くと共に、会話の表現の特性を端的に、また頂点的に表示する機能を担っているとも言える。その特性は、基本的には、話し手と聞き手との間に、共通の場の形成を念じるところに生じ

るものとしてよいの ではないか。

のように述べている。
　苗田（2013: 21）は、

　　「アンタ」系のフィラーの役割としては、「新しい情報を切り出す際の注意喚起の役割を担うフィラー」と「話し手の心的態度を表明するためのフィラー」が見られた。

としている。
　山本（2014: 15）は、ターンとの関連が認められるとして、

　　発話継続部にあらわれるものはターン維持、発話の冒頭部にあらわれるものはターン獲得の機能を持つ要素の補強、発話の終結部にあらわれるものはターン譲渡の機能を持つ要素の補強であると考えられる。

と説明している。
　小西（2016: 213）は、富山県方言について、

(13)　イーホーダチャ　アンタ。マイシュー　キンヨービ　ナリャ　アンタ　マージャンシトッテチャ　アンタ　ナン。

　アンタは、発話中で注意喚起する機能を持ち、かなり高い頻度で使われる。

と説明している。
　以上の先行研究を見てきて、次のような点で、まだ説明が不足していると考える。
　　1　西日本に偏在していることの説明がない。

2　間投用法、文末用法を区別していない説明でよいか。
3　「呼びかけ」「注意喚起」という説明だけで十分か。
4　他の「呼びかけ」表現とのかかわりに言及がない。

本稿では、このうちの「西日本に偏在していることの説明がない。」という点を取り上げ、なぜ西日本にみられるのかの説明を試みる。「注意喚起」では、西日本に偏在することの説明ができないと考える。そして、西日本に特徴的な表現の一つとして位置づけてみたい。

6. 西日本分布の解釈

本稿で目指す説明は、このような対称詞用法の表現のしくみと共通する表現を、他にも見出し、西日本方言の特徴的表現法とすることである。藤原(1986)が九州方言の「風土性」としたものを、共通した表現のしくみに基づく複数の表現があることととらえて考えてみたい。

ただ、このような、「ものの言いかた」についての研究は十分ではない。西日本でも、大阪方言以外は、調査・分析は進んでいないという制約がある。

6.1　相手との距離の近さ・相手との一体感

まず、呼びかけが持つ意味をどう捉えるかであるが、東出・松村(2016: 46)では、

> どのような語であれ、相手を呼ぶという行為は、呼ばないという行為に比べ、話し手の相手に対する強い接近感を言語的に表示したものだからである。

と述べている。そして、二人称代名詞の間投用法について、

> ただしこの用法の二人称対称人称詞は、現在目の前にいる固有名詞を

持った具体的な対象を指しているのではない。東出（2016）では、この用法は二人称対称人称詞の外延的意味（denotative meaning）が薄れ、聞き手との一体感を目指していると考えた。話し手は場を強制的に設定し、聞き手をその場に巻き込もうとしている。

と説明している（46p）。
　呼びかけの意味をこのように考えると、西日本方言でのいくつかの言い方を、共通した表現のしくみをもつものとして、とりあげることができそうである。

6.1.1 「まあ、そない言わんと、堪忍したって」

　大阪方言の表現法を分析した尾上（1999: 171）に、

　　自分と相手とが同じ所に立って、同じ感覚でものを見る感覚と言ってもよいもので、「まあ、そない言わんと、堪忍したって」というように、自分が自分のために人に頼むときにすらあたかも第三者のために頼んでやっているかのような言い方をするということにも表れているところである。

とある。「堪忍したって」は、「堪忍してやって」の音変化形である。
　この、「〜してやれ（〜してください）」の表現法は、大阪だけでなく、西日本の他地域でも見られるものである。

（14）　マー　アソビー　キチャンサイヨ。（まあ、遊びに来てくださいよ。）島根西部
（15）　アー　イッテ　ヤンナハイヤ。（ああ、はいって　くださいよ。）愛媛
（16）　アー　サケバ　イソイジェ　ヤンナサイヨ。（ああ、酒を急いでください。）福岡

「自分と相手とが同じ所に立って、同じ感覚でものを見る感覚」での表現が、西日本に広く存在することをしめしているのではないだろうか。

6.1.2 「われ」の対称詞化
　自称詞の「われ」が対称詞として用いられることがある。関西方言で、乱暴な物言いの際にみられるものが、よく知られている。

(17)　よオ。われ。待っとんたんか。　　　　　　　（今東光『悪名』）

といったものである。
　この言い方は、関西だけにあるものではない。『全国方言資料』で、「われ」の間投用法が滋賀、兵庫に、「わが」が宮崎にある。

(18)　ホンナモノ　ワレ　エー　チャーント　コメオ　サーント　ツイテ～。（そんなもの　おまえ、ちゃんと米をさっとついて～）滋賀
(19)　ソシタラ　ナンヂャモンネ　オジェンニ　ワガ　ワレギノ　ヤット　ナンスル　エナ　ヤツガ　ニホン　コー　ハシ　シシャッテアモン。（そうしたら　おぜんに　おまえ　割木の　やっと　なにするような　やつが2本　こう　箸にしてあってねえ。）宮崎

また、鹿児島には、

　　鹿児島弁のおもしろい早口言葉があって「わいがおいにわいちゅうで、おいもわいにわいちゅうと。わいがおいにわいちゅわんと、おいもわいにわいちゅわんと」と言う言葉があります。
　　さて！　この意味は、なんていうんでしょ～♪
　　（http://djmoko.tip.ne.jp/moko/101465.html　2016.12.25　アクセス）

というのがあることから、鹿児島でも対称詞の「わい」が一般的に使用され

ていることが分かる。
　藤原（1986: 470–474）には、対称の「ワレ」が九州・四国・近畿・石川県にあるとの説明がある。
　このような、「われ」が対称詞化する表現のしくみについて、友定・中島（1976: 41）では、

　　　話し手と聞き手とが、立場を同じくするという意識が強く働くとき、
　　　同じ領域に属するものとして「ワレ」であり（以下略）

として、次のような図を挙げている。

話し手と聞き手との一体感が強く意識された際、「コ」と「ソ」の対立がなくなり、同じ領域にいるという意識から生まれると考えた。それが西日本にみられるのである。
　ただ、個々の文を見たとき、「ワレ」が自称詞なのか、それとも対称詞として用いられているのかを判別するのは困難なことが多い。

6.1.3 「ア」系応答詞
　上記と同じような表現のしくみと思われるものに、つぎのようなものがある。

(20) アゲダガー。(そうだよねえ。)島根東部
(21) アゲ、アゲ。(そうそう。)島根東部

　一般的には「ソ」系が予想されるところであるが、「ア」系が出現する。あまり方言と意識されていないものである。
　出雲には、肯定応答として、「ソゲダガー」と、「ソ」系もある。「ア」系との使い分けについて、まだ十分な説明がないが、相手の意見として肯定するのが「ソ」系、相手とともにある意見を肯定するときに「ア」系を使用するのではないかと考える。
　また、広島方言でも、

(22) アガー　オモーテ、ヤリョールンジャガ〜。(そう思ってやってるんだが〜。)

のように、やはり「ソ」が予想されるところに「ア」がみられる。

6.1.4　事物代名詞「コレ」系の呼びかけ

　事物代名詞「これ」「それ」(音変化形を含む)が文中の間投用法として呼びかけに用いられる。(19)の例文にもみられる。

(23) モ　ズーット　ヨノナカン　カワッテ　クルテツケテ　コンー　ナニシテキテ、デンキン　ナッテカラ〜。(もう　ずっと世の中が変わって来るにつけてなにしてきて〜。)福岡　　　　　(『全国方言資料』)

「これ」は、「ケー、カー、カイ、キャー」などの音変化形がみられるが、

(24) キョーワ　ケー　オエン　トミー。(今日はなんとうまくいかないよ。)岡山　　　　　　　　　　　　　(藤原 1969: 220)
(25) ノリモノユー　モナー　カー　ナカッタ。(乗り物というものはほん

になかった。）広島　　　　　　　　　　　　　（藤原 1969: 220）

のような具合である。藤原（1969: 220）によると、

　　「ケー」は中国方言域に、「カー」は、中国方言、近畿方言、中部方言
　　などに見いだされるようである。

とあり、これによれば、西日本にみられることになる。
　一方、事物代名詞「それ」（音変化形「セー、ホリ、ホレ」など）の呼びかけは、

(26)　ソナイニ　ヨケイワ　セー　ナガレンケンド　ナー。（そんなにたく
　　　さんはまあ流れないけどねえ。）四国　　　　　（藤原 1969: 221）
(27)　ン　イマ　ソレ　ハヤグ　エカネバ　マネンダシ　イマ。〜（うん、
　　　いま　その早く行かなければだめなんですよ　いま。）青森
　　　　　　　　　　　　　　　　　　　　　　　　　　（『全国方言資料』）
(28)　マ　ホー　オアガンナハルマッセー。（まあ　どうぞ　おあがりくだ
　　　さい。）熊本　　　　　　　　　　　　　　　　（『全国方言資料』）

といったものであるが、藤原(1969)には、分布域の記述がない。そこで、『全国方言資料』で調べてみた（全県は見ていない）。まず、東北地方を見てみると次のようになる。

	文中	文末
青森	14	7
岩手	9	2
秋田	1	0
山形	6	0
宮城	8	2
福島	8	6

このように、秋田が少ないものの、他の県では使用されていることが分かる。では、西日本ではどうなのか見てみると、次の表のようになった。関西より西の県を調べたが、見いだせなかった県名は表から除いているが、次の11県である。

　　京都、奈良、兵庫、広島、鳥取、島根、香川、愛媛、福岡、長崎、大分

	文中	文末
三重	1	1
滋賀	4	1
大阪	5	0
和歌山	7	0
岡山	0	1
山口	2	0
徳島	2	2
高知	3	0
佐賀	1	0
熊本	1	0
宮崎	0	1
鹿児島	5	1

使用回数は、大阪・和歌山・鹿児島を除いては少なく、特に文末での使用は限定されている。使用の見られなかった県が11県あることからも、東北に比べて、西日本には少ないのではないかと予想される。ただ、文末用法（文末詞）について、藤原（1986: 377）には、

　　東国地方には、「ソレ」の属の文末詞が、あまりふるわないようである。中部地方以西でも、四国には見るべきものがなく、地域差が大である。

とある。
　東北には間投用法が多く、文末用法は全国に散在するというのが正しいかもしれない。
　ともあれ、「コ」が西日本に多いことも、自分の領域に相手を巻き込むと

いう表現の一つではないか。

6.1.5　会話は共同作業

尾上（1999: 172）は、大阪方言について、

> 相手との間に距離をとらずにものを言う、同じ角度でものを言うという感覚に立てば、会話は、向こうとこちらのキャッチボールというよりむしろ同じ側にいる者の共同作業というようなものになる。

と説明している。小林・澤村（2014: 153）が、

> ボケとツッコミにかぎらず、会話の参加者が共同作業のように話を展開させることは、東日本の人たちは苦手である。

あるいは、

> 関西方言を特徴づける積極的な話題化や会話参加者の協調性を取り上げた。

などと言っている（同: 159）ことと同趣旨の指摘ではないだろうか。

7．敬語法のひとつ

上記と表現のしくみは異なるが、特に九州で優勢な「あなた」類の文中・文末での用法は、敬語法の一つであると考えることができると思う。秋山（1979: 33–34）には、「共通語とやや異なる敬語法として終助詞（および呼びかけ代名詞）によるものが優勢である。」として、

(29)　ワシドンナ、行カンバナ、アタ（中）

（30）　ワタシャー　行カンバイタ、アータ（中・上）

の例文がある。(30)の文末の「バイタ」は、「バイ＋アナタ」であると思われるが、さらに「アナタ」が重ねられている。「バイタ」では「あなた」が明示されないので、加えたのであろう。丁寧さがはっきりする。

　藤原（1969: 196）においても、

　（31）　コンヤワ　アータ。（今晩は。）九州

　「アータ」のむすびは、一文の表現を、中等品位あるいは中等以上の品位のものとする。

とある。
　また、次のようなのもみられる。

　　　アータがたハようガマダシなはる（あなた方はよく働らかれる）
　　　アータ、アタ、アンタ、ジン、ワル、ワリャと敬意が低くなる
　　　　　（http://www10.plala.or.jp/narit/kmt/kmt_ben1.html　　2016.12.25 アクセス）

　西日本は、東日本に比べて敬語が発達していることが明らかにされている。対称詞で呼びかけるという表現が、九州で、敬語表現法の一つになっているのである。

8．その他の呼びかけ

8.1　親族名称によるもの

　親族名称による呼びかけは、地域による偏りはなく、全国で用いられている。

(32) エヘー　ナンダエー　オンツァン　ハエーゴター。(ええ 何だね お
　　 じさん お早いこと。)宮城　　　　　　　　　　　　(『全国方言資料』)

8.2 「モ(ー)シ」(申し)

　ナ行音文末詞との複合形「ナモシ」「ノモシ」とその音変化形は、ほぼ全国に分布する。

(33) サムイ　ナモシ。(さむいですね。)徳島　　　　　(藤原 1986: 548)

8.3 動詞の「言う」「思う」「見る」「来る」などによるもの

　これらの動詞が文末詞化して用いられている。「言う」以外は、中国地方を中心に、「見る」は岡山県、「来る」は島根県出雲地方に特徴的に見られる。いずれも西日本各地に行われており、述べてきたものと関係があるのか、また別に考えるべきものか、本稿では用例を挙げるにとどめる。

(34) ハヨー　セー　チヤ。(早くしなさいよ。)岡山
(35) カワシリニャー　ジョーニ　トリマス　トモイ。(川尻にはたくさん
　　 とりますよ。)山口　　　　　　　　　　　　　(藤原 1986: 295)
(36) ドーニモ　ナラン　トミー。(どうにもならないよ。)岡山
(37) オンセンナト　イカ　コイ。(温泉にでも行こうよ。)島根東部

9. 言語的発想法の背景

　述べてきたような、「ものの言いかた」の地域差が生じる背景として、小林・澤村 (2014: 177–214) では、つぎのような点が挙げられている。どのように具体的な関連性を認めることができるか、今後の課題である。

　　・人口の集中
　　・経済活動、交通の発達
　　・社会組織

　　　　北日本　　同族組織型　　　　　　　状況不変イデオロギー
　　　　南日本　　年齢階梯型、宮座組織　　　状況可変イデオロギー

10. まとめ

　西日本的表現の特徴として、相手との一体化・距離の近さに基づく表現があるのではないかということを述べてきた。まだ仮説レベルであるが、今後、調査と資料収集を続けていき、この考えを補強できればと思う。
　個々の方言事象の地域差を明らかにするだけでなく、それぞれの地域の「ものの言いかた」を明らかにする研究は、小林・澤村（2014）の先駆的な仕事を除いては、これからの研究として、残されているといってもよかろう。考察を続けたい。

文献
秋山正次（1979）『肥後の方言』、桜楓社
尾上圭介（1999）『大阪ことば学』、創元社
神部宏泰（2003）「近畿西部方言の間投表現法」、『ノートルダム清心女子大学紀要　国語・国文学編』第 27 巻　第 1 号
久木田恵（1990）「東京方言の談話展開の方法」、『国語学』162
小西いずみ（2016）『富山県方言の文法』、ひつじ書房
小林隆・澤村美幸（2014）『ものの言いかた西東』、岩波新書
定延利之（2005）『ささやく恋人、りきむレポーター—口の中の文化』、岩波書店
定延利之（2007）「キャラ助詞が現れる環境」、『役割語研究の地平』、くろしお出版
田窪行則（1997）「日本語の人称表現」、田窪行則（編）『視点と言語行動』、くろしお出版
友定賢治・中島一裕（1976）「いわゆる「一人称代名詞の二人称転換現象」について」、『表現研究』24
苗田敏美（2013）「富山方言談話における「アンタ」の機能—自然談話における使用実態より」、『日本語教育論集』第 22 号
林博司・水口志乃扶・小川暁夫（2005）「項の「文的」解釈と「発話的」解釈—呼びか

け詞の対照言語学的考察」、串田秀也・定延利之・伝康晴編『シリーズ文と発話1　活動としての文と発話』、ひつじ書房
東出朋 (2016)「日本語における呼びかけ語の機能―会話管理の観点から―」、「地球社会統合科学研究」3号
東出朋・松村瑞子 (2016)「呼びかけ語の二人称対称代名詞―談話における特殊な機能を中心に―」、『言語文化論究』37
藤原与一 (1969)『日本語方言文法の世界』、塙書房
藤原与一 (1986)『方言文末詞〈文末助詞〉の研究 (下)』、春陽堂
藤原与一 (1994)『文法学』、武蔵野書院
松田正義・日高貢一郎 (1996)『大分方言30年の変容』、明治書院
松田美香 (2015)「大分と首都圏の依頼談話―大分方言の「アンタ」「オマエ」のフィラー的使用について」、『別府大学紀要』56
森本郁代 (2008)「会話の中で相手の名前を呼ぶこと―名前による呼びかけからみた「文」単位の検討―」、串田秀也・定延利之・伝康晴編『シリーズ文と発話2「単位」としての文と発話』、ひつじ書房
山本空 (2014)「方言談話における二人称代名詞の談話機能」、『日本方言研究会　第99回研究発表会発表原稿集』
李紫娟 (2015)「呼びかけの言語行為についての研究」、岡山大学大学院 社会文化科学研究科学位論文

謝辞

　本稿は、科学研究費補助金挑戦的萌芽研究「日中対照に基づく感動詞の理論的基盤構築に関する調査研究」(課題番号15K12887　代表者　友定賢治)の成果の一部である。

Ⅲ　文学と語りの中で

第9章
宮澤賢治初期童話作品のオノマトペ
―基本要素からの加工と展開―

小野正弘

1. はじめに

　「感性の方言学」というテーマに、本章では文献研究の立場から貢献したい。具体的には、宮澤賢治によって初期に制作されたと考えられる童話作品（以下、「賢治初期童話」と略すことがある）[1] を対象として、宮澤賢治による、オノマトペの基本要素からの加工と展開を様式化して計量し、その総体のなかから、方言的な感性がどのように現出するのかを見る。
　宮澤賢治の童話を対象とするのは、このなかに方言的な感性を含む賢治独自の感性によって産み出されたオノマトペが豊富に観察されることに定評があるからであり、特に初期の童話作品を対象としたのは、まずは、初期の様相を分析・整理して、次期以降の諸童話作品と対比することを視野に入れていることによる。
　宮澤賢治のオノマトペについては、これまで、小嶋孝三郎氏以来、とりわけ田守育啓、川越めぐみの両氏をはじめとする精力的な研究が行なわれ、賢治特有のオノマトペの指摘、東北方言との関連の指摘等がなされてきた。が、まだまだ、検討の余地はあると思われ、特に、今回行なうような、オノマトペを生成的側面から見た計量的手法による分析は、いまだ行なわれていないと思われる。

2. 分析の手法

　分析の方法は、次の通りである[2]。まず、具体的な資料にあるオノマトペから、基本要素[3]を抽出する。たとえば、「きらり」「きらっ」「きらきら」といったようなオノマトペからは、{きら}という基本要素が抽出しうる。そして、それぞれの個別のオノマトペは、基本要素{きら}に、「り付加」「促音付加」「2回繰り返し」といった操作を加えることによって生成しうるものだと考えられる[4]。このような操作を、「加工」と呼ぶことにする。基本要素に対する加工には、ふた通りあり、仮に{どか}を例にとると、「どっか（と）」のように、基本要素{どか}に促音を挿入するようなものと、「どかり（と）」のように、基本要素{どか}に「り」を付加するようなものがある。つまり、「加工」には、「挿入」と「付加」の2つがあるわけである。また、「どっかり（と）」のような場合は、「促音挿入」と「り付加」が同時に行なわれたと解釈する。

　この加工のうち、「挿入」には、「促音挿入」「撥音挿入」「長音挿入」の3種があり、「付加」には「促音付加」「撥音付加」「長音付加」「り付加」の4種がある。また、両者の複合には、「促音挿入／り付加」「撥音挿入／り付加」「促音挿入／撥音付加」などがある[5]。

　さて、加工を終えた基本要素は、そのままのかたちで使用される（実現される）こともあるが、さらに操作を加えられる場合もある。これを「展開」と呼ぶことにする。その代表が、「繰り返し」である。たとえば、{のし}に促音挿入した「のっし」は、「のっしのっし（と）」のように、2回繰り返されることがある。繰り返しの場合は、{きら}→「きらきら」のように基本要素が変更されないこともあるから、繰り返しそのものを加工に含めるという考えかたもあるが、上記の「のっしのっし」のような場合を考えると、「繰り返し」は、基本要素の「加工」の後にくる操作、すなわち「展開」と考えたほうがよい。

　さらに、「がたがたっ（と）」「がたがたん（と）」のような場合を考えると、「繰り返し」という展開が行なわれた後に、さらに、促音や撥音が付加され

第 9 章　宮澤賢治初期童話作品のオノマトペ　189

る場合もあることが分かる。つまり、「促音付加」や「撥音付加」は、加工の場合と展開の場合があることになる。

　次に、最終的に文中の成分となるために、語尾「と」が付加されたり、「に」が付加される場合がある。たとえば「＊がたっ音がした」という言いかたは許されないので[6]、この場合は「がたっと音がした」のように、「と」を付加することが義務的 (obligatory) になる。一方、「がたがた」の場合は、「がたがた音がした」「がたがたと音がした」の両方が許容されるので、「と」の付加は随意的 (optional) である。

　以上、一連の流れを、{ばた} を用いて図式化すると、図1のようになる。ある基本要素が、どのような加工を許すかは、基本要素ごとに異なる。なお、加工と展開という名称を別にすれば、このような考えかたはこれまでもあったものであるが、従来は出来上がった語形の静的な整理のために用い

```
　　　　【加　工】
　　　　　付加： り　　撥音　　　促音　　　　長音
　{ばた} → 「ばたり」／「ばたん」／「ばたっ」／「ばたー」

　　　　　挿入：促音
　　　　「ばった」

　　　　促音挿入／り付加　　促音挿入／撥音付加
　　　　「ばったり」　　　　「ばったん」
　　　　　　　　　　　↓
　　　　【展　開】
　　　　　繰り返し
　　　　「ばたばた」／「ばったばった」／「ばったんばったん」

　　　　　付加： 撥音　　促音
　　　　「ばたばたん」／「ばたばたっ」

　　　　【実　現】
　　　　　　と付加
　　　　　「ばたばたと」
```

図1　オノマトペの基本要素から実現まで

られていて、それらを基本要素から実現までの動的な一連の操作と捉えるのは、新しい考えかたではないかと思う。

これを逆に見ると、概略、以下のようになる。たとえば、

（１）　ぐでんぐでんによっぱらってから云ひました

（「畑のへり（初期形）」、73頁）

という例があるとき、ここから、オノマトペの部分を取り出して、その痕跡として「●」を残して、

（１）′　●よっぱらってから云ひました

のようにし、ここに「ぐでんぐでんに」を戻すような操作を考える。すると、「ぐでんぐでんに」からは、基本要素｛ぐで｝が抽出でき、これに「撥音付加」し（「ぐでん」）、さらに「×2（2回繰り返し）」のあと、語尾「に」を加えれば、●の部分が復元される。つまり、

｛ぐで｝→［加工］撥音付加→［展開］×2→［語尾］に＝「ぐでんぐでんに」

図2　基本要素から実現まで：｛ぐで｝の場合

のように定式化できるのである。

3. 賢治初期童話におけるオノマトペの認定

3.1　大前提

以下、賢治初期童話におけるオノマトペを分析していくわけであるが、そのことと、ここで考察すべき、方言の感性を表わすようなオノマトペとの関係を確認しておきたい。ここで「方言」とは、国語学（日本語学）で、最も一般的な定義と考えられる、当該地域語の体系全体と考える。したがって、

賢治作品のオノマトペは、仮に共通語形と等しいものがあったとしても、それも「方言」(体系)のなかに含まれる。共通語形と等しくない特異な形式は、「俚言」ということになる。また、オノマトペの俚言性を言うとき、ここでは、単に形態が特異であるということだけでなく、オノマトペを生成する様式にも「俚言性」を考えることにする。以下の考察で、単に耳新しいオノマトペだけを引用して論じるということをせず、オノマトペ全体を対象にして計数を行なっているのは、如上の理由による。

3.2　認定の基本方針

さて、まず賢治作品から分析対象となるオノマトペを抽出していく必要があるが、その際には、次のような基準で認定していった。賢治作品を観察すると、そこに現れるオノマトペには、概略、3類のものが認められる。

第1は、2節で述べたような基本要素からの生成過程で説明がつくもの。これが最も多い。第2は、そのような生成過程では簡単に説明ができないか、もしその方式で説明しようとすると、かなり複雑な説明をしなければならないものである。これは、田守育啓(2010：43)では「独立用法」として挙げられているものと重なる。たとえば、

（2）　つりがねさうが朝の鐘を／「カン、カン、カンカエコ、カンコカンコカン。」／と鳴らしてゐます。　　　（「貝の火」48頁。／は改行位置）

における「カン、カン、カンカエコ、カンコカンコカン」は、{かん}を基本要素とすることは見てとれるが、途中の「カンカエコ」以下の説明が、「ン」が小書きされていることとも相俟って難しい。ちなみに、この「カエコ」というオノマトペの加工に用いられている「こ」については、川越めぐみ(2005)に指摘があり、山形県寒河江市方言に観察される方言独自のオノマトペ辞[7]であり、賢治作品においても、この(2)の例以外には見出せないという報告がある。ただし、このようなものは、常に前述の生成過程では説明ができないかというとそうではなく、たとえば、田守育啓(2010)では

「独立用法」に分類する、

（3）　その時はじめて地面がぐらぐらぐら、波のやうにゆれ／「ガーン、ドロドロドロドロドロ、ノンノンノンノン。」と耳もやぶれるばかりの音がやって来ました。

　　　　　　　　（「[ペンネンネンネンネン・ネネムの伝記]」五、339頁）

における「ガーン、ドロドロドロドロドロ、ノンノンノンノン」は、

　　｛がん｝→［加工］長音挿入→［展開］φ＝「がーん」
　　｛どろ｝→［加工］φ→［展開］×5＝「どろどろどろどろどろ」
　　｛のん｝→［加工］φ→［展開］×4＝「のんのんのんのん」[8]

のように説明できる（「φ」は、操作なしの意）。（1）のような、加工と展開のプロセスでは説明できないものを「第1類」と呼び、（2）のような加工と展開のプロセスで説明できるものを「第2類」と呼ぶ。
　さて、この第1類と第2類のほかに、もう一種、たとえば、

（4）　達二はがっかりして、黒い道を又戻りはじめました。

　　　　　　　　　　　　　　　　　　　　（「種山ヶ原」、102頁）

における「がっかり」などが問題になる[9]。「がっかり」は一見、「びっくり」とか「うっかり」のような、基本要素に「促音挿入／り付加」という加工を行なったものと同類のようにも思える。しかし、「びっくり」からは｛びく｝、「うっかり」からは｛うか｝のような基本要素が抽出できて、「びくっ」「びくびく」「うかうか」などのような加工と展開が可能なのに、「がっかり」から想定される基本要素は｛がか｝となり、この要素は、なんの加工も展開もできない。無理に言うとすれば「がっかり」専用の基本要素なのである。この「がっかり」は、『日本国語大辞典』第二版（以下、「日国第二

版」)によれば、18世紀初めからある語のようで、関連語に「がっくり」が示されている。「がっくり」であれば、「日国第二版」では17世紀末の例が挙げられていて、「がっかり」に先行する。「がっくり」は基本要素｛がく｝が抽出でき、促音付加「がくっ」、撥音付加「がくん」、り付加「がくり」、促音挿入／撥音付加「がっくん」、2回繰り返し／促音付加「がくがくっ」等々の加工と展開が可能になる。とすれば、「がっかり」は、「がっくり」が成立したのちに、音の交替を起こして出来上がったものと思われ、基本要素からつくりあげたものではない、ということになる。このような何らかの事情のあるものを、「第3類」と呼ぶことにする。第3類には、このほか、「しっかり」「すっかり」「さっぱり」なども含められる。

3.2.1 個別的認定

上記の3類は、オノマトペに含まれるものの類別であるが、そもそもオノマトペに含めるか否かという問題がある。このことをここで詳しく展開すると膨大な分量になってしまうので控えることにしたいが、これまでの研究を見ると、そもそもなにをどうオノマトペとして認定するのかという手順が述べられることはまれで、あたかも所与のものとして捉えられているようにも思われる。たとえば、

(4)　「<u>ハッハハ</u>。なあに。それほどぢゃありません。<u>ハッハハ</u>。」となめくぢはやはりもがもが答へました。　（「蜘蛛となめくぢと狸」、13頁）

における「ハッハハ」をどう考えるか。これは、笑いかたを示す他のオノマトペ、たとえば、「げらげら」「げたげた」のようなものとは質が異なるように思われる。「げらげら」「げたげた」は、文字通りに発音はされていないのに対して、ここの「ハッハハ」は、かなりこの通りに発音されていると判断されるからである。従って、今回、このようなものは採らなかった。このほか、「つやつや」「ぶちぶち」「ちゃんと」「ちょっと」なども、検討したが採らなかった。個別的になにをどうオノマトペと認定するかという問題は、紙

幅の都合もあって別稿に譲り、ここでは、先を急ぐことにする。

4. 賢治初期童話におけるオノマトペの分析

4.1 総数

　賢治初期童話から、オノマトペを抽出すると、延べ数で1600件[10]を数えた。ここから、さらに、複数回用いられているものを単一化して、異なりオノマトペを求めると、695件となった。そして、さらにまた、「うとうと」「うっとり」「うとうとうとうと」のようなものから、基本要素｛うと｝を抽出した。基本要素の異なりは、328件である。以下、これらを母数として、考察を加えていく。

4.2 基本要素

　基本要素数328件のうちには、標準語に観察されるオノマトペ基本要素とは異なるものも含まれる。たとえば、

（5）　馬があんまり泣（な）くものですから、ついつりこまれて一寸鼻（ちょっとはな）が<u>せらせら</u>
　　　しました。　　　　　　　　　　　　　　　　　　（「貝の火」、44頁）

におけるような、｛せら｝である。このような基本要素は21を数えた[11]。これは、全基本要素の6.4％にあたる。意外にわずかではないだろうか。逆に言えば、標準語にもあるオノマトペ語基は全体の93.6％にも上るのであり、この支えがあってこそ、所謂「賢治独自の」とか「方言特有の」といった評価が成りたっているのである（わずかだからこそ、感性が際立つ）。以下、簡単に実例を示す。

○　｛いぷ｝：太刀を　浴びては　<u>いっぷかぷ</u>　　　（「種山ヶ原」、97頁）
○　｛えら｝：いきが苦しくてまるで<u>えらえら</u>する毒をのんでゐるやうでした
　　　　　　　　　　　　　　　　　　　　　　　（「ひかりの素足」二、293頁）

○ {かぷ}：支那人は、もう、［水薬を］カプッと呑んでしまひました。
（「山男の四月（初期形）」、146 頁）
○ {きく}：おしまひの時は足がキクッと鳴って　　（「カイロ団長」233 頁）
○ {ぎぎ}：鋼の槌がギギンギギンと僕らの頭にひびいて
（「青木大学士の野宿」二、131 頁）
○ {くう}：［あまがえるたちは］めまひを起してクゥウ、クゥウと鳴って
（「カイロ団長」230 頁）
○ {しゃり}：風が来たので鈴蘭は、葉や花を互にぶっつけて、しゃりんしゃりんと鳴りました　　　　　　　　　　（「貝の火」、38 頁）
○ {すこ}：すっこすっこど葡ん萄酒呑める　　（「葡萄水（初期形）」256 頁）
○ {せら}：（5）参照
○ {つぁら}：トパアスはツァラツァランとこぼれて
（「十力の金剛石」195 頁）
○ {つぁり}：りんだうの花はツァリンとからだを曲げて
（「十力の金剛石」195 頁）
○ {つぁん}：［りんどうも］サァン、ツァン、サァン、ツァン、からだをうごかして　　　　　　　　　（「十力の金剛石」199 頁）
○ {つい}：［カン蛙は］ツイツイツイツイ泳ぎました。
（「蛙の消滅」240 頁）
○ {のき}：空のうすあかりの中には、山山がのっきのっ（き）（「青木大学士の野宿」一、124 頁）
○ {のん}：（3）参照
○ {ばや}：油煙はばやばや、さがなの目玉は白くてぎろぎろ
（「とっこべとら子」263 頁）
○ {ふく}：その窪地はふくふくした苔に覆はれ　　（「［若い木霊］」、212 頁）
○ {ぽしゃ}：きりはこあめにかわり、ポッシャンポッシャン降って来ました。　　　　　　　　　　　　　　　（「十力の金剛石」、192 頁）
○ {むちゃ}：［ツェねずみは］むちゃむちゃむちゃっと半ぺんを食べて
（「「ツェ」ねずみ」、166 頁）

○ ｛もにゃ｝：[テヂマアは] 皿の上のばけものを、<u>もにやもにやもにやっと</u>切って　　　　　　（「[ペンネンネンネンネン・ネネムの伝記]」四、334頁）
○ ｛りう｝：[ねずみとりは] はり金を<u>りうりう</u>と鳴らす位、怒ってしまひました。　　　　　　　　　　　　　　　　　（「「ツェ」ねずみ」、168頁）

　若干補足すると、「いっぷかぷ」は、川越めぐみ（2007）で、〈水で溺れ（死ぬ）〉を意味する花巻方言として取りあげられている「えぷかぷ」「えっぷかっぷ」と関連すると思しく、太刀を浴びせかけられて、〈まるで、なすすべもなく水に溺れるときのように慌てふためく様子〉というニュアンスで用いられているのではないかと思われる。また、「しゃりんしゃりん」が鈴蘭の葉や花がぶつかり合うときのオノマトペ（擬音）というのは、少し妙にも思われるが、鈴蘭という名前からの連想で、鈴の響き合うような感性が表現されているのかとも思われる。また、「えらえら」は〈のどを細かく刺激するような感覚〉、「のっきのっき」[12] は〈（山々が）高くそそり立っている様子〉、「ぽっしゃんぽっしゃん」は〈細かな粒が続けて落ちてくる様子〉を、それぞれ表わし、標準語の「いらいら」「にょきにょき」「ぽっちゃんぽっちゃん」などとのつながりも感じられつつ、標準語では表わしきれない感性を表わしているように思われる。たとえば、「ぽっしゃんぽっしゃん」とは、霧から変わった小雨の降る形容であり、「ぽっちゃんぽっちゃん」よりはまだ粒が細かいというニュアンスを表示しているように思われる。

4.3　加工

　4.1でオノマトペの延べ数は1600件であるとしたが、ここから、第1類44件、第3類138件を除いた、1418件が基本要素の加工と展開の操作をこうむったものである。そのうちの加工について述べる。
　基本要素の加工には、以下のような種類がある。件数ならびに実例とともに示す。

操作なし（φ）　　　　　　　　938件　｛いら｝→「いら」

り付加	77	｛がさ｝→「がさり」
り付加／促音付加	1	｛ぽた｝→「ぽたりっ」
り付加／撥音付加	1	｛ぶり｝→「ぶりりん」
促音挿入	9	｛のそ｝→「のっそ」
促音挿入／り付加	107	｛ぎし｝→「ぎっしり」
促音挿入／長音付加／撥音付加	3	｛しゅぽ｝→「しゅっぽおん」
促音挿入／撥音付加	11	｛ぽしゃ｝→「ぽっしゃん」
促音付加	91	｛かた｝→｛かたっ｝
長音挿入	66	｛きん｝→｛きーん｝
長音挿入／り付加	3	｛とろ｝→「とーろり」
長音挿入／撥音付加	1	｛しん｝→「しいんん」
長音付加	9	｛にゅ｝→「にゅう」
長音付加／り付加	1	｛きら｝→「きいらり」
長音付加／促音付加	2	｛めら｝→「めらあっ」
撥音挿入	2	｛むづ｝→「むんづ」
撥音挿入／り付加	29	｛ぼや｝→「ぼんやり」
撥音付加	68	｛こつ｝→「こつん」

　これを見ると、「操作なし」が最も多い（66.1％）ものの、全体の3分の1ほどには何らかの加工が加えられ、その種類も多様であることが分かる。中でも、促音による加工の関与（「促音」が含まれるものをすべて加算）は224件あり、「操作あり」480件中の46.7％、半数近くになっている。賢治が慣習的オノマトペに促音を挿入して、独自のニュアンスを生み出すことは、田守育啓（2010：94）でも指摘されているが、一般的にも促音による加工は多いと言えることになる[13]。また、「り付加」系も219件（45.6％）あり、促音系と双璧をなす。なかでも、「促音挿入／り付加」の複合は、107件（22.3％）

で加工中の最大値を示している。なお、長音系は85件（17.7％）、撥音系は114件（23.8％）であるから、促音系と「り付加」系の突出ぶりが分かる。なお、「促音挿入／り付加」107件のうちで最も多いものは、｛びく｝→「びっくり」で49件、次いで、｛はき｝→「はっきり」20件、｛どか｝→「どっかり」5件、｛ぽしゃ｝→「ぽっしゃり」5件、のようになっている。

　さて、以上の加工例のなかで、非標準的と思われる例を2、3指摘して、コメントしてみたい。

（6）　牛は、美しい草を見る度に、［中略］舌を<u>べらり</u>と廻して喰べました。　　　　　　　　　　　　　　　　　　（「種山ヶ原」、98頁）
（7）　むかでなどはせなかを<u>すっくり</u>とのばしてあるいてゐるではないか　　　　　　　　　　　　　　　　（「鳥箱先生とフゥねずみ」、173頁）
（8）　みんなは却って<u>ぎっくり</u>してしまひました
　　　　　　　　　　　　　　　　　　　　（「とっこべとら子」265頁）
（9）　支那人の頭が<u>めらあっ</u>とのびて　　（「山男の四月（初期形）」151頁）

　（6）の「べらり」は、基本要素｛べら｝に「り付加」したものと解釈できるが、「べらり」は、「日国第二版」には見出し語として掲載されているものの、〈のんびりしている様子〉や〈だらしない様子〉を表わすものとされている。方言の例も示されているが、やはり〈のんびりしている様子〉や〈急に〉〈残らず〉という意味で、（6）を説明できるものはない。（6）は、牛が舌をまわして草を食べる描写である。標準的には「べろり」だろうか。しかし、「べろり」では、「べらり」から感じられる、〈ぬめりのある様子〉や〈やや緩慢な様子〉が表現しきれないようにも思われる。

　（7）の「すっくり」は、基本要素｛すく｝に促音挿入／り付加して造られたものと解釈できるが、現代日本語ではあまり耳慣れないように思われる。が、実は、「日国第二版」には掲載され、〈真っ直ぐに立っている様子〉という意味で、近世からの用例がある。とすれば、これは、俚言性というよりも古態性があると考えたほうがよいものであろう。耳慣れないからといっ

て、ただちに俚言であるとか、賢治の独創と速断できない例である。

　（8）の「ぎっくり」も、基本要素｛ぎく｝に促音挿入／り付加して造られたものであるが、現代日本語ではやはり耳慣れず、むしろ、「ぎくっ」のような促音付加で表現されるようなものである。しかし、これもまた、「日国第二版」によれば、〈びくついて驚き恐れる様子〉で、近世からの例を見る。これもまた、古態性を示すものである。

　（9）の「めらあっ」は、基本要素｛めら｝に長音付加／促音付加して造られたオノマトペであると解釈できる。この「めらあっ」には、田守（2010：239）にコメントがあり、「あたかも炎が舞い上がるかのように」延びる様子が描写されているとされる。たしかにその通りではあるが、〈炎〉と限定せずに、〈しなやかな柔軟性をもって伸び上がる様子〉のように考えてもよいのではないだろうか。

4.4　展開

　次に、展開の様相を見る。このとき、加工段階ではどうかということは問わずに、展開だけの計量を行なう。4.3と同様、種類・件数・実例の順に示す。

操作なし（φ）　　598　「ごう」→「ごう」
×2　　　　　　　666　「がた」→「がたがた」
×2／促音付加　　13　「きら」→「きらきらっ」
×2／撥音付加　　 2　「くる」→「くるくるん」
×3　　　　　　　 31　「とん」→「とんとんとん」
×3／促音付加　　16　「くる」→「くるくるくるっ」
×4　　　　　　　 61　「うろ」→「うろうろうろうろ」
×5　　　　　　　 4　「どろ」→「どろどろどろどろどろ」
×5／促音付加　　 1　「きし」→「きしきしきしきしきしっ」
×6　　　　　　　 1　「る」→「るるるるるる」

こ付加　　　　　1　「ぴっかり」→「ぴっかりこ」
部分反復　　　　10　「きら」→「きらら」
結合　　　　　　13　「でこ」「ぼこ」→「でこぼこ」

　操作なしが598件（42.2%）を数えるが、微差ながらそれよりも多いのは、×2（2回反復）である（666件、47.0%）[14]。×2系の合計は682件（48.1%）に上る。また、さらに、反復系は×2から×6まですべてあり、×6がやや問題（1拍の繰り返しなので）だとしても、これは注目すべきことであり、しかも、それが、この初期童話段階から見出されるということの指摘は意味のあることであろう。
　なお、「部分反復」とは、挙例のように｛きら｝→［加工］φ→［展開］×1.5＝「きらら」のような例[15]、「結合」は、｛じた｝／｛ばた｝→［加工］φ→［展開］結合＝「じたばた」のような、異種の基本要素の結合を言う。なお、｛いぷ｝／｛かぷ｝→［加工］φ／促音挿入→「いぷ」「かっぷ」→［展開］結合＝「いぷかっぷ」のような例も含まれている。
　さて、ここでも、非標準的と思われる例を具体的に指摘して、コメントしていきたいが、そもそも、×3以上というところが、すでに、非標準的であろう。×3型のオノマトペを持つ方言としては佐賀方言が知られているが（藤田勝良2004、参照）、賢治の場合、方言（地域語）というよりは、個人語（ideolect）レベルなのかもしれない。

(10)　石の間から奇麗な水が、ころころころころ湧き出して
　　　　　　　　　　　　　　　　　　　　　　（「双子の星」一、20頁）
(11)　薬さへ取ってしまったらこの林ぐらゐくるくるんに焼っぷくって見せるぞ。　　　　　　　　　（「よく利く薬とえらい薬」、270頁）
(12)　とのさまがへるはチクチク汗を流して　　（「カイロ団長」、233頁）

　(10)は、基本要素は｛ころ｝で標準語と変わらず、展開が×4ではあるが、「ころころ」だと、これもまた標準語と変わらない。しかし、これが、

〈水の湧き出す様子〉に適用されると、その感覚は極めて難しくなる。「ころころ」といえば〈丸いものがなめらかに回転しながら進む様子〉のように説明できる。とすれば、この(10)も、水のしずくが〈まるで玉がなめらかに転げ出る様子〉のように解すべきであろうか。もとの感性が伝わりにくい、従って、享受するがわが主体的に考えなければならない例である。

(11)は、林の中でヨシキリから馬鹿にされた大三が、怒って吐く科白である。これも、基本要素は{くる}で、×2／撥音付加という展開によって造られたオノマトペであるが、どのようなことを言い表そうとしているのか分かりづらい。「くるくる」は〈回転したり丸め込んだりする様子〉であるから、この発話は、林を火で焼いて〈小さく丸め込んで跡形もなくなるようにする様子〉を意図しているのであろうか。

(12)も、基本要素は{ちく}で、展開は×2であるから、なんら特異なところのないオノマトペであるが、〈汗を流す様子〉に「ちくちく」を適用しているところが難しい。「日国第二版」によれば、「ちくちく」には〈小刻みな動きが繰り返される様子〉という意味で、中世からの例があるから、(12)は、〈ほんの少しずつ、汗が出てくる様子〉のような意味で解釈すべきなのであろうか。〈汗腺から微少な汗のつぶがあちらこちらで湧き出てくる様子〉のように解するのがよいのかもしれない。

4.5 語尾（実現形）

最後に、現実の文中に最終的に実現される姿として、どのような形をとるかを計量的に見ておく。種類・件数・実例の順に挙げる。

語尾なし　599：うっとり西の碧いそらをながめてゐた大きな碧い瞳を
　　　　　　　　　　　　　　　　　　　　（「めくらぶだうと虹」、112頁）
語尾「と」591：林はガアガアと鳴り　　　　　（「蛙の消滅」、240頁）
語尾「ど」　4：かう云にしてガアガアど聞えるものゝ何だべ
　　　　　　　　　　　　　　　　　　　　　（「十月の末」、276頁）
語尾「に」　12：頭と胴と尾とばらばらになって　（「双子の星」二、30頁）

語尾「の」　23：ペラペラの桃色の寒天で　　　（「[若い木霊]」、211頁）
語尾「づ」　 1：土ぁぐぢゃぐぢゃづがべもや　　（「十月の末」、273頁）
サ変　　 172：いやがってバタバタバタバタしました
　　　　　　　　　　　　　　　　　　（「鳥箱先生とフゥねずみ」、169頁）
断定助動詞 11：実にまるでうじゃうじゃだったのです」
　　　　　　　　　　　　　　　　　　（「青木大学士の野宿」三、138頁）
助詞　　　 3：そのりうりうが悪かったのです
　　　　　　　　　　　　　　　　　　（「「ツェ」ねずみ」、168頁）

　若干補足すると、語尾「ど」は、「と」に対応する俚言形である。すべて発話を写したものに現れる（といっても、3例のみであるが）。語尾「に」「の」と断定の助動詞は関連していて（「ぺらぺら」の／に／だ）、活用形と捉えてもよいかもしれない。語尾「づ」は、〈という〉の意の俚言形である（川越めぐみ2007：注10、参照）。

4.6　加工→展開→語尾（実現）の過程

　今まで見てきた、加工から語尾（実現）までを、一続きの流れとして見てみよう。ただし、紙幅の都合から、加工で最大勢力だった「操作なし（φ）」938件と、「促音挿入／り付加」107件の場合を見るに止めざるを得ない。加工で「操作なし」の938件は、次の展開では、「×2系」が最大となって622件ある。その後の語尾（実現）では、「φ」394／「と」70／「の」23となる。すなわち、次のような、{ちう}→［加工］φ→［展開］×2→［語尾］φ＝「ちうちう」という操作を受ける、

(13)　クンねずみは声をあげてチウチウなきました（「クンねずみ」、180頁）

のような例が、最も典型的なものとなる（上記394件は全体の42.0％に当たる）。なお、「と」付加が「φ」の6分の1であったことは、少々意外であった。

次に、「促音挿入／り付加」107 件の場合を見てみる。これが展開段階になると、「展開なし（φ）」104 件、「× 2」2 件、「× 4」1 件、「こ付加」1 件となって、「展開なし」が圧倒的多数を占める。さらに、展開なし（φ）104 件は、「サ変」が 50 件、語尾 φ が 35 件、語尾「と」が 17 件、指定の助動詞「だ」が 2 件となる。このなかで、

(14)　　ほしのひかりの、ピッカリコ　　　　　（「気のいい火山弾」、120 頁）

は、基本要素｛ぴか｝→［加工］促音挿入／り付加→［展開］こ付加という珍しい操作で造られたものである。この最後に「こ」の付加されるパターンは、東北方言特有の「オノマトペ辞」として、川越めぐみ（2005）で指摘されているものである。

5．おわりに

　以上、宮澤賢治の初期童話作品を資料として、オノマトペが基本要素から文中に実現するまでの操作を視野に入れつつ、非標準語的な感性（方言的感性と賢治の個人語的感性）の感じられる例を見てきた。その際、非標準語的感性が感じられるオノマトペは、大多数の標準語的なオノマトペの支えがあって、その特性が発揮されるさまが確認できたかと思われる。
　しかし、まだまだやり残したことはあり、そのひとつは、ある基本要素が、どれぐらいの種類の加工・展開を受けているのかということである。さまざまな操作をされる基本要素、可能性はありながら限定された操作しかされない基本要素を見出し、その原因等を考察することなどは、まさに今後の大きな課題のひとつである。

注

1. 具体的には、『【新】校本宮澤賢治全集　第八巻・童話Ⅰ』(1995、筑摩書房刊)所載の、「蜘蛛となめくじと狸」から「[ペンネンネンネンネン・ネネムの伝記]」までの34作品。大体1918年前後からの執筆と推測される。この全集は、童話作品を「草稿の用紙の類別とその推定使用順にもとづ」(凡例)いて配列したものであるが、これまでの研究では、そのような時期的な小分けを前提とした検討はなされていない。新校本全集のせっかくの労に報いたいという気持と、賢治のオノマトペ使用は時期的に変異するのか、それとも最初から変わらないのか、という興味があり、この巻をまず調査することにした。引用も同書からのものである。また、作品名に［　］が付されたものは、本全集段階で仮題という扱いで付されているものである。
2. 基本的には、小野正弘(2011)で提唱したものであるが、出版物のかたちでは著わされていないので、概略的に繰り返すことにする。
3. 小野正弘(2011)では、「オノマトペ素」と呼んだが、「オノマトペの基本要素」あるいは単に「基本要素」と呼ぶことにする。「語基」などと呼ばれることもある。
4. ただし、「2回繰り返し」は、のちに「展開」に属することになる。
5. 論理的にも現実的にも、さらに、「促音挿入／促音付加」({かた}→「かったっ(と)」)、「長音挿入／促音挿入／り付加」({たぷ}→「たーっぷり」)などもありうる。
6. 現代の関西方言などでは許容される場合もある。友定賢治(2015)参照。
7. まさに、方言のフィールドワーカーならではの報告であるといえる。
8. 基本要素{のん}の持つ方言的な特性については、川越めぐみ(2007・2008)に詳しい。なお、同氏による、本要素(語基)が、擬音的な側面とともに、重厚な勢いを感じさせる様子も表わしているという意見には賛成である。
9. 田守育啓(2010：37)では、「がっかり」をオノマトペとしている。
10. (2)の例でも示しているように、読点がある場所で基本的に区切り、たとえば「ふら、ふら、ふら、ふら、ふら」のような場合は、独立した「ふら」が5あると数えた。
11. 標準語に観察されない、ということをどのように判定したかというと、この基本要素を最も普通に操作した「×2」のタイプが「日国第二版」にあるか否かで判定した。
12. 原文では「のっきのっ」までで終わって、次の原稿が1枚欠けているが、「のっきのっき」と推定した。
13. 河原修一(2004)でも、促音添加型は、種類が多くバラエティーに富んでいるこ

とが指摘されている。
14. 基準が微妙に異なるので単純な比較はできないが、賢治の心象スケッチのオノマトペを計量した、河原修一(2004)でも、ABAB型は、38%を占めるとの報告がある。
15. このようなタイプの語形成については、古く、安藤正次(1935)から指摘がある。

文献
安藤正次(1935)「畳音・畳語の一研究―特にReduplicatio Suffixaについて」『藤岡博士功績記念言語学論文集』岩波書店
王婉瑩(1986)「宮沢賢治の文体についての一考察―「オッペルと象」における擬音語・擬態語を中心に」『国語の研究』13
小野正弘(2007)『日本語オノマトペ辞典』小学館
小野正弘(2011)「オノマトペ素の加工と展開―近代小説を視野に入れながら」日本近代語研究会2011年度秋季発表大会資料
小野正弘(2015)『感じる言葉オノマトペ』角川学術出版
川越めぐみ(2005)「東北方言オノマトペの特徴についての考察―宮沢賢治のオノマトペの場合」『言語科学論集』9
川越めぐみ(2007)「〈小特集:宮沢賢治の世界を開く〉東北方言から見た宮沢賢治童話オノマトペ」『文芸研究』163
川越めぐみ(2008)「〈特集:おのまとぺ〉東北方言的宮沢賢治オノマトペの考察」『国文学 解釈と教材の研究』53–14
河原修一(2004)「宮沢賢治の心象スケッチにみるオノマトペ(1)」『金沢大学国語国文』29
河原修一(2005)「宮沢賢治の心象スケッチにみるオノマトペ(2)」『金沢大学国語国文』30
小嶋孝三郎(1965a)「宮沢賢治のオノマトペ試論(上)」『立命館文学』236
小嶋孝三郎(1965b)「宮沢賢治のオノマトペ試論(下)」『立命館文学』237
田守育啓(2004)「宮沢賢治のオノマトペ」『日本語の分析と言語類型―柴谷方良教授還暦記念論文集』くろしお出版
田守育啓(2009)「宮澤賢治特有のオノマトペ―慣習的オノマトペから音韻変化により派生した非慣習的オノマトペ」『人文論集』44–01・02
田守育啓(2010)『賢治オノマトペの謎を解く』大修館書店
田守育啓(2011)「宮沢賢治特有のオノマトペ―賢治独特の非慣習的用法」『人文論集』

46

友定賢治(2015)「感性の表現の地域差―オノマトペで考える」『表現研究』102
中里理子(2017)『オノマトペの語義変化研究』勉誠出版
藤田勝良(2004)「佐賀県域における三連のオノマトペについて―アンケート調査による中間報告」『佐賀大国文』33
森下喜一(1983)「特集・国語教育〈教材の調査・研究〉宮澤賢治の詩にみえる擬音語・擬態語」『解釈』29–01

第 10 章
東北地方の民話に見るオノマトペ表現の特徴

川﨑めぐみ

1. はじめに

　かねてより、民話には多彩なオノマトペ表現が見られることが指摘されてきた。昔話としてよく知られている「桃太郎」では大きな桃が「どんぶらこどんぶらこ」と流れてくる。「花咲かじいさん」では、「ここほれワンワンとポチが鳴く」といったぐあいである。桃が流れてくる様子を表現する「どんぶらこどんぶらこ」というオノマトペも、「ここほれワンワン」というオノマトペを含んだ表現も、それぞれがその昔話の代名詞であるとさえ言えるインパクトのある表現になっている。

　このような多種多様なオノマトペを含んだ民話は、その土地その土地の言葉、すなわち方言で語られ伝承されてきているものであり、方言で語られる民話に登場するオノマトペもまた、地域色を色濃く反映したものであると考えられる。小池 (2010) にも「語りはその土地のことばで伝えられてきていますから、土地のことばのオノマトペも使われています」(小池 2010: 30) と、方言のオノマトペについての言及がある。

　では、民話に現れる方言のオノマトペは、地域ごとにどのようなものが見られるのだろうか。佐藤亮一監修 (2007)『ポプラディア情報館 方言』には、47 都道府県の「桃太郎」の導入部分の方言訳が掲載されており、共通語の「どんぶらこどんぶらこ」というオノマトペに相当する部分の表現として、

(1)のような表現が各地に見られる。

(1)　共通語の「桃太郎」
　　　おばあさんが　せんたくを　していると
　　　川上から　大きな　ももが
　　　<u>どんぶらこ　どんぶらこ</u>と　流れてきました。

　○「どんぶらこどんぶらこ」に相当する各都道府県の表現
　　（ドンブラコ系）
　　　ドンブラコッコ　ドンブラコッコ　　北海道
　　　ドンブラコ　ドンブラコ　　岩手、茨城、栃木、群馬、埼玉、千葉、
　　　　　　　　　東京、神奈川、新潟、石川、滋賀、和歌山、広島
　　　ドンブラコー　ドンブラコ　　宮城、秋田、福島、三重、大阪、兵庫、
　　　　　　　　　島根、宮崎、徳島、香川、高知
　　　ドンブラコッコ　ドンブラッコ　　長野
　　　ドンブラ　ドンブラ　　岡山
　　　ドンブラコッコー　ドンブラコッコー　　山口
　　　ドンブラッコ　ドンブラコ　　鹿児島
　　（ドンブリコ系）
　　　ドンブリコー　ドンブリコ　　富山、福井
　　　ドンブリコー　ドンブリコー　　愛知、京都、愛媛、熊本
　　　ドンブリコ　ドンブリコ　　大分
　　　ドンブリッコ　ドンブリコ　　福岡
　　　ドンブリッコ　ドンブリッコ　　佐賀
　　　ドンブリコッコー　ドンブリコッコー　　長崎
　　（その他のオノマトペ）
　　　ドブンドブン　　山形、奈良
　　　ブカブカ　　山梨
　　　プカーン　プカン　　静岡

ドボンコー　ドボンコ　　岐阜
　　　ドンブリ　カンブリ　　鳥取
　　　ユッタイ　クヮッタイ　　沖縄
　　（オノマトペ以外）
　　　シジンダリ　ウギダリシテ　　青森

　このように「桃太郎」の「どんぶらこどんぶらこ」に相当する表現を見るだけでも、各都道府県で様々な表現がされているのがわかる。そしてその内実はといえば、共通語と同じ語形を採用しているものや、若干形を変えているもの、独自の方言を使用しているもの、あるいはオノマトペ表現ではない表現がされているものなど、各地のオノマトペ表現の傾向が見える。
　この「桃太郎」の方言訳を監修した佐藤亮一先生によると、調査者が話者に質問しつつ方言の文章の原稿を作成し、それを話者に読み上げてもらう形で作成されたそうで、「どんぶらこ」の部分をどうするかは調査者と話者の判断にゆだねられていたようである。一方で、「どんぶらこどんぶらこ」の部分については、共通語においても「どんぶらこっこ　すっこっこ」というオノマトペを使用した文章も存在しており、様々な表現を求めるような調査が行われていれば、さらに多彩なオノマトペ表現が出てくる可能性があったということである。
　確かに、倉持(1989)には、「桃太郎」の川上から桃が流れてくる音を表すオノマトペが挙げられており、各地にはさらに豊富な語形が存在することがわかる。(2)は倉持(1989)の例である。

(2)　○　ツンブラ　ツンブラ　青森県
　　　○　チツポン　コロリン　佐賀県
　　　○　ブツカン　ブツカン　佐賀県
　　　○　ウカンショ　ウカンショ　佐賀県
　　　○　ドンブリ　カツキリ　スココンコン　鳥取県
　　　○　ドンブリコッコ　シツコツコ　京都府　　　（倉持1989: 51）

○　ツンダコ　ツンダコ　岩手県
○　ガンボリ　ガンボリ　茨城県

　このように「どんぶらこ」1つを取ってみても、民話におけるオノマトペが各地に豊富に存在していることが示唆され、方言独特のオノマトペも多数活用されていることが想像できる。方言のオノマトペやオリジナリティのあるオノマトペが散見されているにもかかわらず、これまでに民話のオノマトペについて扱った研究は非常に少ない。方言のオノマトペを中心とした研究はなおさらで、管見の限り存在しない。
　そのため、本来ならば各地の民話に現れる方言オノマトペを収集して比較してみたいところではあるが、本稿では、まず民話においてオノマトペ表現がどのように使用されているのか、特に東北地方の方言で語られている民話を対象として、オノマトペ表現の使用法の特徴を概観してみたいと思う。

2. 民話の方言について

　さて、オノマトペの話に入る前に気になることといえば、そもそも民話の中の方言はどのような性格のものなのかという点である。民話は口承文芸である点から、音声言語によって伝承されてきた文芸であるとされるが、生活言語として使用されている現代方言との違いはあるのだろうか。
　このことに関しては、川森(1997)が、民話の語りに「使われている方言は、現在地元の人同士で話すときのカジュアルなスタイルのものではない。昔話のために特別に使われるスタイルであり、この地域の伝統的な(古い)方言を基盤として構成されたものである」(川森1997: 79)と述べている。つまり、普段使いの言葉ではなく、民話のための言葉である。これを川森は「昔話の言葉としての方言」と呼び、語り手が自身の記憶から再構築した言葉であるとしている。
　よって、方言ではあるけれども、あくまで民話の方言であることに留意しなければならない。オノマトペの表現についても、日常語の方言とは異なる

表現法が用いられている可能性は高い。一方で、伝統的な方言の特徴も持ち合わせている。民話の方言、及び方言のオノマトペはそのような性格のものであることを踏まえておきたい。

　また、民話に使用される方言における「実用性以外の特性」として、稲田（1980）は（3）に挙げた7点を指摘している。（傍線は筆者による）

（3）　①自由な発想が命名と比喩においていちじるしい。
　　　②即興性
　　　③繰り返し、重ねことば、かかり結び
　　　④音楽性
　　　⑤あそびとユーモア
　　　⑥擬声語、擬態語の豊富さ
　　　⑦道徳性

　本稿に関連するのは⑥の「擬声語、擬態語の豊富さ」であり、岡山県内の民話の例として稲田（1980）は「にもにも笑う」（おとなしい人が笑う様子）、「かあかあ照る」（月が照る様子）、「春先のミソサザイが、ピピスケスケチルピヨロピリリルルと鳴く」という3例を挙げている。同時に、擬声語、擬態語を含めた①〜⑦の特性をあらわす言語表現について、「どれも風土と生活が匂ってくることばだ。独創的でありながら普遍性があるのがすばらしい」（稲田1980: 52）と述べており、いずれも方言で語られた民話に特徴的な表現法であり、方言話者が独創的な言葉をつくり出しているということを主張している。

　このように、民話には多彩な表現が現れ、それが方言によって展開されている。オノマトペについても、慣習的な表現のみならず、その場面の描写のためだけに作られた非慣習的な表現も多く見られることが予想されるし、実際にそうなっている。そのうえで、稲田（1980）が「普遍性」という言葉を使用しているように、独創的な表現であっても、その土地の言葉のルールから逸脱しすぎていないことも示唆される。これが民話の方言の性格である。

3. 資料とする民話集について

　今回資料とする民話は東北地方の民話集に掲載されているものである。本来ならば、東北地方に限定することなく、全国の民話を見ることが必要だと承知してはいるが、先人の努力の結果、各地の民話の資料は膨大に存在しているため、今後徐々に資料を増やしていくこととし、本稿では東北地方の一部資料に限っての話となる。

　資料として使用する民話集は、すべて臼田甚五郎氏が監修したものである。青森県の『津軽百話』(国学院大学説話研究会編)、山形県の『笛吹き聟 最上の昔話』(野村純一編)、宮城県の『夢買い長者 宮城の昔話』(佐々木徳夫編)の3点を対象とする。監修者が同じということで、ある程度、資料の統一性は得られるだろう。なお、本稿で用例を示す際、『笛吹き聟 最上の昔話』は『笛吹き聟』、『夢買い長者 宮城の昔話』は『夢買い長者』と省略して記すこととする。

　今回取り上げる民話集の採録地である青森県、山形県、宮城県は、先出の「桃太郎」の「どんぶらこどんぶらこ」の部分の方言訳について違いが見られた3県である。宮城県は「ドンブラコー　ドンブラコ」とほぼ共通語と同じ表現が用いられていた。山形県は「ドブンドブン」という方言特有のオノマトペ表現、青森県はオノマトペ表現が用いられていないという違いがある。同じ東北地方でありながら、「桃太郎」の方言訳の一部で違いの見られたこの3県を取り上げることは、多彩な表現法が見られる可能性があるということで意味のあることだと思う。

　ただし、民話の表現を比較するのであれば、収録されている話の中から共通した話を抽出し、比較するのがやはり理想的である。三井・井上(2007)が「話の内容がほぼ同一の各地の民話を扱うことで、話題をコントロールし、同一箇所でオノマトペを使うかどうか、使うとしたらどのような形式を使うかなどについての、安定性のある比較が可能である」(三井・井上2007: 86)と述べているとおりである。とはいえ、実際に語られている民話は、話の中のモチーフの順番や要素等が完全に一致するとも限らない。完全に同じ

箇所の表現を比較するためには、まさに「桃太郎」方式が求められる。すなわち、同一のテキストを方言に逐訳する方法である。しかし、そのような民話集は統一的な調査によって意図的に作成しない限りは存在しない。対して、自然に採集される民話から完全にモチーフの順番や要素等が一致したものを選択すると、話の数自体が少なくなり、収集できるオノマトペ表現の箇所も少なくなってしまう。数が少ないと、語り手の好みが表れただけだという可能性を捨てきれないため、ある程度まとまった数で比較する必要がある。よって、理想を言えば、同じ内容を表す箇所にどのような表現があてられるのかを数多く収集し比較したいところではあるが、今回は収録されている話の種類や話の流れなどは問わず、オノマトペ表現全体の傾向を見ることを主眼とする。

4. 民話のオノマトペ表現の特徴

　それでは、東北地方3県の民話に見られたオノマトペ表現の中でも、特に民話ならではと思われるオノマトペ表現にはどのようなものがあるのか。本稿では、聞きなし、動物のせりふになどに見られる動物であることを特徴づけるオノマトペ、特徴的な繰り返しの使用、さらにその他のオノマトペ特有の表現について見ていく。なお、用例にある傍線は筆者によるものである。

4.1　聞きなし

　まず、オノマトペ表現として特徴的なのが「聞きなし」である。特に鳥の鳴き声によく見られ、ウグイスの鳴き声は「ほう、法華経」や「日月星」または「月日星」のように、オノマトペ以外の語に結び付けられ、意味のある言葉としての聞きなしが行われている。

　聞きなしがオノマトペかと問われると、オノマトペに完全に含まれるというわけではないと思う。しかし、オノマトペが鳥の鳴き声をはじめとする「音」を既存の「言語音」に当てはめて表現したものであるのに対し、聞きなしは既存の「語」や「文」に当てはめているものと考えることができる。

どちらも実際の音を直接模写して発声しているのではなく、言語にすでに存在する「言語音」または「語」「文」を介した表現である点では共通している。けれども、実際の音との有縁性も有している。そのため、オノマトペの一種であると捉え、本稿でも取り上げてみることとする。

　鳥の鳴き声を写したオノマトペが地域や時代によって大きく変わるのと同様、鳥の鳴き声の聞きなしも地方によって当てはめられている語や文が異なることも多い。山口（2008）では、地方におけるホトトギスの鳴き声の聞きなしとして、（4）のような4例が紹介されている。

（4）　〇ホッタンタケタカ、イモクビクタカ（御飯炊けたか、芋首食たか）
　　　　〈大分県〉
　　　　〇ホーチョータテタ（包丁立てた）〈岩手県〉
　　　　〇オトハラ、ツキッタ（弟腹、突った）〈長野県〉
　　　　〇ポットサケタカ、アッタアッタタ（ぽっと裂けたか、在った在ったた）〈岩手県〉　　　　　　　　　　　　　　　　　　　　（山口 2008: 86）

　これらの「聞きなし」の鳴き声は民話・昔話の伝説に由来するものである。山口（2008）で取り上げているのは、奈良県添上郡の民話で、兄が帰ってくる前に弟が芋を似ていたところ、おいしそうな芋だったので良い芋は兄のためにとっておき、自分の分を食べてしまったが、兄は弟がおいしい芋をすべて食べてしまったと勘違いをし、弟の腹を切ってしまったけれども、弟の腹にはくず芋しかなかったという話である。これと似た話が最上にも存在している。（5）の例である。

（5）　むかし、あったけどな。兄と弟とあったけど。安楽城では、五月の節供には山がら（から）芋取って来て喰う。菖蒲と蓬とお膳さ上げで、「良事、聴け。良事、聴け」って、呪う。
　　　　御馳走は山の芋煮て喰う。弟の帰りが遅いので、兄は雁首ばかり喰って、弟さ、良とご取っておいたど。弟、帰って来で、その芋をアフ、

アフ喰って、「ないしたて、俺さ、こげん良どこ、んめ（うまい）もんだ、俺、こげんめどこ残しておぐくらいだから、兄貴、なんぼか良どこ喰ったもんだか」と、兄の腹ん中見だくなって、兄の腹裂いでみたれば、雁首のところだけ、いっぺ入っていだと。
　そして、それ見たとたん、ボットサケダという鳥こになって、飛び立った。それから「ボットサケダ、ボットサケダ」と、鳴くようになったけど。どんぺからっこ・ねっけど。

　　　　　　　　　　　（『笛吹き聟』71 頁「時鳥兄弟（時鳥のむかし）」）

　（５）では、「ボットサケダ」が兄の腹が裂けたということを表す聞きなしとなっている。「ボット」は「急に」という意味のオノマトペである。さらに「ボットサケダ」が鳴き声であると同時に、ホトトギスの方言名ともなっており、この話は方言名の由来を語る話でもある。鳴き声がそのまま鳥の名前になっているものは他にもあり、例えば、聞きなしではないが、「カラス」は「カラ」という鳴き声を写した音に鳥を意味する「ス」を付けたものとされ、鳴き声が名前の由来となっていることがある。このように、聞きなしのオノマトペは民話の主題とつながっていることがあるが、数自体はそれほど多くない。
　類似した民話が宮城にも見られたので、（６）に一部を挙げておく。なお、「あんつぁん」は兄、「しゃでコ」は弟、「ざど」は目が見えない人、「アンタ」は山芋の先端の筋の多いところを表す言葉である。

（６）　ほすたっけェ、ざどで、ねつけで（ねじけて）すまったあんつぁんが、ほんと（本当）ぬ、しゃでコの腹ば裂えだんだど。ほすたっけェ、ふすぎなごどぬ（不思議なことに）、あんつぁんのまなぐ（目）が、パッツリど、ええだ（開いた）んだど。とごろが、やっぱす（やっぱり）、アンタばりすか（ばかりしか）ねェがったんだど。ほすて、しゃでコァ、
　　　「アンタダー、アンタダー」

ど鳴じながら、ホドドギスぬなって飛んでったんだど。あんつぁんは、らずもねェ（とんでもない）ごどすた、ど思って、
「<u>アッチャートンデッタガー、コッチャートンデッタガー</u>」
ど泣じながら、たね回った（尋ね回った）んだど。
　ほれがらっつもの（それからというものは）、田植えずぶん（時分）ぬなっと、
「<u>アッチャートンデッタガー、コッチャートンデッタガー</u>」
どいう鳴じ声が、ちかれる（聞かれる）ようぬなったんだど。ほんで、むがすのしたヅァ（昔の人たちは）、
「あんつぁんがホドドギスぬなって、<u>アッチャートンデッタガー、コッチャートンデッタガー</u>ど鳴じながら、しゃでコバ、たね回ってんだ」
どいうようぬなったんだど。こんで、えんつこ、もんつこ、さげだ。
　　　　　　　　　（『夢買い長者』38, 39頁「ホトトギスの兄弟」）

　（6）の場合は、鳴き声がより実際の話し言葉に近いものとして聞きなしがされている。オノマトペは基本的に語のレベルでの聞きなしが多いので、ここまで長くなるとオノマトペとは言いづらい。しかし、オノマトペの模写という特徴と同様、鳥の鳴き声を写し取ったものが民話の主題としてあるというのが特徴的である。
　ちなみに、聞きなしに近いものとして、だじゃれとして使用されているオノマトペもある。宮城の民話で（7）のもので、タコとカレイとホヤが知恵比べをしようということになり、タコがその手をしだれ柳に、カレイがのし煙草に見せかけ、ホヤがどうしようかと思ったところ、欠けたお椀があったという場面である。

（7）　ほんで、ホヤが、こえズァ、うまぐやられだ。なぬが（なにか）ええ物（いい物）ねェがなあ、ど思って見回すたっけェ、ぶっ欠げお椀コあったんで、ほのながさ、トポッと（トップリと）へえった（入った）

んだど。ほんで、タゴどカレエが、
「ホヤすう、ほえザぁ、なんの手だ」
ど、ちいだんだど。ほすたっけェ、ホヤが、
「こえザぁ、あんこもず（餡こ餅）<u>ホヤホヤの手だ</u>」
ど、ゆったんだど。こんで、ぞんぺぬ（勝負なしに）なったんだどっさ。
　　　　　　　　　　　　　（『夢買い長者』43, 44 頁「魚の知恵比べ」）

　このようにオノマトペが民話の中でキーワードとなり、話の中で例があるとおり、民話においてオノマトペは欠かせない要素となっているのである。もう少し言えば、話の「オチ」の部分に用いられていることがある。

4.2　動物を特徴づけるオノマトペ

　続いて、動物に関連するオノマトペについて見ていきたい。民話の中には動物が話すという場面がよく見られる。そのせりふの中に見られるオノマトペが特徴的である。動物のせりふは虚構の物語や伝説として語り継がれてきた民話ならではのもので、実際には話すことのない動物たちのせりふの中にオノマトペが多く用いられている。冒頭で挙げた「花咲かじいさん」の「ここほれワンワンとポチが鳴く」の「ワンワン」のように、「ここほれ」という言葉の後、もしくは前に動物の鳴き声を表すオノマトペが加えられる形が見られる。

　金水編（2014）『〈役割語〉小辞典』に記述のある役割語の分類の中に、「人間以外」の役割語がある。その役割語の中には〈動物語〉として「知らないワン」「そうだニャー」などの「キャラ語尾」（キャラクターを特徴づける文末表現）が挙げられている。「キャラ語尾」はアニメや漫画等でよく用いられているが、それに似たものとして、人間以外の動物のせりふであることを特徴づける役割を担っている表現となっている。

　今回取り上げている東北地方の 3 つの民話集においては、（8）～（13）のような例がある。

（8）後妻に、「どごさ行ったきゃぁ」「あら、そごいらに遊んでらでねべが」ったって、なんぼ暮らしたっち来ねえじっちす、すったどごじぇ、来ねえとこじぇ、鳥こは、パタパタッとこう飛んで来て、
　　　帯も襷こもいらんにゃ、上さのぼった父恋しじょ。ホーホケキョ。
って鳴ぐんだだす。「や、不思議だ」ど思っちぇ、ふっちぇまでにただいで聞いただとす。だっちの、だそれ病気おして死んでこっちどこっちさ埋けだだんどす。掘っ返してみだどごじぇ、赤え着る物こ着ひえで、そうしぇ、箱っこ作ってそうしぇで死んじぇ、そんだはで、昔の人、「うぐいす鳥っこは、千子万子だ」っつんぬす。
　　　　　　　　　　　　（『津軽百話』45, 46頁「21 千子万子」）

（9）朝ね起ぎでこんだ、お父様楊子持って歯磨ぐね、ずっと縁側の方さ行ったどし。そして縁側を見で庭眺めだけぁ、松の木さ鶯止まっていで、
　　　筆こも硯こも墨こもいらねでぁ、上さのぼたお父様恋しでぁ、ホーホケキョ。
てしたどし。こりゃ不思議な鳥だど思ってまんだ聞だけぁ、まんだそしずべぁし。　　　（『津軽百話』110頁「49 あねこどあんこ」）

（10）大ったら箱背負っちぇ、ウーン、ウーンちぇ、うなっちゃたきぁ、屋根の上に烏上がっちぇ、
　　　ガァ、ガァ。爺っこの好着物さ長物ぁ下がた、ガァ、ガァ。
「ほお、なにしゃべっちぇばこの烏ぁ。あった今、着物いっぺ貰っちぇ来たもの、家さ行っちぇ、婆ど二人ひぇ着るじ」。
　　　ガァ、ガァ。爺っこの好着物さ長物ぁ下がた、ガァ、ガァ。
っちぇ。　　　　　　　　　（『津軽百話』20頁「6 屁ひり爺」）

（11）多法印は、おっかねェぐなって、ボンガリ飛び下りだっけェ、そごぁ、ためえげ（溜め池）だったんだど。ほすたっけェ、チズネが、「さっちだ（さっき）の返報だぞーッ。ギャーン、ギャーン」
ど鳴じながら、山の方さねげでったんだど。
　　　　　　　　　　　　（『夢買い長者』90頁「多法印と狐」）

(12) ほして、弁当ば爺さま背負って行ぐかど(つもり)したば、犬こ「さあ、叺もつけろよ、ケンケンケン。鍬もつけろよ、ケンケンケン。弁当もつけろよ、ケンケンケン。爺も乗れ、ケンケンケン。婆も乗れ、ケンケンケン」「はて、はて、こげんつけて、俺達まで乗って行かんね。犬こや、犬こや、叺もつけだもんだし、俺達歩いで行ぐ」って、いうど「良えさげ、乗れ、ケンケンケン。良えさげ、乗れ、ケンケンケン」って、いうど。「んだら」と、二人乗ってみたど。

(『笛吹き聟』61,62頁「花咲爺(犬こむかし)」)

　(8)は、父親が帯と襷を買いに上方へ行っているうちに、後妻が娘をいじめ殺したという場面で、飛んできた鳥が例のように鳴いたというものである。(9)も同様の場面で、語り手が異なる話である。どちらもウグイスが父親を恋しがる言葉を発しており、その最後に「ホーホケキョ」というウグイスの鳴き声が続けてある。(10)はカラスが、箱に長いもの(蛇)が入っているとからかっている場面で、言葉の前後に「ガァ、ガァ」という鳴き声が入っている。(8)〜(10)は『津軽百話』の例だが、(11)(12)のように宮城と最上の民話でも、動物のせりふにその鳴き声が加えてある。特に(12)は、いわゆる「花咲か爺さん」の話だが、「ワンワン」ではなく「ケンケンケン」という鳴き声になっているうえ、せりふの中で頻繁に出てきており、せりふにリズム感が加えられているようである。

　また、(13)は法印様に驚かされた野狐が、妊婦(女房)に化けて法印様に仕返しをしている場面であり、お歯黒(鉄漿)をつけながらお経を唱えるような場面である。「ジャクモク」は「寂黙」と考えられ、お経の一節であろうことがわかる。そのお経の中に「イィーッ」という声が入り、これが狐の鳴き声と考えられる。妊婦が自分でお経をあげているように見えるが、実はそれが狐なのだということを示している。そして、具体的にそれが法印様の驚かした狐だったんだと言及されることなく話が終わる。狐だとわかるのはこの「イィーッ」という鳴き声によるのみである。このようにせりふに鳴き声を入れることによって、動物であることが示されているのである。

(13)　「こりゃあ、困った」と、ウロ、ウロ、していると、その中(うち)に、死んだ女房がムクッ、と起ぎで、鉄漿(かね)つけ始めだど。
　　　♪ジャクモク　ジャクモク、ついだか　つかねがや、イィーッ。ついだか　つかねがや、イィーッ
　　って、まだ、つけで
　　　♪ジャクモク　ジャクモク、ついだか　つかねがや、イィーッ。ついだか　つかねがや、イィーッ
　　一寸ぬぎ、二寸ぬぎしている中(うち)、その顔、法印さまに、ベターッと、つけだ。法印さま、目まわしたど。
　　　パッと目覚めると、なんと、まだ昼日中(なが)であったけど。どんぺんからっこ・ねっけど。(『笛吹き聟』158, 159頁「山伏狐(狐のむかし)」)

　さらに、次の(14)では動物だけではなく、滝が話しているように聞こえる場面で、「タンタン」という滝の音が挿入されている。

(14)　ほすたっけぇ、おっちなたじ(大きな滝)が、あったんだど。とごろが、ほのたじが、「えげや(行けや)タンタン、えげやタンタン」どゆってるようぬちけでくんだ(聞こえてくるんだ)ど。
　　　　　　　　　　(『夢買い長者』255頁「果てなし話(その一)」)

　このように、民話においては動物をはじめとした人間以外が喋ることがままあり、それでも人間ではないということを示すためにオノマトペを挿入して、それが不思議なことであることを特徴づけているのではないかと考えられる。動物のせりふの近くには、「不思議だ」と奇異がる人間の姿も描写されていることがあることからも、物語であるとはいえ、動物が話すことは人間とは異なる特殊なことだということを際立たせていると考えられる。あるいは、動物は実際には言葉を話さないという前提を了承していることを暗に示しているのかもしれない。
　また、せりふ以外にも動物の存在を強調する鳴き声のオノマトペがある。

(15)は「舌切雀」の一節である。

(15)　ほして、爺さ、また、
　　　♪舌切雀　お宿はどごだ　舌切雀　お宿はどごだ
　　って、行ったじょん。ほすっと、そごの竹藪に、雀こいたじょん。
　　　雀こぁ、<u>チュン、チュン、チュン</u>と、いたじょん。「あら、あら、あら、里(さど)の爺ちゃ来たわ」そすっと、「あら、あら、あら、良ぐ来たど」って、爺ちゃんの雀、迎えに来たじょん。
　　　　　　　　　　　（『笛吹き聟』120頁「舌切雀（雀のむかし）」）

　竹藪に雀がいたということを言った後、改めて「チュン、チュン、チュン」という鳴き声を入れた表現を行うことで、重ねて雀の存在を示している。オノマトペを入れることで、雀の存在に注意を向けさせていると同時に、その後に来るせりふが雀のものであることを示す役割も担っている。しかも、「チュン、チュン、チュン」と、3回の鳴き声であることから、雀が複数いることもわかる。1匹なら「チュン」または「チュンチュン」でいいだろう。
　ちなみに、この「チュン、チュン、チュンといる」という表現は、文法的にも特徴的である。共通語であるならば、「チュン、チュン、チュンと鳴いている」というように「鳴いて」という動詞があるはずのところ、この最上の民話では「チュン、チュン、チュンといる」というように「鳴いて」が省かれている。このようにオノマトペが本来係るはずの動詞が省略されている表現は、最上の民話にのみ見られた。
　加えて、(16)では鳴き声ではないが、「化け物」を特徴づける言葉として「ヌーッ」というオノマトペが使用される。入ってくる様子すべてに「ヌーッ」というオノマトペを使うことで、「化け物＝ヌーッ」という結び付けがなされている。これもまた、人間以外であることを示すオノマトペの使い方である。

(16)　ほすたっけェ、すばらぐもよって（暫くたって）、ちゃぐでんの方で、
「ガターン」
ど、おっちなおどがすたんだど。ほすて、顔のなげえ（長い）化げ物が、ヌーッとへえってちて、
「クス殿、クス殿」
ど呼ばったんだど。ほすたっけェ、縁のすたがら、しェのたげえ（背の高い）化げ物が、ヌーッとへえってちて、
「ばえぼぐのえへえ（梅木の位牌）殿、お晩でがす（お晩です）」
ど、ゆったんだど。ほれがら、化げ物だヅァ、
「せえつくりんのこけえ（西竹林の古鶏）殿、ごっつぉう（御馳走）がちたがら、出はってこッ」
ど呼ばったんだど。ほすたっけェ、ぬすの方がら、くずのとがった化げ物が、ヌーッとへえってちたんだど。ほれがら、化げ物だヅァ、
「南方太郎殿、ごっつぉうがちたがら、出はってこッ」
ど呼ばったんだど。ほすたっけェ、南の方がら、腹のおっちな化げ物が、ヌーッとへえってちたんだど。ほれがら、化げ物だヅァ、
「東方太郎殿、ごっつぉうがちたがら、出はってこッ」
ど呼ばったんだど。ほすたっけェ、しがす（東）の方がら、しげコおがすた（鬚を生やした）化げ物が、ヌーッとへえってちたんだど。
(『夢買い長者』77, 78頁「楠の木のたたり」)

4.3　オノマトペの繰り返し

　先述の稲田（1980）において「実用性以外の特性」として（3）に挙げられている民話の表現の特徴の中に「③繰り返し、重ねことば、かかり結び」がある。このうち、繰り返しはオノマトペにおいても特徴的に使用されている。とりわけ目立つのは、歌や「果てなし話」などに見られるものである。
　(17)は「爺っこ」の屁の音、(18)は食わず女房が頭の口へ御飯を放り入れるときの歌である。(17)において屁の音に近いと思われるのは「サラサラ」より「ピンパララン」のほうだが、実際の屁の音とは似つかわしくな

く、だからこそ「面白い」と言われる音となっている。(18)の「ベロベロ」は舐めるような舌の動きを表現していると考えられるが、具体的な描写よりも恐ろしさを協調するような表現となっているように思われる。すなわち、(17)(18)はどちらも実際の音や様態に忠実な描写というよりも、音そのものの面白さ、オノマトペ表現が有する二次的な感情的意味を中心に据えたものであると考えられる。そして、そのオノマトペを含んだ表現が話の中で何度も繰り返され、リズム感を生んでいる。

(17) 昔にな、爺っこど婆どあっちゃったどっちぇ。したけ、爺っこはよっちぇ、焚（た）ぐものねえどごじぇ、桃の木伐（き）たぐに行ったっちの。木ぁ、バッカラバッカラっちぇ、伐ていっちゃたきぁ、「誰だばそれ、おいの桃の木伐てんちゃ奴は」っちぇ。「まんべの屁ふり爺っこ」っちぇ。「んだら、こちゃ来て、屁（ふえ）いっぺふれ」っちぇ。
　　　おそくサラサラ五葉の松。ピンパララン。
「わいい、面白い屁こだじゃ。も一つ（ふと）ふれ」っちぇ。
　　　おそくサラサラ五葉の松。ピンパララン。
「なんぼ面白い屁っこふる爺様だば」っちぇ、「おいおい。こりゃいい屁ふる爺っこだな」っちぇ、重て（おんぶ）箱欲しいが、軽い箱欲しいが」。「年とっちぇるし、重でんだば家さ到着（とっちゃげ）ねへで、軽いやづ欲しい」っちぇ。　　　　　　　　（『津軽百話』18, 19頁「6 屁ひり爺」）
(18) おずんつぁんど、おばんつぁんは、ブルブル震えながら、五升金出すて御飯焚えだんだど。ほすて、山ど焼じめすこしぇで出すたっけぇ、おなごぁ、なげえ髪掻じ分げで、
　　　オマンヌズ、ベロベロ、オマンヌズ、ベロベロ
ど、ゆえながら、ゲエギ（御手玉）つぐようぬすて、あだま（頭）の上のくっつぁ（口へ）、ポンポン、ポンポン投げごんだんだど。
　　　　　　　　　（『夢買い長者』63頁「食わず女房（その一）」）

一方、(19)(20)(21)は『笛吹き聟』の「最後に語る昔話」に含まれてい

るオノマトペ表現である。いずれも短い話であるが、その中にオノマトペが繰り返されている。(17)(18)がオノマトペの具体的な描写にほとんど頼っていないのに対し、(19)(20)(21)は具体的な描写が行われている。通常の会話などで行われるオノマトペの使い方とほとんど同じであるが、それが何度も繰り返されるという特徴を持つ。

(19) むかし、あっ時な、天竺から長い長い褌が下りてきた。長くで長くで、今日もヒラヒラ明日もヒラヒラ　ヒラヒラヒラヒラヒラ　まだヒラヒラ　ヒラヒラ……　（『笛吹き聟』223頁「長い話（その一）」）

(20) むかし、ある時、狐いで。あの山越えで、この山越えで、カサ、カサ、カサ、カサ、と行ぐけどな。あの山越えで、この山越えで、（実際の山、川の名を入れて）カサ、カサ、カサ、カサ、と行ぐけどな。カサ、カサ、カサ、カサ……
（『笛吹き聟』224頁「果てなし話（その二）」）

(21) むかし、長者殿の米蔵さ、穴開いていたけど。そごから、鼠が米くわえて来ちゃ、チョロチョロ、また、鼠が米くわえて来ちゃ、チョロチョロ、また鼠が……　（『笛吹き聟』226頁「果てなし話（その六）」）

「最後に語る昔話」については、次の(22)のように解説がされている。

(22) 「最後に語る昔話」は、『日本昔話集成』に「形式譚」として総括されているものである。これについて私は、「最初に語る昔話」に相呼応するものとしての位置を与えてみたいと思う。これらの話は、元来がその機能からして、語りの場の終結を意図するものである。恣意的に終焉を告げようとするものである。「果てなし話」にしても「短いむかし」にしても、目的とするところはひとつである。きわめて積極的な〝語りの場締結〟への提言にほかならない。したがって、それらの話の有する力と職能とを充分に迎えた上で、あえて「最後に語る昔話」としたのである。
（臼田監修・野村編 1968: 33）

語りの終結という機能を持たせるために、同じ表現を繰り返す。繰り返しであることを卓立させるためにオノマトペが用いられやすいのではないだろうか。あるいは、4.1 節の聞きなしにおいては、「オチ」をつけるためにオノマトペが用いられていたが、ここでは「オチ」をつけないようにするためにオノマトペが繰り返し用いられているとも見ることができるだろう。

4.4　オノマトペ特有の表現

最後に、オノマトペの特徴を利用した表現をいくつかまとめておきたい。

(22)　そごに、栗が「さあ、今だ」と、パーン、とはじけて行ったれば、猿はキャツ、キャツと火傷した股ば、抑えで、味噌桶さ、走って行ったど。熱(あっ)もんださげ、味噌桶見もしねで、ズブリ、と手入れたれば、隠(かぐ)れていた蛇(へんび)が、ガブリ、とかぶりついてやったど。さあ、熱(あっ)もんだが痛(いて)もんだが「あっ、痛て、て、て」と、猿、大急ぎで、水屋(みじょや)さ走って行ったけど。水屋には蟹(がに)が隠って、走って来るごろを、パチッと、その火傷したどごば、鋏(やげ)んだ。「あっ、痛て、あっ、痛て」と、猿、赤け顔、もっと赤ぐして土間さ下りて、走って行ぐど、土間の暗闇さ待ぢ構えった、まった打ちに足ばからまっで、ビデッ、と転んでしまったど。動けねいるどごろさ蜂が飛んで来た。猿、どでして（どうかして）厩の方さ逃げようとすると、べごの糞さ滑って、スデン、と転んでしまった。そごに、蜂は、<u>チクリ、チクリ、キャツ、キャツ</u>と、いっているどごろさ、梁の上がら臼が、ドーン、と、下りで来で、その良ぐなし猿どご、ビッチョリ、と、潰してしまったけど。（『笛吹き聟』146, 147 頁「勝々山（猿むかし）」）

(22)は「猿蟹合戦」として知られている話に見られる、栗や臼による猿への復讐の場面だが、勢いのある描写の中に多数のオノマトペが含まれている。その中でも注目したいのは、「チクリ、チクリ、キャツ、キャツ」と、

蜂が猿を刺す様子を表すオノマトペと「キャツ、キャツ」という猿の鳴き声を表すオノマトペが連続している部分である。ほかのオノマトペは「栗がパーンとはじける」「猿が味噌桶にズブリと手を入れる」など、動作主が明示され、修飾する動詞も伴っているが、「チクリ、チクリ、キャツ、キャツ」の部分は動作主と動詞が完全には示されていない。「チクリ、チクリ」に関しては「蜂は」と動作主があるが、直接修飾する動詞がない。「キャツ、キャツ」は「猿」という動作主が明確には示されていない。しかし、「チクリ、チクリ、キャツ、キャツ」はそれぞれ蜂が刺し、猿がそれに対して鳴き声を上げて騒いでいる様子がわかる。後ろに続く「いっている」というのは、蜂が「チクリ、チクリ」と猿を刺し、猿は刺されて「キャツ、キャツ」と声をあげて騒いでいることを指しており、言葉を発している「言う」ではなく、音をたてることを「いう」で表しているのである。このようにオノマトペの表現は、オノマトペそのものにその動作主や動作の中身が含まれているため、動作主や動作の表現が中途半端であっても聞き手に伝わり得るのである。

　ほかにも、オノマトペならではの表現として、次の(23)(24)のように、似た音や形のオノマトペが対比的に用いられているものがある。

(23)　ほの娘、「ほら！　こっちゃも出はった。あっちゃも出はった」と、いうど。千成瓢さだねで（だけでなくて）腰の辺（あだ）りや頭（あだま）の辺りさ、鉄の小刀（くろがね）、ザギ、ザギ、と立てらったど。鉄じゅものは、蛇（へんび）さは毒なだものださげ、それが眼（まなぐ）だもや、背骨だもや、ジャギ、ジャギ、と刺（さ）ったけど。千成瓢浮かしたまんま疲れで、蛇体（じゃんでぇ）はひとつも沈めかねたど。
　　　　　　　　　　　　　　　（『笛吹き聟』52頁「蛇聟入」）

　オノマトペ特有の表現として、類似した音や形が対比的に使用されるということがある。例えば、代表的なものとして「コロコロ」と「ゴロゴロ」のような清濁音の対比、いわゆる清濁対立がある。「コロコロ」には小さく、かわいらしく、きれいだというイメージが付随するのに対し、「ゴロゴロ」

は大きく、鈍重で、汚いというイメージがあるというものである。(23)は「ザギ、ザギ」に対して「ジャギ、ジャギ」というように直音と拗音の対比となっている。直音と拗音の対比については、例えば「しずくが<u>ポタポタ</u>垂れる」に対して「しずくが<u>ポチャポチャ</u>垂れる」のように、拗音が用いられている「ポチャポチャ」のほうが水が飛び散る様子が想像でき、拗音のイメージの1つとして「拡散」があると考えられている。(23)は千成瓢（ひょうたん）と一緒に千本の小刀を用意して、それをいっしょに池に入れ、娘が蛇にひょうたんが浮かび上がってこないようにできれば、一緒に池に入る（結婚する）と言った後の場面である。「ザギ、ザギ」「ジャギ、ジャギ」はどちらも小刀が蛇の体に刺さっていることを表すが、拗音が「拡散」というイメージを持つと考えると、「ザギ、ザギ」は小刀が数本刺さっているのに対し、「ジャギ、ジャギ」は体のあちこちに無数の小刀が刺さっているものだと解釈できる。

(24) 一番の姉娘だな「爺な、爺な、起ぎて、まま喰えはぁ」「起ぎでまま喰いごといいども、汝、俺のいうこど聞いでくへっぺな」「聞くでぁ、なんだや」と、こういうさげ「こりゃ良がった。夕こういうわげで、田さ、水たっぷり掛げでくっただに、蛇体に相違ねと思う。蛇体の妻になってくへっかや」って、いったれば、姉娘ぁ「この、馬鹿爺がね。馬鹿にするにも程がある。蛇体の嫁などなってらんねべや」と、<u>ベンゴリ</u>、ど、頭、踏み付けらったど。「さて、さて、こりゃ困ったごんだ。なんしたこどしたらいいべ。くんねごんだれば、俺、蛇体に呑まってしまう」と、いうど。二番目娘「爺な、爺な、起ぎでまま喰はぁ」「俺、ひとづ頼みごどあっぱ」「爺のいうこどなら、なんでもいうこど聞ぐ」「いや、ただのごんでね。こういうふうにして水掛げでもらった。なんとかして、蛇体の妻なってくんねがや」二番目も姉のいう通り「人間と生まってで、蛇体の妻になってらんねべや、この、馬鹿爺っこ！」と、<u>ベッコリ</u>、まだ頭ば足で蹴飛ばして来たど。

（『笛吹き聟』50頁「蛇聟入」）

一方、(24)は撥音と促音の対比となっている。「ベンゴリと頭を踏みつけられた」「ベッコリと頭を足で蹴られた」というように、第2音節が撥音と促音となっている。これは音の対比でもあるが、型の対比でもある。オノマトペには「ふんわり」「ぐんにゃり」などのAンBリ型と、「ゆっくり」「ぴったり」などのAッBリ型が数多く見られる。共通語では、この2つの型において第2音節が撥音になるか促音になるかは、第3音節にどのような音が入るかによって決まる。『笛吹き聟』(最上)の例では、第3音節が「ゴ」と「コ」という清濁の対比をなしており、その影響で第2音節が撥音と促音になるという違いが生じたようにも考えられるが、もう1つの可能性として、「ベゴ」というもとになる語基が存在し、それがAンBリ型とAッBリ型に当てはめられた結果、第3音節が「ゴ」「コ」という清濁の違いを持ったということも考えられる。

田守(1993)では、促音が「瞬時性」「スピード感」といった意味を表し、撥音は「共鳴」を表すとしている (田守 1993: 13)。撥音が「共鳴」を表すということは、本体の音が終わったことも表現しているため、撥音には動きの終結も含まれ得るだろう。「ベッコリ」が使用されている「蹴りつける」は一瞬の動作であるのに対し、「踏みつける」は動作の余韻が残るだろう。すなわち、「共鳴」である。ただし、田守(1993)はAッBリ型、AンBリ型などの語中にある促音と撥音は「強調」を表すのみとも言及しているが、「ベンゴリ」「ベッコリ」に関しては、促音と撥音の意味が生かされている可能性がある。

そして、オノマトペ特有の表現として、(25)のように、同じ音がさまざまな様子を表すのに用いられているものがある。「パッ」と雀が集まり、「パパパ」と忙しく騒ぎ、「パッ」とその集まっているところを叩くと雀が飛んで行ってしまうという場面で、「パ」を使ったオノマトペが4例見られる。いずれも表している動作は異なるが、実際に民話が語られる場にあれば、これで通じるのである。特に動作を描写する場合、同じ語であっても、スピードや声の大きさを変えるなどの話し方で表現をし分けるということがある。これもオノマトペ特有の使われ方であろう。

(25) そしていだどごろが、こんだその、お坊さんが、「わ、今、ちゃんとやってけるはで、行げるようにしてやる」って、そしてあのやったねか。その笛吹いだんだって。そしたら雀が<u>パッ</u>と集まってきて、いとまに米を、<u>パパパ</u>ど騒いでいるうちに、じき<u>パッ</u>と叩いだら、米だけ残って籾が<u>パッ</u>と飛んで、雀がいなぐなってしまったんだっての。　　　　　　　（『津軽百話』27, 28頁「10 粟袋と米袋」）

5．民話のオノマトペ表現のまとめ

　以上、東北地方3県の、各地の方言で語られた民話に現れているオノマトペ表現について、どのような特徴があるのかをまとめてきた。例えば、「聞きなし」は民話の物語のいわば「オチ」として用いられ、なぜそう聞こえるのか、あるいは鳥がなぜその名前で呼ばれるのかといった伝承の中核を担っている。中には、ホヤが「ホヤホヤの牡丹餅」と言ってみるようなだじゃれの例もあった。民話ならではの動物のせりふや動作においては、動物の鳴き声が効果的に用いられている。あるいは、繰り返して用いられることでリズムを生んだり、「オチ」がつかない話では繰り返されることで語りの締結を示したりするものもあった。そして、オノマトペの音や形のルールを利用した、オノマトペだからこそできる表現が見られた。
　今回はオノマトペを用いた多様な表現法を概観するにとどまったが、今後は全国各地の民話のオノマトペを収集し、オノマトペによる表現法や語選択の違いといった地域による志向を見ていきたい。「桃太郎」の方言訳のように特定の場面を表すオノマトペがどのように異なるのか、そもそもオノマトペ表現を使用するのかしないのかといったことも面白いだろうし、特定の表現に限らず、各地域におけるオノマトペ表現の傾向を見ることができたら面白いだろう。方言で語られた民話はオノマトペの宝庫であり、興味が尽きないところである。

民話資料
臼田甚五郎監修・国学院大学説話研究会編(1967)『津軽百話』東出版
臼田甚五郎監修・佐々木徳夫編(1972)『夢買い長者 宮城の昔話』東出版
臼田甚五郎監修・野村順一編(1968)『笛吹き聟 最上の昔話』東出版

文献
稲田和子(1980)「民話の再話と方言」『日本児童文学』26(3)
川森博司(1997)「民話の語りと方言(方言生活と言語行動(身ぶり)のダイナミックス)」『國文學』42(7)
金水敏編(2014)『〈役割語〉小辞典』研究社
倉持洋子(1989)「日本昔話の中の擬態語、擬声語」『茨城女子短期大学紀要』16
小池ゆみ子(2010)「『食わず女房』のオノマトペ」『子どもと昔話』45
佐藤亮一監修(2007)『ポプラディア情報館 方言』ポプラ社
田守育啓(1993)「日本語オノマトペの音韻形態」筧壽雄・田守育啓編『オノマトピア—擬音・擬態語の楽園』pp.1–15. 勁草書房
三井はるみ・井上史子(2007)「2.5『全国方言談話データベース』に見る方言のオノマトペ」小林隆編『シリーズ方言学4 方言学の技法』p.66–89. 岩波書店
山口仲美(2008)『ちんちん千鳥のなく声は—日本語の歴史 鳥声編』講談社学術文庫(原本『ちんちん千鳥のなく声は—日本人が聴いた鳥の声』大修館書店, 1989)

IV　用法を記述する

第11章
青森県五所川原市方言の感動詞「アッツァ」について

田附敏尚

1. はじめに

　各地の方言の感動詞はバラエティに富んでおり、しかしその内実はいまだ詳らかにされているとは言い難い。筆者の母方言である津軽方言も同様で、そもそも津軽方言にはどのような感動詞があるのか、その全体像もわかっていない。思いつくものとしては、例えば「カ」、「ワイハ」、「ハイッタ」等、独特とも言える感動詞が多く存在するが、その意味・用法に関しても明らかになっていない。
　そのような中、本稿では手始めに、青森県五所川原市で用いられる感動詞「アッツァ」についての記述を試みる。「アッツァ」は以下のように用いられる。

（1）　アッツァ、カレーッテシャベッテアッタハンデ カレーライスダガドオモタッキャ、ナニ、カレーノニツケナ
　　　（カレーって言っていたからカレーライスかと思ったら、なんだ、鰈の煮付けか）
（2）　［郵便局で郵送と入金をしようと思っていたのに、郵送だけして入金を忘れて出てきてしまった。それに気づき、独り言で］
　　　アッツァ

（1）は、自分の認識と事実（新規に獲得した情報）とが違っていたことに驚いている場面であり、「アッツァ」は典型的にはこのような場面で用いられる。（2）は筆者の体験に基づく実例である。これは自分がなすべきこととそれを実行していないという現実との食い違いに驚いている場面であり、独り言の例である。この（2）で示した例のように、「アッツァ」は筆者の使用語彙であるため、本稿ではこれを筆者の内省によって記述する[1]。筆者の居住歴は以下の通り。

39歳男性。居住歴は0歳～18歳－青森県五所川原市、18歳～24歳－神奈川県川崎市、24歳～35歳－宮城県仙台市、35歳～現在－兵庫県神戸市。両親の出身地は父が青森県五所川原市、母が青森県北津軽郡中里町（現：中泊町）。

2. 先行研究

本稿で取り上げる「アッツァ」についての記述的研究は管見の限り見当たらないが、方言辞書、方言集の類に目を転じてみると、多少これに関する記述を見出すことができる。古いものでは菅沼編（1936）に「アッツア」が津軽地方で使われる感動詞として挙げられている。ここから、1936年当時にはすでに存在していたことがわかる。他にも、藤原（1996）、田中（2000）、成田（2002）、久米田（2016）に記載がある。

それぞれ記述している内容は違うが、共通語訳としては「あら」「あれ」「まあ」などであり、ある程度一定しているとみてよいだろう（表1参照）。

表1 先行研究の「アッツァ」の共通語訳

先行研究	共通語訳
菅沼（1936）	まあ
藤原（1996）	あら、あれあれ！、あれまあ！
田中（2000）	あれっ
成田（2002）	あらー、あらまあ
久米田（2016）	あれま、（あらら、ほれ、それ）、あらら！ほーら

森山(1996)では、これらは「感情、注意など、内的な情動を未分化なまま発するもの」として情動的感動詞に分類されており、特に「あら」「あれ」は未知なものと遭遇したときの反応、「まあ」はそれに対する情動的反応と分類されている。確かにこれらの感動詞と似ている面があり、ひとまず「アッツァ」も情動的感動詞と見てよかろう。しかし「あら」「あれ」「まあ」とまったく同じとは言えない。これらが生起しうる環境に「アッツァ」を代入してみても、不自然となることがあるからである（（３）〜（５））。

（３）　{あら／??アッツァ}、いらっしゃい。
（４）　［近所の子供が昼間に街で遊んでいるのを見て］
　　　　{あれ／??アッツァ}、今日学校は？
（５）　{まあ／??アッツァ}、おいしい。

　このようなこともあり、共通語の置き換えによらない「アッツァ」の分析を以下で進めていく。まずは次節で音声的・形態的・統語的特徴を見たあと、4節にて用法を観察し、5節でその意味的特徴を明らかにしたい。

3．種々の特徴

3.1　音声的特徴

　筆者の内省によると、「アッツァ」はアにアクセントがあり、一語文のように言い切りとなる形ではそこから下降調となる。後ろの文に続く形で発話されることもあり、このときは語末まで下降しない。これは昇り核をもつ津軽方言の特徴といえよう。アとツァとの音の高低差や音の強さなどは変化しうるが、高い場所はどのような意味・用法においても一定している。

　わざわざ「筆者の内省によると」と述べたのは、上述の先行研究では、それ以外の型が示されているものもあるからである。藤原(1996)では「アッツァー」と記されており、ツァの部分が高い音調である。また、久米田(2016)では「アツァ〈↑↓↓〉」「アツァ！〈→↑↑〉」「アツァー

〈→↑↑↓〉」という3パターンに分けて記載されている（おそらくそれぞれ頭高型、尾高型、中高型であろう）。確かにツァの音の方が高くなる音調も耳にしたことはあるが、筆者自身は使用しない。この点に関しては地域差や世代差等があるのかもしれない。本稿では内省に基づいて観察を行うため、アにアクセント核があるもののみを考察対象とする。

3.2　形態的特徴

　「アッツァ」の形の面に着目すると、以下のようなことが指摘できる。

　まず、「アッツァ」はその促音がなくなり、「アツァ」のような形となることもある。意味や用法において基本的な違いはないように感じられるが、何かに気づいた時など、より反射的な発話のときは短い「アツァ」が出現しやすいということができる。上記の例文で言うと、（1）よりは（2）のほうが「アツァ」になりやすい。ただし、あくまで傾向の問題であり、（1）で「アツァ」と言っても問題はない。また、「アッツァ（アツァ）」のツァは母音が無声化し、[atsḁ] となる場合もある。おそらく無声化については発音上の生理的な現象であり、これも意味・用法に関係してはいないと思われるが、より詳しい検討が必要である。

　このほか、「アッツァー」のように、ツァが伸びる場合（長音化）や、「アッツァッツァッツァ」もしくは「アツァツァツァ」のように、（ッ）ツァが連呼される場合（重音化）もある。ごく大雑把に傾向を指摘すると、長音化は感動の深さや大きさを表し、重音化は驚きの大きさを表すと考えられる。

　さらに、ツァの音が有声化し、さらに破裂も弱まって「アザ」[aza] となることもある。これについては、意味・用法との関連は今のところ不明である。

　以上、ごく簡単に「アッツァ」以外の形式にも触れてみたが、本来はこれらの考察も詳細になされるべきものである。だが、現段階で筆者にその準備がないこともあり、今回はこれらについては触れない。考察は「アッツァ」と、基本的に「アッツァ」との違いがないと思われる「アツァ」だけに絞る（「ツァ」が無声化したものも含む。以降、すべて「アッツァ」と表記する）。

他のものについては別稿を期したい。

3.3 統語的特徴

　ここでは「アッツァ」の文中の生起位置について記しておく。

　「アッツァ」は前出の（1）のように文頭に生起したり、また（2）のように単独で用いられたりする。（1）′のように文の途中に置いたり、（1）″のように文末に置いたりすると自然さが損なわれる。

（1）′ ??カレーッテシャベッテアッタハンデ <u>アッツァ</u> カレーライスダガドオ
　　　モタッキャ、ナニ、カレーノニツケナ
（1）″ *カレーッテシャベッテアッタハンデ カレーライスダガドオモタッ
　　　キャ、ナニ、カレーノニツケナ <u>アッツァ</u>

　（2）のように単独で文を構成するという点や、（1）′（1）″のように文中・文末に生起しないという点から考えると、やはり「アッツァ」は感動詞的性格を帯びているということができる。

　ちなみに、田中（2000）や成田（2002）では、音の面でも（おそらくある程度意味・用法の面でも）似ている「シッツァ」[2]という形式を「アッツァ」の項目内で言及しているが、この「シッツァ」のほうは文中・文末に生起するため、統語的特徴は異なる。こちらは間投助詞と考えた方がよいのかもしれない。（1）‴は「シッツァ」が文中にある作例、（6）は成田（2002）の例である[3]。

（1）‴ カレーッテシャベッテアッタハンデ <u>シッツァ</u> カレーライスダガドオ
　　　モタッキャ、ナニ、カレーノニツケナ
（6）　コノトシネ　ナッテモ、ワラシ　カナシフテ　<u>シツァー</u>
　　　（こんな老人になっても、子供のことになると不憫でね）

　　　　　　　　　　　　　　　（成田 2002: 16、下線は田附による）

4. 用法の記述

　ここでは「アッツァ」の意味的特徴をつかむために、まずどのような場合に使用でき、どのような場合にはできないのかを観察したいと思う。「アッツァ」は、以下のような場合に用いられる。これらについて、それぞれ見ていこう。

・反射的な驚きではなく、反省的な驚きである
・想定外の事態ではなく、予想外の事態に対する驚きである
・悪い事態に対して用いられやすい

4.1　反省的な驚き

　「アッツァ」は、ある種の驚きを表すが、それがどのような驚きかという点がまずは問題となろう。まず、予想だにしなかった驚きについて考えてみる。

（7）　［後ろからいきなり驚かされて］
　　　＊アッツァ、ビックリシタ！（びっくりした！）
（8）　［空に謎の飛行物体を発見して］
　　　＊アッツァ、ユーフォーダ！（UFOだ！）
（9）　［自動車の運転中、いきなり子供が道路に飛び出してきて］
　　　＊アッツァ、アブネジャ！（危ない！）

　これらは言わば反射的な驚きであるが、このような文ではアッツァは用いられない。反射的であるがゆえに、後続文なしのアッツァ単体で使われることも予想されるが、単体であったとしてもこのような文脈で使用されることはない。

（7）′　［後ろからいきなり驚かされて］＊アッツァ！

(8)′　［空に謎の飛行物体を発見して］*アッツァ！
(9)′　［自動車の運転中、いきなり子供が道路に飛び出してきて］*アッツァ！

　これらは、これらの事態についての予想が話し手の中にはないため、「アッツァ」が使用できないと考えられる。

4.2　予想外／想定外の驚き

　予想だにしなかった驚きという点では、冨樫（2015）で挙げられている「予想外／想定外」という2つの区別にも触れておく必要があろう。冨樫（2015）では、「意外性」の概念を「予想外」と「想定外」の2つに分けて分析を行っている。「予想外」とは、「獲得した情報が、データベースに展開された情報群の中でも特に関連性の低い情報と結びついた場合」（冨樫 2015: 91–92）であり、「想定外」とは、「獲得情報が、データベースに展開された情報群と関連付けられない場合」（同: 92）であるという。つまり、話し手の予想があるとして、そこから多少外れるがまだ想定の範囲内にある場合には「予想外」、あまりにも予想とはかけ離れてしまうと「想定外」という言い換えができようか。
　ここで「アッツァ」をこの「予想外／想定外」に照らし合わせて考えてみると、以下のようになる。

(10)　［台風通過後、心配で林檎畑を見に行くと、林檎がかなり地面に落ちていた］
　　　アッツァ、オジデマテラジャ（落ちてしまっているな）
(11)　［台風通過後、心配で林檎畑を見に行くと、林檎がどこにも見当たらない］
　　　??アッツァ、リンゴ　ナモ　ネジャ（林檎が全然ないな）

　台風によって林檎が落ちてしまうことは、あってほしくない事態ではある

が、まだ想定できる範囲にある。(10)はこのような「予想外」の場合であるが、ここでは「アッツァ」が用いられ得る。しかし、台風通過後、林檎が木の枝にも地面にも見当たらないというのはまったく想定できない事態である。このような「想定外」の場合は、(11)のように「アッツァ」を用いることはできない。つまり、「アッツァ」は「予想外」では用いることができるが、「想定外」では用いられないということになる。

4.3 悪い事態に対する驚き

　もう一つ、「アッツァ」には重要な特徴がある。それは、「アッツァ」は悪い事態に対して驚くという場面で用いられやすいということである。

(12) 　［テストの出来が悪いと予想していたが、予想以上に悪かった］
　　　アッツァ、コイダバ　アガテンダジャ（これだと赤点だ）
(13) 　［オリンピックで応援している優勝候補の選手が1回戦で負けたと友人から聞いて］
　　　アッツァ、マゲダガ（負けたか）

　逆に、良い事態、喜ばしい事態に対しては「アッツァ」が出てきにくい。

(14) 　［テストの出来が悪いと予想していたが、わりと良かった］
　　　??アッツァ、ハジジュッテンモ　トレデラ（80点も取れている）
(15) 　［オリンピックで1回戦で負けると思っていた選手が金メダルを取ったと友人から聞いて］
　　　??アッツァ、カッタガ（勝ったか）

　悪い事態というのは、いったい誰にとっての悪い事態かということも確認する必要がある。(12)は自分にとっての悪い事態だが、(13)は直接的に自分に何か害があるわけでもない。また、以下の(16)は、話し手にとっての悪い事態とも、聞き手にとっての悪い事態とも言えるものであり、(17)は

聞き手にとっての悪い事態である。このように、「アッツァ」が使われるときの悪い事態が、誰にとっての悪い事態かという点に関しては、それほど制限的ではないことが分かる。

(16)　［準備をしておけと言ったのに、子供が準備していないのを見て］
　　　アッツァ、アレホッド　ハエグ　ジュンビセッテ　シャベッタデバナ
　　　（あれほど早く準備しろと言ったじゃないか）
(17)　［聞き手が具合が悪そうにしているのを見て］
　　　アッツァ、ダイジョンブダナ（大丈夫か）

4.4　悪い事態に対する驚きの反例

　ここまで「アッツァ」が使用されやすいと考えられる例を挙げてきたが、特に最後の「悪い事態」に対して用いられるという点については、反例が挙げられる。

(18)　［弟が、棚にあるはずの鍵がないと言っていた。その棚を話し手が探して］
　　　アッツァ、コサ　アルデバナ。ドゴ　ミデランダベ
　　　（ここにあるじゃないか。どこを見ているんだろう）
(19)　［久しぶりに小学生の甥に会って］
　　　アッツァ、ズンブ　オガッタナー（ずいぶん成長したなあ）

　（18）に関しては、鍵が見つかったということであれば、それは良い事態と捉えられるだろう。(19) も、甥の成長を悪い事態と捉えることはあまりないように思われる。それにもかかわらず、これらのような状況で「アッツァ」を用いても不自然さは感じられない。これはどのような理由によるのだろうか。次節以降で考えていきたい。

5. 意味的特徴

　ここで、結論から先に述べると、「アッツァ」は以下のような意味的特徴を持っている。

(20) 　話し手の認識や知識と、新規獲得情報との間にある程度の差があり、かつその差を生んだ話し手の認識や知識、新規獲得情報に対してマイナス評価を下している

　上記(18)(19)のような反例もこの意味的特徴から説明づけられるのだが、まずはその前のものから、ここまで挙げてきた例について、この(20)の観点から説明づけてみたい。

5.1　反省的な驚き・予想外の驚き

　まず4.1.節の反省的な驚きについてだが、「アッツァ」が反射的な驚きを表せないのは、「アッツァ」の使用には話し手の認識や知識が前提として必要であるからだということができる。新規獲得情報に関連する認識や知識がない場合は、「アッツァ」を用いて驚くことができないということである。(7)いきなり驚かされる、(8)UFOを見るという事態に関しては、普段から十分にその可能性を認識して行動するということは考えにくい。(9)車の運転中に急に子供が飛び出してくるということは、運転者の心構えとしては予想しておくべきことだろうが、具体的な予想となると困難であろう。そのため、これらは「アッツァ」を用いて表すことができないのである。

　次に、4.2.節の予想外／想定外について見てみる。予想外の驚きに関しては、話し手の認識や知識と新規獲得情報の間にある程度の差があったために「アッツァ」が用いられていると考えて問題ない。具体的に言うと、(10)では、台風が通過すると林檎が被害を受けるというのは、常識的に考えても予想が立つことである。一方で、被害がなければよいという話し手の期待もあるだろう。このような予想や期待を話し手の認識とすると、それと実際の

「かなり林檎が落ちた」という被害状況の間に差があったため、「アッツァ」が用いられているということである（そしてそこで新規獲得情報に対してマイナス評価が下されている）。ここでは「林檎は落ちていない」という期待もあるため、どのくらい林檎が落ちたら「アッツァ」が使われるのか、もしくは使われないのかという点に関しては、程度の問題であり、人によっては揺れが生じうると考えられる。

　しかし、あまりに突飛なことが起きると、「アッツァ」は用いられない。それが想定外の驚きの(11)である。台風通過後林檎が落ちるというところまでは予想できるが、林檎が見当たらないとなると、話し手にとっては何が起きているのか分からない事態となっている。話し手の認識や知識と新規獲得情報の間に差を見出すためには、例えば因果関係など、これらに何らかの関連性がなければならないが、この状況ではすぐに台風と林檎の喪失は関連付けられない。そのため、「アッツァ」が用いられないということになる。

　以上、反省的な驚きに関しても、予想外の驚きに関しても、新規獲得情報に関する話し手の認識や知識が前提として存在するという点から説明づけられることがわかる。

　なお、一見するとその場で前触れなく事態が起こっているように見える状況で「アッツァ」が用いられることもある。例えば次のような状況である[4]。

(21)　［道の向こうから太郎君がやってきた］
　　　アッツァ、ダイダガドモッタッキャ　タローダデバ
　　　（誰かと思ったら太郎じゃないか）

　ここでは「ダイダガドモッタッキャ（誰かと思ったら）」が一つのポイントとなっているだろう。つまり、太郎君は突然現れたのではなく、向こうからそれらしき人影は見えているのである。話し手はその人影を見て、誰であるかを判定しようと試みているが、太郎君とは同定できておらず、むしろ他の人物を予想していると考えられる。そこで、太郎君だと分かった時点で「アッツァ」の文が発せられていると解釈できる。このように、新規獲得情

報に関する話し手の認識や知識が前提として存在するとは言っても、その認識（ここでは話し手の判断）が直前に形成されているということもありうる。

5.2 悪い事態に対する驚き

さて、4.3.節で見た悪い事態に対して驚くという点、そして 4.4.節に挙げたその反例についてであるが、これは、話し手の認識や知識、新規獲得情報に対してマイナス評価を下すという特徴に関係する。先に話の種を明かしておくと、「アッツァ」を用いるときにマイナス評価を下しているのは新規獲得情報だけではなく、それに関わる話し手の認識や知識もマイナス評価の対象となっている。4.4.節の反例は、新規獲得情報自体はマイナス評価の対象ではなく、それ以外がマイナスと捉えられている例だった、ということである。

もう少し詳細な説明をするために、(18) の状況を以下のようにより細かく設定し、「アッツァ」の生起状況を確認したい。(18) を再掲する。

(18) ［弟が棚にあるはずの鍵がないと言っていた。その棚を話し手が探して］
アッツァ、コサ　アルデバナ。ドゴ　ミデランダベ
（ここにあるじゃないか。どこを見ているんだろう）

まず、A.新規獲得情報となる鍵の存在を、鍵があるかないかの2択として想定しておく。次に、B.弟からの情報（話し手の知識となるものであり、ここでは前提情報と呼んでおく）であるが、これも弟が鍵があると言っていたのか、ないと言っていたのかの2択として考える。最後に、C.話し手自身がどう認識・予想しているかにも目を向ける。これは鍵が棚にあると思っているか、ないと思っているかに加えて、鍵のありかがわからないということも考えられるので、この3択を考えておく。実際は認識・予想の不確かさがあり、「ある」「ない」「わからない」の間に位置するようなこともあるのだが、論点をはっきりさせるため、話し手はここではかなりの確かさで

第 11 章　青森県五所川原市方言の感動詞「アッツァ」について　245

「ある／ない」と捉えていると仮定し、不確かな認識・予想は「わからない」に近いと考える。すると、これらは以下の表2のように整理される。

表2　新規獲得情報／前提情報／話し手の認識・予想の組み合わせ

C.話し手の予想	B.前提情報	A.新規獲得情報
①【話し手は鍵が棚にあると思っている】	【弟は鍵が棚にあると言っていた】	【鍵が棚にあった】
②【話し手は鍵が棚にあると思っている】	【弟は鍵が棚にあると言っていた】	【鍵が棚になかった】
③【話し手は鍵が棚にあると思っている】	【弟は鍵は棚にないと言っていた】	【鍵が棚にあった】
④【話し手は鍵が棚にあると思っている】	【弟は鍵は棚にないと言っていた】	【鍵が棚になかった】
⑤【話し手は鍵が棚にないと思っている】	【弟は鍵が棚にあると言っていた】	【鍵が棚にあった】
⑥【話し手は鍵が棚にないと思っている】	【弟は鍵が棚にあると言っていた】	【鍵が棚になかった】
⑦【話し手は鍵が棚にないと思っている】	【弟は鍵は棚にないと言っていた】	【鍵が棚にあった】
⑧【話し手は鍵が棚にないと思っている】	【弟は鍵は棚にないと言っていた】	【鍵が棚になかった】
⑨【話し手には鍵のありかがわからない】	【弟は鍵が棚にあると言っていた】	【鍵が棚にあった】
⑩【話し手には鍵のありかがわからない】	【弟は鍵が棚にあると言っていた】	【鍵が棚になかった】
⑪【話し手には鍵のありかがわからない】	【弟は鍵は棚にないと言っていた】	【鍵が棚にあった】
⑫【話し手には鍵のありかがわからない】	【弟は鍵は棚にないと言っていた】	【鍵が棚になかった】

さて、このような状況において、「アッツァ」はどこで用いられるのだろうか。①〜⑫のA.〜C.について鍵が「ある」か「ない」か「わからない」かだけで簡潔に示し、そこで「アッツァ」が生起するか否かを○と×で示したのが表3である。表の右にはマイナス評価の対象も加えておいた。

表3　「アッツァ」の生起状況とマイナス評価の対象

	C.話し手の予想	B.前提情報	A.新規獲得情報	アッツァの生起	マイナス評価の対象
①	ある	ある	ある	×	
②	ある	ある	ない	○	新規獲得情報
③	ある	ない	ある	×	
④	ある	ない	ない	○	新規獲得情報
⑤	ない	ある	ある	○	話し手の予想・認識
⑥	ない	ある	ない	×	
⑦	ない	ない	ある	○	話し手の予想・認識
⑧	ない	ない	ない	×	
⑨	わからない	ある	ある	×	
⑩	わからない	ある	ない	○	前提情報／新規獲得情報
⑪	わからない	ない	ある	○	前提情報
⑫	わからない	ない	ない	×	

このうち、①と⑧は、そもそも話し手の認識・予想、前提情報、新規獲得情報に齟齬がないため、認識と現実の間にギャップが生まれない環境である。ここから、やはり「アッツァ」の生起には何らかの差が必要であることがまず確認できる。

　次に、①と⑧以外で「アッツァ」が生起しない環境と生起する環境とを見比べると、ここに一つの規則が浮かび上がってくる。すなわち、②〜⑦においてはC.とA.が異なっているもの、⑨〜⑫ではB.とA.が異なっているもので「アッツァ」が生起するのである（表中の下線部に注目）。

　これはつまり、話し手の認識・予想が十全であるときは前提情報は関与せず、話し手に判断がつかないとき、認識・予想が不確かなときは前提情報が有効となることを示している。なお、③と⑥に関しては、例えば③において、話し手が絶対に棚に鍵があると思っていたら「アッツァ」は生起しないが、弟の情報に耳を傾け、多少なりともないかもしれないと思っていたら「アッツァ」が使えるようになる（⑥はその逆のパターンでやはり「アッツァ」が使えるようになる）。つまりこのような状況では、③は⑪に、⑥は⑩に近づくため、「アッツァ」が出現しやすくなるものと考えられる。

　繰り返しになるが、「アッツァ」を用いるときにマイナス評価が下されているのは新規獲得情報だけでない。マイナス評価の対象の欄を見てもわかるように、前提情報や話し手の予想・認識に対してもマイナス評価は与えられる。先の(18)の例は、⑪にあたるものであった。この状況では、現実（新規獲得情報）は良い事態となっているが、弟からの情報（前提情報）は結果的には間違っており、その間違った情報に対して（「どこを見ているんだろう」という非難を考え合わせれば、ひいては間違った情報を提示した弟自身に対しても）マイナスの評価を下していると考えられる。このように、新規獲得情報が良い事態であっても、話し手の予想・認識や前提情報（話し手の知識）にマイナスと評価されるべきものがあれば、「アッツァ」は生起できるのである。

　なお(19)に関しても、甥自身、もしくは甥の成長に対してではなく、まだ甥が幼いと思っていた自分の認識に対してマイナス評価が与えられている

ため、「アッツァ」が生起していると考えられる。

5.3 「アッツァ」生起の分かれ目

ここで、では逆に(14)(15)で「アッツァ」が生起できなかったのは何故かという疑問が出てくる。(14)(15)を再掲する。

(14) ［テストの出来が悪いと予想していたが、わりと良かった］
　　?? アッツァ、ハジジュッテンモ　トレデラ(80点も取れている)
(15) ［オリンピックで1回戦で負けると思っていた選手が金メダルを取ったと友人から聞いて］
　　?? アッツァ、カッタガ(勝ったか)

これらは、良い事態、喜ばしい事態であるために「アッツァ」が生起しないとしたものであった。しかし今見てきた(18)(19)のように、同じく新規獲得情報が良い事態であっても「アッツァ」が生起するものはある。この違いはいったいどこにあるのだろうか。

考えてみるに、鍵のありかについては、先ほどかなり確かな認識・予想であると仮定していた。その仮定は、予想と言ってもかなり確定的な予想が可能だということが背景にあった(普段の生活で目にしているし、もしかしたら弟の情報を受ける前に、話し手自身がその目で確認しているかもしれない)。それに対して、テストの出来を予想することや、オリンピックの順位を予想することは、具体的な証拠があるわけでもなく、かなり不確定な要素をはらんでいる。あるいはただの期待と言ったほうが適切かもしれない。このような場合、話し手の予想や認識(あるいは期待)に対して、マイナス評価を下すということが難しいのではないか、というのが筆者の現時点での結論である。

となると、(14)(15)は新規獲得情報も良い事態であり、かつ話し手の認識・予想に対してもマイナス評価がなされない。そのため、不自然な文となっていると考えられるのである。

5.4 共通語の類似形式との違い

　最後に補足として、先行研究で「アッツァ」の訳として挙げられていた「あら」「あれ」「まあ」との違い、特に（３）〜（５）において何が要因となって文法的判断が分かれるのかを確認してみよう。（３）〜（５）を再掲する。

（３）　{あら／??アッツァ}、いらっしゃい。
（４）　[近所の子供が昼間に街で遊んでいるのを見て]
　　　　{あれ／??アッツァ}、今日学校は？
（５）　{まあ／??アッツァ}、おいしい。

　（３）は、例えば近所の顔なじみの店で、店側が客に対して使うというようなことが考えられる。これは、まず突然の出来事であるため、話し手にこの客の来店についての予想が立っていないということが考えられる。もし予想が立っていたとしても、客の来店という良い事態に対してマイナス評価を下すことは通常考えられない。あるいは、現実との差が生まれた話し手の認識・予想に対してマイナス評価を下すということであるなら、その認識とは「この客は店に来ない」という認識となるわけであり、やはりそのようなことは表明しにくいだろう。結果として「アッツァ」はここでは用いられないということになる。
　（５）も同様で、良い事態に対して「アッツァ」が使いにくいという例である。これは美味しいか不味いかを確かなものとして予想することが難しいため、不自然になっていると考えられる[5]。
　（４）は、学校があるはずの日の昼に、街で近所の子供を見かけたときの反応であり、なぜここにいるんだろうという疑念が表明されている文である。「アッツァ」は、このような単純な疑念の表明には用いられない。この文が成り立つとすれば、話し手は「こんなところで遊んでいてはいけない」と思っていて、この事態にマイナス評価が下される場合である。
　これらから判断すると、「あら」「あれ」「まあ」は「アッツァ」とは違い、マイナス評価を下すという特徴がないと考えられる。それが（３）〜

（5）の違いを生んでいるのである。

6．おわりに

　本稿では、青森県五所川原市方言における感動詞「アッツァ」について観察を行い、その特徴を分析してきた。その結果、意味的特徴としては次のようなものであることがわかった（(20)を再掲する）。

(20)　話し手の認識や知識と、新規獲得情報との間にある程度の差があり、かつその差を生んだ話し手の認識や知識、新規獲得情報に対してマイナス評価を下している

また、5.3.節の考察から、以下のようなことが明らかになった。

(22)　話し手の認識が不確かなものについては、それにマイナス評価を下すことができない

　今後の課題は山積している。まず、(22)の不確かさや、(20)に挙げた「ある程度の差」の程度については、主観的なものが含まれる。そのため、「アッツァ」を用いることができる範囲は、個人によって多少の異なりが生じることが予想される。今回は筆者の内省により文の自然さを判断したが、これをもとに量的な調査をすることが求められるだろう。それにより、一層詳しく正確な記述ができることになる。
　また、今回「マイナス評価」としたものの内実に迫る必要もある。マイナス評価を下すとは、「（結果的に）間違っていたこと」「悪い事態」として捉えるということになるが、悪い事態なら何でもよいのかという点と、それに付随する感情的側面に関する詳述はなされないままになってしまった[6]。
　形式面でいうと、繰り返しになるが、「アッツァ」だけではなく、長音化した「アッツァー」や重音化した「アッツァッツァッツァ」などもある。こ

れらの詳細な分析も必要である。

　共通語との関連でいうと、まずは「あら」「あれ」「まあ」の詳細な分析、そしてそこから「アッツァ」との対照研究をすることも意義のあるものとなろう。ちなみに、共通語でも俗語的に「あちゃー」という感動詞が使用されるが、これは「アッツァ」と音声的にも相通ずる面があり、しかもマイナス評価かそれに類する特徴があるように思われる。対照研究をするにあたっては、これも視野にいれなければならない。また、今回は触れなかったが、冨樫（2015）で考察されている共通語の「げっ」は、マイナス評価が関わる形式である。先行研究では「アッツァ」を「げっ」と訳したものはなかったが、では何が違うのか。興味深い課題である。

　このように、課題を挙げればきりがなく、本稿の考察も「アッツァ」の一端を示しただけに過ぎない。しかし、求められるのはその積み重ねである。感動詞の記述的研究が積み重なっていくことで、記述方法の正確さも高まっていくと考えられる。今回の考察が、その中で少しでも寄与できていることを願う。

注

1. 用法の観察にあたっては、小林・澤村（2017）にある感動詞調査項目案が大いに参考になった。
2. 成田（2002）では「シツァー」。
3. （1）の例は文末に終助詞「ナ」があり、これによって「シッツァ」を文末に置きにくくなっているため、成田（2002）の例文を挙げた。なお、この例文もテ形で文が終止しており、あまり文末らしくない。「シッツァ」が実際どこまで文末らしい文末に生起するのか―すなわち終助詞的性質をどこまで持っているのか―はなお検討する余地がある。
4. 田中（2000）に同様の例文があり、その例文に多少手を加えたのが（21）である。
5. もちろん、前提情報として他から「かなりまずい」という情報を得ていた、などということがあれば、使えなくはない。
6. これに関して、小林隆氏から「「マイナス評価」は「あきれ」に置き換えて考えることはできないか」とのコメントをいただいた。確かに「あきれ」は「アッ

ツァ」と深く関係しているように思われる。今後、これらの関係性を深く探ってみたい。

文献
久米田いさお (2016)『あがだんぶりⅡ―津軽の標準語』モツケの会
小林隆・澤村美幸 (2017)「第 2 章　感動詞の方言学」小林隆・川﨑めぐみ・澤村美幸・椎名渉子・中西太郎『方言学の未来をひらく―オノマトペ・感動詞・談話・言語行動』pp.87-205．ひつじ書房
菅沼貴一編 (1936)『青森県方言集』今泉書店
田中茂 (2000)『津軽木造新田地方の方言』青森県文芸協会出版部
冨樫純一 (2015)「予想外と想定外―感動詞「げっ」の分析を中心に」友定賢治編『感動詞の言語学』pp.85-95．ひつじ書房
成田秀秋 (2002)『木造町方言集―青森県西津軽郡』青森県文芸協会出版部
藤原与一 (1996)『日本語方言辞書―昭和・平成の生活語』東京堂出版
森山卓郎 (1996)「情動的感動詞考」『語文』65：pp.51-62．大阪大学国語国文学会

第12章
富山県方言の「ナ（ー）ン」「ナモ」
―否定を表す多機能形式の談話での運用―

小西いずみ

1. はじめに

　富山県内の方言では、次のような、「ナ（ー）ン」「ナモ」という語がしばしば用いられる[1]。

（1）　カゼ　ナーン　ナオラン。（風邪がちっとも治らない。）
（2）A：カ　アンタノ　カサケ。（これはあなたの傘？）
　　　B：ナーンダワ。コニッサンノガ　ダワ。（違うよ。小西さんのだよ。）
（3）A：アンタモ　イッショニ　イク？（あなたも一緒に行く？）
　　　B：ナーン、イカン。（いや、行かない。）
（4）A：ロンブン　ドコマデ　カイタ？　ミシテヨ。（論文、どこまで書いた？見せてよ。）
　　　B：キョー　ヒト　タズネテキタリシテ、ナン、ゼンゼン　ススマンダガ。アシタ　ミセッチャ。（今日は人が訪ねてきたりして、＿、全然進まなかったの。明日見せるよ。）[2]
（5）　アンタチャ、{ナン／ナモ}、ヒドイ　ヒトダネ。（あなたって、もう、ひどい人だね）

　学校文法の品詞でいえば副詞と感動詞にわたり[3]、多義・多機能であることが上の例からもうかがえる。この「ナ（ー）ン」「ナモ」は富山県方言を特

徴づける形式の1つとして、河内（1958）、山田（2001）などが触れているほか、しばしば方言語彙集に掲載されてきた。小西（2015）は、富山県のなかでも東部に位置する富山市方言の「ナ（ー）ン」について、主に筆者自身の内省に依拠し、副次的に方言談話の文字化資料も用いて、その意味・機能と用法記述を行った。また、小西（2016）でも富山市方言の「ナ（ー）ン」「ナモ」に触れている（第3章16.3節、21.2.2節、21.3.2節）。小西（2015）は、「ナ（ー）ン」の用法を次のように分類している。

(a) 否定の陳述副詞：例（1）
(b) 否定の応答詞（＋コピュラ）：例（2）
(c) 否定の応答詞（単独）：例（3）
(d) フィラー
　(d1)〈否定〉標示：例（4）
　(d2)〈意外性・重大性〉標示：例（5）

　(a)は、否定形述語と共起し、全体で〈事物の数量・程度が期待・予測より著しく劣る〉ことを表すもので、共通語の「ちっとも」と同義と言える。
　(b)は、「ナーン」に「ダ」などのコピュラを伴って、全体で否定の応答詞として用いられるものである。共通語の「そうではない」「違う」にあたり、既定の事実に対する判断を述べるもので、例（3）のような、意向の問いかけに対してその場での判断を述べる場合には用いられない。
　(c)は、単独で否定の応答詞として機能するもので、共通語の「いいえ」「いや」「ううん」にあたる。(2)のような既定の事実に対する判断を述べる場合にも用いうる。
　(d)は、文中に独立句として挿入されることから「フィラー」とした。このうち、(d1)は、例（4）のように典型的には否定形述語文で現れ、〈真偽が問題となっている命題に対する「偽」の判断を述部に先行して標示する〉機能を持つものである[4]。統語的に述部から独立しているとはいえ、意味的には否定の意を保っている点で(a)や(c)と連続している。(d2)は、否定形述

語とは共起せず、意味的に〈真偽が問題となっている命題に対する偽の判断を示す〉とは言えない点で(d1)とは区別される。主題句や連用従属節の後に現れる点では(d1)と似ており、例(5)であれば「あなたはどうか」など問いを話し手が設定し、「ナン」「ナモ」の後にそれに対する解説が述べられる。その解説内容の事態は、意外なもの、あるいは、重大・深刻なものである。「ナン」はそのような話し手の事態評価を示す標識と言える。(d1)(d2)は共通語の「いや」「まあ」「もう」に近いが、これらに訳せないことも多い。

また、小西(2015)は、これらの用法間の異同を、形態(長音形・短音形どちらが優勢か)、韻律境界(後続語句との間のアクセント句境界)の有無、〈否定〉の意を持つかという観点から、表1のように整理した。

表1 「ナ(ー)ン」の形態、韻律・統語、意味上の異同(小西2015)

		優勢形	韻律	〈否定〉の意
(a) 否定の陳述副詞		長音形	なし	あり
(b) 応答詞(＋コピュラ)		長音形	なし	あり
(c) 応答詞(単独)		長音形†	あり	あり
(d) フィラー	1)〈否定〉標示	短音形	あり	あり
	2)〈意外性・重大性〉標示	短音形	あり	なし

† 一部は短音形

ただし、小西(2015)は課題も残す。まず、主に筆者の内省に依拠した記述であるため、自発的な談話において「ナ(ー)ン」がどのように運用されるのか、その際、諸用法の異同、連続性がどのように観察されるかが、十分に記述されていない。また、富山市など県東部の高年層では「ナモ」という形になることがあるとしながらも、その形態と地域・用法との関係の詳細は明らかになっていない[5]。本稿では、それらの点での理解を更新するために、富山県東部の富山市、富山県西部の砺波市、計2地点の談話資料において「ナ(ー)ン」「ナモ」がどのように用いられているかを整理し、考察する。

2. 資料

　富山市方言、砺波市方言の談話資料として、次のものを用いる。[　]内は略称。

[富山市][6]：富山県教育委員会編「富山県方言収集緊急調査」(未公刊、国立国語研究所所蔵)より「むかしの遊び・むかしの農村」と題された部分(約34分間)。調査および文字化担当者は水野元雄。地点：富山市藤木(ふじのき)。富山市(平成の合併以前の旧市域)南部に位置する。収録年：1981年。話者：同地生育の1916〜1917(大正5〜6)年生まれの男女3名(A〜C)と、立山町出身の1920(大正9)年生まれの男性1名(D)。

[砺波市]：国立国語研究所編『日本のふるさとことば集成　全国方言談話データベース　第10巻』(2005年、国書刊行会)より「富山県砺波市」(約22分間)。収録および文字化担当者は佐伯安一・松永玉吉。地点：砺波市鷹栖(たかのす)。砺波市南西部に位置する。収録年：1981年。話者：同地生育の1898〜1907(明治31〜明治40)年生まれの男女3名。

　いずれも文化庁の「各地方言収集緊急調査」として収録・文字化された資料の一部であり、3〜4名の高年層男女による自発的な談話という点で、資料としての性格が等しい[7]。

　富山県の方言区画は、大きく県東部の「呉東」、県西部平野部の「呉西」、県西部山間部の「五箇山」に分けられ、「呉東」「呉西」はそれぞれ「呉東東部」「呉東西部」、「呉西北部」「呉西南部」に分けられる(下野1983、小西2016: 19-20参照)。富山市は「呉東西部」、砺波市は「呉西南部」に属する。富山市資料の司会役の男性の出身地である立山町も「呉東西部」に属することから、以下では司会役の男性も対象とする。

　談話資料からの発話の引用に際しては、音声データを確認して語句を補訂したり、表記を改めた場合がある。共通語訳は原資料を参照しながら、より逐語的に改める。ただし、当該形式の共通語訳において、筆者の訳と原訳が

異なる場合はそれが分かるように示す。

3. 談話資料での「ナ(ー)ン」「ナモ」

3.1 用例数

表2に富山市資料での用例数、表3に砺波市資料での用例数を、話者・用法ごとに示す。長音形「ナーン」と短音形「ナン」の弁別は、談話資料からは困難であり、以下では区別しない。ただし、談話では短音形が一般的で、明らかな長音形は稀である。

表2 富山市資料での「ナ(ー)ン」「ナモ」

	(a)	(c)	(d1)	(d2)	不明	計
A 男 1917	1	0	3	7(7)	0	11(7)
B 女 1916	7(1)	2	7	6(4)	2(1)	24(6)
C 女 1916	1	2	2	4(3)	0	8(3)
D 男 1917	0	0	1	3(3)	0	5(3)
計	9(1)	4	13	20(17)	2(1)	48(19)

( )は「ナモ」の数(内数)

表3 砺波市資料での「ナ(ー)ン」

	(a)	(c)	(d1)	(d2)	計
A 男 1907	8	0	16	12	36
B 女 1902	1	1	4	1	7
C 女 1898	1	0	1	1	3
計	10	1	21	14	46

形の違いを問わずに全用例数を見ると、富山市は48例、砺波市は46例とほぼ等しい数が得られた。フィラー(d1)(d2)の例が多い点も両地点に共通している。両資料の規模に大きな違いはないことから、「ナ(ー)ン」「ナ

モ」の頻度は両地点でほぼ等しく、特に用法 (d) で高頻度で用いられると言える。富山市では話者 B、次いで話者 A の例が多く、砺波市では話者 A の例が圧倒的に多いが、これは発話量と相関しており、使用頻度に性差や個人差は見出せない。また、(d1)(d2) に比べると (a)(否定の陳述副詞) の例は少なく、(c)(応答詞、単独) はさらに少ない。(b)(応答詞、＋コピュラ) は両地点を通して 1 例も得られなかた。この、(d1)(d2)＞(a)＞(c)＞(b) という頻度差は、それらの機能と整合するものと言える。(d1) と (d2) を比べると、富山市では (d2) がやや多く、砺波市では (d1) がやや多いが、顕著な差ではない。

　形の違いを考慮すると、地域差と用法差があることが明らかである。富山市では「ナ(ー)ン」のほか「ナモ」があり、後者はほぼ (d2) に集中している。砺波市では「ナ(ー)ン」のみである。これが意味するところについては 4 節で述べる。

3.2　各用法の使用例と用法間の連続性
　以下では、用法ごとに例を示し、用法間の連続性も含めて確認する。

3.2.1　(a) 否定の陳述副詞
　(a)、すなわち「ちっとも」相当の否定の陳述副詞として、次のような例が認められる。当該用法の「ナ(ー)ン」に＿、他の用法の「ナ(ー)ン」に〜を引く（次項以降も同様）。

(6) B：ヨー　シナレタ　オバーチャンナ　イワレタモンダチャ。コンナモンナ　オラトコノ　オッカニ　ニテー　コウラ　ハットカラ　ナン　デカナレエンヤツァ　ユテ。（よく亡くなったおばあちゃんが言われたものだよ。この者は私の家の嫁に似てふくらはぎが張っているから、ちっとも大きくなれない奴だと言って。）　　　（富山市）

(7) D：ソイ　バイヤ　チョット　コーヤッテ　ツノァ　ハエンモンカ。（そのような場合は、ちょっと、こうやって角が生えない ［＝怒ら

ない]ものか？)
　　　B：ソンナモンナ　トーンナ　トコデ　アンタ　ツノダノ　ハヤカイト　ロモンナラ　ナン　ウチーチャ　イレテモラワレンチャ。(そんなものは、そんなところで、あなた、角なんか生やしていようものなら、ちっとも家へは入れてもらえないよ。)　　　　　　　　　　(富山市)
(8)B：イマ　アンナ　アン　アンナ　コト　イマ　ユテ　ナン　コドンドモニ　キカセテモ　ナモ　ホントネチャ　センチャ。(今は、あんな、あんなことを今言っても、＿、子供達に聞かせても、ちっとも本当にしない[＝信じない]よ。)
　　　A：ナーン　ホントネチャ　センチャ。(ちっとも本当にしないよ。)
　　　　　　　　　　　　　　　　　　　　　　　　　　　　　(富山市)
(9)A：ソデ　ナン　イッショクﾟラエ　イチニチニ　クー　コト　ナン　メズラシナカッタ。(それで、まあ、1升ぐらい1日に食うことは、全然珍しくなかった。)　　　　　　　　　　　　　　(砺波市)
(10)C：アンナ　コト　イマノ　コドンドモニ　ハナストシテモ　ナン　ダチャカン　シランワ。(あのようなことを今の子どもたちに話すとしても、ちっとも(原訳：まあ)らちがあかない、知らないよ。)
　　　　　　　　　　　　　　　　　　　　　　　　　　　　　(砺波市)
(11)B：ソコデネ　ハジメテ　アノ　トマト　チューモン　オラ　アンタネ、トナリノ　カーチャン　コレ　ドコタラデ　モロテキタガﾟヤ。ワケテ　タベテミョマイケ。タベッシャイマ　ユーテ　クダハレタガイ。ナーン　アンナ　ニオイガﾟ　イマ　ナン　センチャ。(それでね、初めて、あの、トマトというものを、私、あなたね、隣の主婦が「これをどこどこでもらってきたのだ。分けて食べてみよう。食べなさいよ」と言ってくだされたのだよ。＿(原訳：まあ)、あのような匂いが今全然しないね。)　　　　　　(砺波市)

　上の例を含め、(a)と認めた例はいずれも(d1)(フィラー：〈否定〉標示)とも解釈できるものである。砺波市方言資料の原訳では(10)のように「ま

あ」と訳されているものが混じる。小西(2015)は、(a)では長音形「ナーン」が基本的な形と内省されるものの自然談話では短音形「ナン」の例が多いとしたが、確かに今回の2資料では短音形「ナン」が多かった。同じく小西(2015)は、(a)は、後続の述語との間にアクセント句境界がない場合（述語の冒頭での上昇のし直しがない場合）とある場合（上昇のし直しがある場合）があり、(d)では常にアクセント句境界がある（上昇のし直しがある）とした。今回の2資料の例では、アクセント句境界がある（上昇のし直しがある）と認められる例や、発話速度が速くその判定が難しい例ばかりであった。そのために(d1)とは区別される(a)の確例とみなせる例が得られなかった。また、(8)は(a)と分類した唯一の「ナモ」の例だが、これは(d1)か(d2)（フィラー：〈意外性・重大性〉標示）とすべきかもしれない[8]。

(8)(9)(11)のように、(d1)または(d2)の「ナン」が同一文の、述語から離れた冒頭付近にまず現れ、述語直前に(a)とみなせる「ナン」「ナモ」が現れるという例は多い。こうした例は、(a)陳述副詞の用法と、(d)フィラーの用法との連続性を示すものと言える。通時的にも、(a)の例が、統語的には述語からの遊離の度合いを増し、かつ、意味的には語彙的意味を希薄にさせて、(d)、特に(d1)否定標示の用法が成立したと考えられるであろう[9]。(a)の語彙的意味は、〈事物の数量・程度が期待・予測より著しく劣る〉(小西2015)とまとめられるが、同じ否定の陳述副詞でも、「あまり」など事態不成立の数量・程度が著しくないことを示す語に比べて、その意味を明示する必要性は低いと思われる。その点に、通時的に用法(a)から用法(d1)が成立した動機、また、共時的に上の例のように(a)か(d1)かの明確な区別が難しい例が存在する動機を見出せる。

次の(12)話者Cの「ナン」は、表2では(a)に含めたが、(d1)とも(c)（否定の応答詞）ともみなせるものである。

(12) B：ダカラ　ウチー　キタッテネー　ナン　シトリデ　イネ　カッテ
　　　　コイッテ　イワレタッテーネヨ　サ#　ナン　シトノ　サンブンノ
　　　　イチモ　カレンモンダチャ。（だから、うちに来たってね、〜、一

人で稲を刈って来いと言われたってね、それは、＿、人の3分の1
も刈れないものだよ。)
C：#ナン　ワカランチャ。(ちっとも分からないよ。)　　　　(富山市)

Cの発話は、Bの「シトリデ〜イワレタッテーネヨ　サ」の後に割り込んだものである(上では＃でその位置を示した)。「一人で稲を刈って来いと言われたって」というBの逆接仮定節を受け、それが含意する命題〈Bには刈りかたが分かる〉を否定したものと解釈できる。この「ナン」は上の訳のように「ちっとも」相当の陳述副詞ともとれるが、「いいえ」「いや」相当の否定の応答詞ともとれる。また、並行するBの発話の「ナン」と同様に、副詞としての語義が薄れた(d1)とも連続的である。

3.2.2　(c) 否定の応答詞
(c)の例をあげる。

(13) A：ヤー　コーァ　コッデ　Cサンドモァ　ドーネ。ヤッパリ　ダンナハンナ　コッデ　ツト　アノ　センセダッタケニ　ナツヤスミ　ナッタノ　ワリアイト　ヤッパリ　コッデ　オー　アッチ　コッチ　ツレテ　イッテ　モロタンナイガ゚ケ。(やあ、これはこれで、Cさんなどはどうか。やっぱり、旦那さんがこれで、あの、先生だったから、夏休みになったら、割合に、やっぱり、これで、あちこち連れて行ってもらったんじゃないのか。)

　　C：ナーン　ベツニ　セートサンラッチャ　マタ　アソンニ　コラレルモンニ。(いや、別に生徒さんたちがまた遊びに来られるもの。)
　　　　　　　　　　　　　　　　　　　　　　　　　　　　　　　　(富山市)

(14) D：ソノメデャ　Cサンナ　ソイコトチャ　ナカッタガ゚カ。(その目では、Cさんはそのようなことはなかったのか。)

　　C：エ　ソノメデ　ミリャ　ラクダッタチャ　エ。(ええ、その目で見れば(私は)楽だったよ。ええ。)

B：ナン　ソイコトチャ　ナン　シラレンチャ。ナン　コノッサンニー。(いや、そのようなことは、～、なさらないよ。～、この人は、うん。)　　　　　　　　　　　　　　　　　　　　　　(富山市)
(15)D：アントキト　エマト　セヤ　ヤ　ドイモンダ。デカナッタカ゜カツサナッタカ。(あの時と今とで、背はどんなものだ。大きくなったのか、小さくなったか。)
　　　B：ナン　デカナットランガ゜。ダケ…(いや、大きくなっていないの。だから、…)
　　　C：ナーン　Bサンナネ　ガッコ　イットアエッテキ　オーキカッタガ゜。(いや、Bさんはね、学校に行っておられた時は大きかったの。)　　　　　　　　　　　　　　　　　　　　　　　　(富山市)

　(13)は真偽疑問文に対して、偽と答えたもので、もっとも典型的な(c)の例と言える。(14)は、問われた話者Cでなく、第3者のBが応答したものであるが、これも真偽疑問に対する否定の応答という点では典型的な例といってさしつかえない。(15)のBの発話は、前文脈のDの選択疑問「大きくなったのか、小さくなったのか」に対して、最初の命題「大きくなった」に対して否定の応答をした例である。続くCの発話は、Dの前提「Bは学校に行っている時に小さかった(背が低かった)」を否定したもので、共通語の「いや」などの否定応答詞にも見られる用法である[10]。
　砺波市資料で(c)と認定したのは次の(16)である。問いかけに対する応答ではなく、前文脈のAの発話に含まれる否定形述語の命題「今の人たちはほんとうにおいしい味は知らない」を肯定した発話である。否定述語の命題を肯定する場合にも「ナーン」を用いうることは小西(2015)でも触れている。音調や、述語が2回繰り返されていることから、(a)(否定の陳述副詞)ではなく(c)とみなしたが、統語的に、また、談話構造上の位置としては、上で見た(12)とよく似ている。

(16) A：イマノ　ヒトラチャ　ソレ　オラチャホド　ンマラト　タベトラ
　　　　ンモンヤチャ。ウン　ホンマニ　ンマイ　アジャチャ　シランガ゜
　　　　イ。(今の人たちは、それ、私たちほどおいしく食べていない。う
　　　　ん、ほんとうにおいしい味は知らないよ。)
　　B：<u>ナン</u>　シラン　シラン。(<u>いや</u>(原訳：まあ)、知らない知らない。)
　　　　　　　　　　　　　　　　　　　　　　　　　　　　(砺波市)

3.2.3　(d1) フィラー：〈否定〉標示

(d1) の典型的な例をあげる。

(17) C：ゴハンノ　ヨーイノコトァ　<u>ナン</u>　ワシトコノ　バーチャン　シラ
　　　　レナンダ。(食事の用意については、＿、私のうちのばあちゃん
　　　　は、なさらなかった。)　　　　　　　　　　　　　　(富山市)
(18) A：ソイカラサ　アンタナラ　エマゴ゜ロナラエ　ボンマエダ　ユーテ
　　　　コー　ナンデ　ハルマッツリ　スマェー　マー　ボンマデチモンナ
　　　　アンタ　<u>ナーン</u>　ホドンド　ヤスミチャ　ナイガ゜。(それから、あ
　　　　なた、じゃあ、今頃であればね、盆前だと言ってもこうなので、春
　　　　祭りが済めば、まあ、盆までは、あなた、<u>いや</u>、ほとんど休みはな
　　　　いの。)　　　　　　　　　　　　　　　　　　　　　(富山市)
(19) D：ソン　トキニ　ヨー　タベタケンカシラン　<u>ナーン</u>　エマダニネ
　　　　アサクサノリ　ゴハンニ　コー　ヤッテ　フ　フッテカッテ　タベ
　　　　タイトチャ　オモワンモンダチャネ。(その時によく食べたから
　　　　か、<u>いや</u>、いまだにね、浅草海苔をご飯にこうやって振っておきな
　　　　がら食べたいとや思わないものだね。)　　　　　　(富山市)
(20) B：ダカラ　ウチー　キタッテネー　<u>ナン</u>　シトリデ　イネ　カッテ
　　　　コイッテ　イワレタッテーネヨ　サ　<u>ナン</u>　シトノ　サンブンノイ
　　　　チモ　カレンモンダチャ。(だから、うちに来たってね、＿、一人で
　　　　稲を刈って来いと言われたってね、それは、＿、人の3分の1も
　　　　刈れないものだよ。)　　　　　　　　　　　　　　(富山市)

(21) A：ソイテ　イッショケンメー　タベトッタモンデ　ナン　イマメタエ
ニ　ヤ　オカズエレヤ　ナンジャカ　ユーテ　ベツニ　ナットラン
シ。ガッコーエ　イキャ　キューショクデ　ナン　チャーント
エーヨ　ハカットレド。（それで、一生懸命食べていたもの
で、（原訳：まあ）、今みたいに、おかず入れだとかなんだとか
いって別になっていないし。学校へ行けば給食で、（原訳：ま
あ）、正しく栄養を計っているが。）　　　　　　　　　（砺波市）

(22) A：イマデ　アンタ　ナン　アカイ　ジクシタ　ナン　ハヤ　ウクシー
イロノガ゜　ナケニャ　タベレンモンニ。アンナ　マッデ　ウッテ
アルヨーナモン　タベレンモン。（［トマトは］今では、あな
た、（原訳：まあ）、赤い熟した、＿、もう、美しい色のものでな
いと食べられないもの。あのような町で売っているようなのは食
べられないもの。）　　　　　　　　　　　　　　　　（砺波市）

(23) A：ソンナコト　ユーテ　シマイニ　オモショナッタラ　A　オマエ
クルマヒケ　ユーテ　イッショケンメー　ヒッパッテッテ　アノ
チューガ゜ッコーノ　アコノ　サカ　オッリルカ゜　ソン　トキナサ
イ　ナン　カタガ゜ワカ゜　ダブニ　ユミニ　ナッシモテ　ナン
チョッコシモ　ヒッパットランガ゜イ。（そんなことを言って、あげ
くにおもしろくなったら、「A、おまえ車引け」と言って一生懸命
引っぱって行って、あの、中学校のあそこの坂をおりるのに、その
時は、（原訳：まあ）、片側［の綱］がだぶって弓なりになってし
まって、（原訳：まあ）、少しも引っぱっていなかった。）
　　　　　　　　　　　　　　　　　　　　　　　　　（砺波市）

　いずれも、述語が否定形をとっているが、ナ（ー）ンは述語から離れて文頭近くあったり、(18)「ホトンド」や(23)「チョッコシモ」のように他に否定形と呼応する副詞があったりと、(a)（否定の陳述副詞）とはみなせない。これらは、(17)(18)のように、主題名詞句の後に位置したり、(20)～(23)のように連用従属節の後に位置したりして、〈真偽が問題となっている命題

に対する「偽」の判断を述部に先行して標示する〉機能をはたしていると思われる。すでに上でも触れたように、(a)の例と同一文中で共起することもある。

　次の(24)は、《逆接節＋主節(否定形述語)》構造の文において、逆接節の冒頭に「ナン」が用いられている。これも、〈縄跳びをするときにパンツを履いている〉という主節述語で偽と述べられる命題について、先行して偽の判断を標示するものとみなし、(d1)とした。また、(25)は、反語文であり、文法的な否定形をとっているわけではないが、反語文の含意する命題の解釈を助けているとみなし、(d1)とした。これらの否定の意の標示という機能は、上のような典型的な例から比べると希薄ともいえ、(d2)に連続するものであると捉えられる。

(24) B：ソッダケニ　アノ　ナワトビ　ユーテネー　エマミタイ　タダ　ナワトビ　スッガ゜ナン　ナイガ゜ーンネカイネ。リョーホーニ　シトモットッテサ　ソイツオ　トブガ゜ダネカイネ。<u>ナン</u>　ムカシャ　パンツチモンナ　アッタレド　アンタ　ソノジブンナ　パンツモ　パンツモ　ハイトランモンジャ。(それだから、あの、縄とびって言ってもね、今みたいにただ縄とびだけをするのじゃないのよ。縄の両方に人が［その縄を］持っていてさ、その縄を跳ぶんだよ。<u>いや</u>、昔はパンツというものがあったけど、あなた、その頃はパンツも、パンツも履いていないものだ。)　　　　　　　　(富山市)

(25) A：マッツリワ　ナマグ゜サイガ゜ダッテ　コー　ユウェド　ソノ　マッツリダッテ　アンタ　<u>ナン</u>　ゴッツォ　ドッダケ　アッタヨ。(祭りは生臭いのだって、こう言うけど、その祭りだって、あなた、＿＿、ご馳走がどれだけあったことか。)　　　　　　　　　　　　(富山市)

3.2.4　(d2)フィラー：〈意外性・重大性〉標示

　用法(d2)の例をあげる。次のようなものが典型的である。すでに述べたように、富山市ではこの用法の場合に「ナン」のほか「ナモ」が用いられ

る。

(26) A：サー　アンタ　イマミタイ　フクデ　ナカロガ°イ。キモンノ　ス
ソ　<u>ナモ</u>　スクズッテサ。(それは、あなた、今のような服ではな
いだろうが。着物の裾を、＿、引きずってさ。)　　　　（富山市）

(27) B：ソイコトチャ　ナケンドレ　<u>ナン</u>　ワシラミタイモンナ　オトコメ
ロダ　アンタ　オットコノ　ボンタダノ　オトコメロダ　ユーテ
ヨー　イワレタモンダ。(そういうことはないが、＿、私たちのよ
うなものは、男女だ、あなた、男の女だの男女だと、よく言われた
ものだ。)　　　　　　　　　　　　　　　　　　　　　（富山市）

(28) B：イッショケンメニ　ミンナシテ　コー　マケンヨニ　イッショケン
メニ　シトンガ°ニ　<u>ナモ</u>　アゼノ　マンナカニ　タテットッテ
ネ。([姑以外の者は]一所懸命にみんなで、こう負けないように一
所懸命にしているのに、＿、[姑は]畔の真ん中に立っていてね)
（富山市）

(29) A：ソノ　ジヴンニ　アッデ　アンタ　<u>ナモ</u>　ジンリキデ　サトガ°エ
リ　シタリネ。(その頃に、あれで、あなた、＿、人力車で里帰り
したりね。)　　　　　　　　　　　　　　　　　　　　（富山市）

(30) B：コッチノ　モンナ　オソラート　ムコーカラ　クル　ジブンニ
ヤットコ　タネ　マエテ　ナンスルガ°。ソル　コッチノ　モンナ
キコーニ　アワシテ　マクモンジャケデ。ソヤケデ　<u>ナン</u>　ドーシ
テモー　ウン　ソノ　ワー　ジメンニ　ツクッテ　ソントクニ　タ
ベルガ°　イチバン　オイシーチャ。(こっちのものは、遅く、向こ
うから来る頃に、やっと種をまいてなに [＝育生] するのだ。それ
は、こちらのものは、気候に合わせて [種を] まくものだから。そ
れだから、<u>（原訳：まあ）</u>、どうしても、うん、その私の地面に
作ってその時に食べるのが、いちばんおいしいですよ。)（砺波市）

これらの例では、(d1) とは異なり、統語的には否定形述語と共起してお

らず、また、意味的には〈問題となっている命題について偽の判断を述べる〉とは捉えにくい。この「ナン」は、話し手が「ナン」以降で伝える事態について意外なもの、重大なものと捉えていることを示している。また、それにより聞き手の注意を惹きつける談話機能を持つ。

次の例のように、一つの発話や発話連続において、「ナン」「ナモ」が繰り返し用いられることも多い。その中には、(31)(32)のように、(d1)や(a)の用法に混じって用いられるものもある。また、(33)のように「ナン」「ナモ」が連続して繰り返されるものもある[11]。(d1)と(d2)には、想定される内容とは異なることを述べるという点で連続性があり、用法が違っても「ナン」「ナモ」が頻用されることで、聞き手の注意を喚起するという機能を強めていると思われる。

(31) A：ソイテ　イッショケンメー　タベットッタモンデ　ナン　イマメタエニヤ　オカズエレヤ　ナンジャカ　ユーテ　ベツニ　ナットランシ。ガッコーエ　イキャ　キューショクデ　ナン　チャーントエーヨ　ハカットレド。（それで、一生懸命食べていたもので、 (原訳：まあ)、今みたいに、[言いよどみ]、おかず入れだとかなんだとかとは別になっていないし。学校へ行けば給食で、 (原訳：まあ)、正しく栄養を計っているが。）　　　　　　　　　（砺波市）

(32) A：ソシテ　アン　トキャ　シリョ　ドッダケ　タッタモンカネ。ムシノ　スデネ　ヒドイモンヤッタ。ソルオ　コノ　カタテニ　イッパイ　アノ　アナ　アイトル　トコロカラ　デタヤツネ　ソン　ナン　コーシテ　ヒッパリャ　クルガ°ヤゼ。ムシャ　ツズクットッタガ°テデ　ナン　クジランデモ　イー。ソルオ　ヒトクチ　タベタラ　ソレデ　ナン　ハラモ　イトモナライデ。ソルデ　ウチマデ　コレタガイ。イマカラ　ミリャ　ナン　ソラ　ナン　ハラ　ナンベンキッテ　シジツスルクライニ　シンニャ　ナオランヨーナ　モンデモ　タベットッタモンジャチャ。（そして、あのときは飼料がどれだけもらえたものかね。虫の巣でね、ひどいものだった。それを、こ

の、片手にいっぱい、あの、穴のあいているところから出たもの
ね、それが、__(原訳：まあ)、こうして引っぱると［出て］くるん
だよ。虫は巣を作っていたけれど手で、__(原訳：まあ)、ほじくり
出さなくてもよかった。それを一口食べたら、それで、ちっとも
(原訳：まあ)、腹も痛くもならないで。それで家まで来られたの
だ。今からみると、__(原訳：まあ)、それは、__(原訳：まあ)、
［腹を］何回［も］切って手術をするほどにしなければ治らないよ
うなものでも、食べていたものだったよ。）　　　　　（砺波市）

(33) B：タ　タマニ　ヤスマント　シゴ°ト　シトッタシノ　ナーンナンナ
ン　アコノ　オカチャンナ　ナモナン　シッチャクニッチャ　ナモ
ヨルモ　ヒルモ　ナイヨニ　アイコトシテ　シトノ　ヤスンドット
キクライ　ヤスマレンカイチュヨナネー（笑）　カケ°グ°チ　キー
トッタモンダチャネー。（た、たまに休まずに仕事をしている
と、__、あそこの奥さんは、__、七百日は [12]、__、夜も昼もないよ
うにあのようなことをして、人の休んでいるときぐらい休まないか
というようなね（笑）、陰口をきいていたものだよね。）　　（富山市）

4. まとめと課題

　本稿では、富山市方言の「ナーン」の意味・機能を記述した小西 (2015)
を補うものとして、富山市方言と砺波市方言の談話における「ナ（ー）ン」
「ナモ」の運用を見てきた。両地点とも (d) フィラーの用法で当該形式が頻
用されること、1 つの文や文連続で何度も現れることも多いことが確認でき
た。用法の違うものが 1 つの文や文連続に混じることもあり、それらの用
いられ方から、(a) と (d1)、(a) と (c)、(d1) と (d2) がそれぞれ統語的・意
味的に連続することを確認した。
　また、地域差という点では、砺波市方言では「ナ（ー）ン」の形しか用
いられないが、富山市方言では特に用法 (d2) で「ナモ」の形が使われること
が分かった。「ナ（ー）ン」「ナモ」が、「何も」（疑問語ナニ＋副助詞モ）に由

来すると考えると、「ナモ」は末尾の母音 /o/ を保持している点で形態的に出自に近い形をしている。一方で、(a)～(d2) の機能から考えると、もっとも抽象的な機能を持つ (d2) は、(d1) から拡張して派生したと考えるのが自然に思われる。つまり、「ナ(ー)ン」「ナモ」の形態面での変化と、意味・機能面での変化とで、想定しうる変化過程が異なる。この点は、他地点の談話資料の調査、面接調査も含めて、検討が必要である。

　隣接する石川県加賀地方方言では、少なくとも (a)(陳述副詞)、(c)(単独での応答詞) の用法での「ナーンモ」「ナーン」があるようだ。以下は、石川県羽咋郡押水町方言の談話資料からの例である[13]。(34)「ナーンモ」は (a) の例。(35) の 1 例めの「ナーン」には、「「少しも」の意で、ナニモ→ナンモ→ナーモ→ナーンと変化した形。」との注があり、ここでは (a) と捉えているが、文 (発話の引用) の冒頭にあることから、(c) とも思える。2 例目は原訳でも (c) と捉えている。(d) のフィラーとしての用法はこの談話資料には現れない。このことは、(d) の用法が (a)(c) より後に成立したという考え方を支える。

(34)　ホイデ　ザブトンモ　スィカント　ネマッタケレド　ナーンモ　オモワント。(それでざぶとんも敷かないで座ったけれど、少しも [不自由など] 思わないで。)

(35)　クチョサンガ゜　アンデクレッテ　ユーマシタモンデー　ナーン　ホンナ　コト　キレーニ　デキンワニ　ッタラ　ナーン　オバチャン　トシガ゜　イッタサカイ　アノ　オサメニー　アンデクレ　ッテーテ)　ユーマシタモンデ　(区長さんが「編んでくれ」とおっしゃったもので、少しもそんなこと [は] 上手にできないよ」と言ったら、「いいや、おばちゃん歳をとったから、あの、[この世の] 納めに編んでくれ」と言って)

　(d1)(d2) の「ナ(ー)ン」「ナモ」にもっとも近い共通語形式は「いや」「もう」「まあ」だが、(d1) 否定標示から (d2) 意外性・重大性標示にわたる

機能を持ち、富山県方言のように談話中に頻用される形式は共通語・東京方言にはないと思われる。筆者が確認した限り、大阪方言や広島市方言の談話でも、同様の機能範囲と使用頻度を持つ形式はない。「ナ（ー）ン」「ナモ」は富山県方言の談話を特徴づける代表的な形式の一つと言える。

「ナ（ー）ン」は、副詞、応答詞、フィラーと、多品詞にわたる多機能形式である。また、その機能拡張過程は、「ナモ」と(d2)との関係においてやや問題は残るものの、「何も」から否定を表す副詞あるいは応答詞としての成立が先で、そのいずれかあるいは両方からフィラーへと拡張したと考えるのが自然であろう。否定を表す副詞的形式の機能拡張として、日本語中央語史や他方言において、あるいは他言語において、どのような変化が観察されるのか、さらに、富山県方言の「ナ（ー）ン」「ナモ」の成立と変化過程はそれらから見てどのように意義づけられるのか、さらに考えたい。

注

1. 例（1）〜（5）は小西(2015)の例文による。ただし、表記を表音的カタカナに変えたほか、一部語句を補った。
2. この例のように、共通語訳が難しい場合は、該当箇所に下線＿を記す。
3. ここでは「感動詞」に、応答詞（共通語の「はい」「いいえ」など）、間投詞（「おい」「よお」などの呼びかけ語、「ええと」などのフィラーなど）を含む。
4. 例（4）では「ゼンゼン」と共起しており、「ナン」を否定の副詞とはとらえられないことに注意されたい。
5. 小西(2015)では「ナム」という表記もしているが、今回の調査結果から、母音を維持している形は音韻的に /namo/ と捉えられると考え、以下「ナモ」で統一する。
6. 小西(2016)の第3章で藤木資料としたものと同一。利用にあたっては国立国語研究所の許諾を得た。記して感謝申し上げる。
7. 富山市では司会役が会話の進行を促す役割を果たしており、砺波市では発話量が一人の話者（男性）にかなり偏るという違いがあり、それらが「ナ（ー）ン」「ナモ」の運用にある程度影響を与えている可能性がある。
8. (a)としたのは富山市高年層の話者から(a)の用法での「ナーモ」を適格だとい

う判断を得ているためである (小西 2015: 115)。
9. 一方で、小西 (2015: 123) が述べるように、(d1) は、「先行文脈に真偽判断が問われている命題があり、それに対して偽という判断を示す」という点で、(c) 否定の応答詞としての用法とも、統語的・意味的な連続性がある。(d) の用法の成立は、(a)(c) いずれかから拡張したものとは決めがたい。
10. 串田 (2005)、冨樫 (2006) 参照。小西 (2015: 120–122) では富山市方言の「ナーン」がこのように使われることを示している。
11. 表 2 では、「ナーンナンナン」「ナモナン」はそれぞれ 1 例と数えている。
12. この部分、意味不明。
13. 今回用いた富山県方言の 2 資料と同じ「各地方言収集緊急調査」のもの。国立国語研究所 (2005) 所収。共通語訳には句読点を補うなどしたが、「ナーンモ」「ナーン」の訳は典拠どおり。

文献

河内洋祐 (1958)「富山県井波地方の"なァーん"」『言語生活』86: pp.73–74. 筑摩書房

串田秀也 (2005)「「いや」のコミュニケーション学」『月刊言語』34 (11): pp.44–51. 大修館書店

国立国語研究所編 (2005)『日本のふるさとことば集成　全国方言談話データベース第 10 巻』国書刊行会

小西いずみ (2015)「富山市方言の「ナーン」―否定の陳述副詞・応答詞およびフィラーとしての意味・機能」友定賢治編『感動詞の言語学』pp.115–131. ひつじ書房

小西いずみ (2016)『富山県方言の文法』ひつじ書房

下野雅昭 (1983)「富山県の方言」飯豊毅一・日野資純・佐藤亮一編『講座方言学 6 中部地方の方言』国書刊行会

冨樫純一 (2006)「否定応答表現「いえ」「いいえ」「いや」」矢澤真人・橋本修編『現代日本語文法現象と理論のインタラクション』pp.23–46. ひつじ書房

山田敏弘 (2001)『文法を中心としたとやまことば入門』私家版

第 13 章
出雲方言における感動詞類「け（ー）」について

有元光彦

1．はじめに

　本稿の目的は、出雲方言の「け（ー）」の性質を解明することにある。従来の研究では、様々な用法が挙げられているが、「け（ー）」の本質的な機能についてまでは解明が至っていない。また、「け（ー）」は感動詞類として扱われることが多いが、感動詞類の中での位置付けも明確になっていない。本稿では、先行研究における例文を再分析するとともに、談話データや独自調査によるデータも検討することによって、「け（ー）」の意味・機能を記述していく。

2．先行研究

　本節では、「け（ー）」（及びそれに関連するもの）について記述された先行研究を、辞典類・論文類に分けて見ていく。しかし、その大部分は、データは挙げられてはいるものの、分析にまで至っていない場合も多いため、筆者の分析も加えていく[1]。

2.1　辞典類
2.1.1　『全国方言辞典』
　『全国方言辞典』（東條操編、東京堂出版、1951 年）には、「けー」につい

て次のような記述がある。

（1） けー 副 ①人に物など見せる時の詞。そら。「ケーこんなになった」新潟県西蒲原郡。②呆れた時に発する詞。まあ。出雲。③主に動詞の接頭語のように使って意味を強める詞。「ケーしまった」福岡県博多・壱岐。④つい。「ケーしました」鳥取県日野郡・島根県能義郡。 (p.297)

ここでは、②④が出雲方言域に相当する。また、④の意味で「かー」も存在する。次のような記載がある。

（2） かー 副 →かい ふと。つい。

「けー」も「かー」も副詞として扱われている。

2.1.2 『日本方言大辞典』

『日本方言大辞典』(佐藤亮一・徳川宗賢編、小学館、1989年)では、「けー〚感〛」の箇所に次のような掲載がある。

（3） 軽い驚きなどを表す語。まあ。《け》とも。島根県出雲「け、おかはんがえくとこへ（まあ、お母さんが行く所へ）きたえねちいてくう子だの（妙についてくる子だね）」

同じ見出し語内には、「応答の語。はい。」（岩手県盛岡市）、「相手にものを見せる時の語。ほら。」（新潟県西蒲原郡）の意味も記述されている。さらに、「け〚感〛」の箇所には、「しかる時など語勢を強めて言うのに用いる語。」（青森県上北郡・三戸郡）の意味も掲載してある。方言は異なるが、これらとの関連も問題である。

2.1.3　糸原正徳・友定賢治編（1991）

　語彙集である「奥出雲のことば」の章の中に、次のような記述がある（例文は仁多郡横田町出身のインフォーマントのもの）[2]。

（4）　ケー　感　まあ（軽い驚きなどを表す語）「ホンニ　ケー　シレタモンダ。（本当にまあとんでもないことだ。）」　分布　〔日方〕《け》島根県出雲　〔島方〕　石、大。出、全部。隠、全部。　《け》出雲北部地方　　　　　　　　　　　　　　　　　　　　　　　　　　（pp.59–60）

2.2　論文類
2.2.1　島根県女子師範学校編（1975）

　本書で挙げられているデータは、昭和7年頃に島根県全域の調査によって得られたものである。調査方法は調査用紙に記入する方式である。結果として、「第三篇　島根縣方言集」の「出雲」には次のような記述がある。

（5）a.　ケ　つい（殆んど無意味に發する語）　　　　　　　（p.278）
　　　b.　ケー　まあ。呆きれて發する語　　　　　　　　　（p.278）

　また、地域的には、隠岐・出雲には「ケ」「ケー」が、石見には「カー」がそれぞれ現れていることが示されている（p.198–199）。

2.2.2　藤原与一（1981: 178–179）

　「ケー」については、「これのおこなわれることがいちじるしい。（山陽、岡山県下での状況に似たものが、出雲地方に認められる。）「ケー」は「これ」からのものか。」とあり、以下の例が挙げられている（アクセント記号は省略する）。

（6）　ヤッパシ（やはり）、ケー、親戚が　………。（老男）
（7）　ナンボ　シェッカンシテモ、ケー、トード　キマシェザッタ。

いくら催促しても（せめても）、ええ、とうとう来ませんでした。
（老男→藤原）

また、中年女性のことばとして、次のような例も挙がっている。

（8）　<u>ケー</u>、ヤタラニ　<u>ケー</u>、………。
　　　ほんに、やたらに、まあ、………。
　　　（かりに、このように言いあらわしてみた。）

以上の例を挙げたうえで、「文頭の「ケー」は、もとよりのこと、間投部ではない。「ケー」は、自由に方々に用いうる表現因子か。――そういうものなので、これが間投詞にもなっているしだいであろう。」と記している。

2.2.3　友定賢治（2005）

ここでは「立ち上げ詞」という概念が提唱され、次のような例が挙げられている[3]。

（9）　<u>サリャサリャ</u>　ソノ　コトジャ　テヤ。（さてさて、そのことなのよ。
　　　老・女→老・男）　　　　　　　　（p.56〈岡山県新見市坂本〉）

（9）の「サリャサリャ」は、「①興味をもっている出来事や事柄について、②その話題に触れた相手の発話を受けて、③自分の意見を述べていく発話の文頭という条件下で、老年層に用いられる語である。文末詞「テヤ、チヤ（と言えば）」と共起することが多い。」(p.56)と記述されている。さらに、「この類の語は、相手の言葉を受けて、自分の感情の表明や意見を述べる時の最初の言葉であったり、自分が何か動作を始めようとする際の最初の言葉であったり、相手との関係を作って会話を進めていく時の最初に用いることが前提であることから、会話を成立させる前触れになっていることが認められる。」(p.56–57)と述べ、このような談話を開始するための標識を「立ち上

げ詞」としている。
　以上をまとめると、「立ち上げ詞」には次のような条件があることになる。

(10) a.　立ち上げ詞は文頭に現れる。
　　 b.　立ち上げ詞は文末にある要素と呼応する。
　　 c.　立ち上げ詞の前後の談話は定型化している。

　(10b)に関しては、友定賢治(2005: 58)では「①表現類型との呼応、②特定要素との呼応、③音調の呼応」が想定されている。

2.2.4　友定賢治編(2008)
　ここでは、以下のデータが挙げられている。

(11)　<u>ホンニ</u>　<u>ケー</u>　エケンダ。(本当にだめなんだ。)　　　(p.31〈出雲〉)
(12)　<u>ソノマニ</u>　<u>カー</u>　<u>イッテシモータ</u>。(その間に行ってしまった。)
　　　　　　　　　　　　　　　　　　　　　　　　(p.42〈石見〉)

　出雲では「ケー」、石見では「カー」と形が異なっているが、いずれも文中に現れている。これらについての説明は見られない。
　また、「昔話」の章は田中瑩一(1997)からの引用であるが、ここにも「ケー」「カー」などが現れている。

(13) a.　ダモ　<u>ケァー</u>　オドッタンナッテ　ナー。(けれど　ほれ　踊りたくなって　ねえ。)　　　　　　　　　　　　　　　　(p.216)
　　 b.　オドッテ　ナ　オッテナ　ソコニ　アノー　ナベニ　ナンヤカンヤ　ハイッチョッタニ　<u>ケー</u>　オドッテ　フンデ　フックリカエッテシマッテ　ナー。(踊って　ねえ　いてねえ　そこに　あのお　鍋に　なんやかんや　入ってたのに　それ　踊って　踏んで　ひっくりかえってしまって　ねえ。)

(p.219〈いずれも隠岐郡海士町：隠岐〉)

(14) ソゲスィタラ　ムコーノ　ヤマカラ「トリツカカ　フツカカ」イーゲデ　<u>カー</u>「<u>マッチョッター</u>」ト　モテ　…（そうしたら　向こうの山から　「とりつこうか　ひっつこうか」と言うそうで　それ「待ってた」と　思って　…）　　　　(p.223〈出雲市乙立町：出雲〉)

(15) a. ドンドンドンドン　カケッテ　モドリョッタガ　<u>カー</u>　シッパイシテ　ナー。（どんどんどんどん　走って　戻ってたが　それ　失敗して　ねえ。）　　　　　　　　　　　　　　　　(p.227)

b. ナマエガ　ナガスギル　チョーシニ　トートー　ソレガ　ハッキリ　ワカルマデニ　<u>カッ</u>　<u>トートー</u>　<u>シンデ　シモータ</u>。（名前が　長すぎる　調子に　とうとう　それが　はっきり　分かるまでに　それ　とうとう　死んで　しまった。）

(p.228〈いずれも美濃郡匹見町落合：石見〉)

「ケァー」には「ほれ」、「ケー」「カー」「カッ」には「それ」という共通語訳がそれぞれ付けられている。

(13)では、「ケァー」「ケー」の直後に動詞「踊る」が来ていることが共通している。(14)では「カー」が現れているが、「ちょうど良いタイミング（時間・場所）で」のような意味である。しかし、ここで起こった事態はマイナスイメージのものであり、その点で(15)の「カー」「カッ」と共通している。

いずれも、結果として起こった状況を話し手はリアルにしゃべっている。特に、(15b)の「カッ」の直後には副詞「トートー」が現れている。これはアスペクトの副詞である。同様の副詞は(7)にも見られる。さらに、「シンデ　シモータ」のようにアスペクト形式が共起している。アスペクト形式は(14)の「マッチョッター」にも現れている[4]。

また、いずれのデータでも、ほぼ主節の冒頭に現れている。

2.2.5　有元光彦・友定賢治編（2008）

ここでは、次のようなデータが挙げられている。

(16) a. <u>ちぃがごー</u>は　<u>け</u>　腰が　えたてね。（最近は腰が痛くてね。）
(p.24)
　　 b. <u>ほんにぃ</u>　<u>け</u>　どげしょも　ねわね。（ほんとうに　まあ　どうしようもないよ。）
(p.34)

(16)の「け」は、いずれも文中に現れているが、ある種の状況の説明や感情の表明といった意味を含んでいるように考えられる。感情の表明がもっとも顕著な場合として、次のようなデータがある。

(17) a. <u>け</u>、すーだなえよ。（こらっ、してはいけないよ。）　(p.34)
　　 b. <u>あーけ</u>、また　<u>やっちょー</u>わ。（ああもう、またやっているよ。）
(p.34)

(17a)は「け」、(17b)は「あーけ」であるが、これらはいずれも文頭に現れている。ただ、「あーけ」が「け」のバリエーションであるのか、それとも「あー」と「け」という別の要素であるのか、現時点では不明である[5]。
　(17b)の「やっちょー」には、アスペクト形式が現れている。この点は(14)と同様である[6]。

2.2.6　荻野千砂子（2016）

ここでは、出雲市方言の「カ」の用法についての報告がされている。「カ」は本来指示詞「これ」に相当するが、「(C)感動詞に相当する用法がある。」(p.81)として、次のようなデータを挙げている。

(18)　<u>ka</u>　　kjan　　toko=ni　　atta=kaja.
　　　<u>カ</u>　　キャン　トコ＝ニ　アッタ＝カヤ

おっ！　こんな　ところに　あったか。

　また、「(E) カとサは、最初に見た物を指すときに使用できる。しかし、吟味した後や、熟考した後で同様の物を指す場合は、カもサも使用が不可能となる。」(p.82)との記述もある。最終的に、「カ」「サ」は「物指示というよりも、むしろ「このような事態」「そのような事態」という、初見の場面全体を指示するのではないか」(p.84)と記述している。さらに、「カやサは指示代名詞というよりも感動詞的な場面指示用法が強いと考えられる。」(p.85)とも記述されている。

　以上は非常に示唆的な記述ではあるが、「最初に見た」「初見の」とは具体的にどのようなことを表しているのか曖昧である。(18)では、話し手が何かをずっと探していて、そしてあるときそれを見つけた、という文脈に見える。そうすると、少なくとも「最初に見た物」ではないはずである。「初見の場面」と言えば妥当かもしれないが、そうすると、探索という過程やそこに参加する特権者の問題など、新たな問題が生じてくるだろう (cf. 定延利之 (2015))。

　参考までに、筆者の調査によると、(18) の「カ」には物を指示する機能しか見られなかった。さらなる調査が必要である。

2.3　ネット上での報告

　ネット上で信頼できるデータとして、HP「出雲弁の泉」(奥野栄、http://www7a.biglobe.ne.jp/~izumobenn/) (2017 年 2 月 18 日閲覧) のものがある。「け (ー)」について、次のような記述が見られる。

(19)　【け (ー)】
　　　共通語　　つい、もう、こら
　　　用例 1　　今日は酒を止めらかと思っちょった　ね、け、飲んでしまった。
　　　用例訳 1　今日は酒を止めようかと思っていたのに、つい、飲んでし

まった。
用例2　<u>ほんに</u>、<u>け</u>、きこだ　の。
用例訳2　本当に、<u>もう</u>、頑固だね。
用例3　<u>け</u>、ふ(灯)とぼすとウンカがうんじょうんじょやってくーぢ
用例訳3　<u>こら</u>、灯をとぼすとウンカがうじゃうじゃやってくるよ
採取者　　中山［大社］／金沢［松江］
（記録者：奥野）

　(19)では3つの用法が挙げられている。まず、用例1では「ね」が見られるが、その直前の文は従属節のような機能を果たしている。このことから、「け」には「聞き手の予想通り〜という状況が起こった(状況である)」というような意味があるのではないだろうか。また、用例1には「〜しまった」というアスペクト形式が共起しているが、アスペクト形式は(14)、(17b)にも見られる。
　用例2では、副詞「ほんに」が共起している。副詞「ほんに」は(4)、(11)、(16b)にも現れている。
　用例3は、「け」が文頭に現れ、(17a)と同じ意味となっている。

3．分析

　第2節では、先行研究を顧みつつ、そこに挙げられていたデータに分析を加えていった。本節では、その分析が他のデータにも適用できるかどうかを確認するとともに、分析をさらに精密化していく。データには、談話データ(文字化されたもの)及び筆者が独自に収集したデータを利用する。

3.1　国立国語研究所(2004)

　本節では、『第14巻　鳥取・島根・岡山』から「仁多郡仁多町1980」をデータとし、分析していく。データは大字亀嵩地域のものである。話者は、

いずれも 60 歳以上の老年層であり、性別は A、C が女性、B が男性である。データは、(20) のように文字化されている。

(20) B：<u>ナーント</u>　ソイツワ　オラーツモ　コドモノ　ズブンニ　オラー　ワシレンガ　<u>ケー</u>、ガッコーカラ　モドッテモ　…（なんと　それ　は　私たちも　子どもの　頃に　私は忘れないが　こう、学校から　戻っても）　　　　　　　　　　　　　　　　　　　　　　　(p.64)

(20) の冒頭のアルファベットは発話者である。読点は「基本的に息をついた個所、または、ポーズのある個所」(p.49) を表す。「…」は筆者による省略部分である。また、(20) の「ケー」には注が付けてあり、次のような記述が成されている。

(21) 「『島根県方言調査報告書(1)―仁多町亀嵩地区―』(島根県教育委員会、1988 年) の付録で、調査を担当した石橋俊雄氏が、訳に苦労したことばの一つとして、「ケー」を挙げている。ここでは、「こう」とした。」　　　　　　　　　　　　　　　　　　　　　　　　　(p.130)

　これは暫定的な措置ではあるが、共通語訳担当者の意識の表れでもあろう。この担当者は、「ケー」を指示詞（述語修飾形態）と想定している[7]。
　さて、(20) を改めて見ると、「ケー」は「オラー　ワシレンガ」という前置きの直後に現れている。「ケー」の直後にはポーズがあり、その後で「自分が忘れないこと」を話者がしゃべっている。まさに「ケー」は、これから話し手の談話が始まることを示す標識であり、聞き手に注意を促すというような役割を持っている。
　この「ケー」と同様の機能を持ったものは、次のデータにも現れている。

(22) B：…　イマンゴーノ　エンソクト　<u>イヤー</u>　<u>ケー</u>、ズドーシャデ　タイシャノ　ホーエ　デアトカ　…（最近の　遠足と　言えば　こ

う、自動車で 大社の ほうへ 出るとか) (p.107)

(23) B：ハラ ホセーヤナ コト <u>イヤー</u> <u>ケー</u>、マー アノ ニギヤメス ステカーヌ …(お腹［が］ すいた［という］ような こと［を］ 言えば こう、まあ あの 握り飯［を］ して［＝作って］ …)
(pp.107–108)

(24) B：<u>ムカシワ</u> ゴット アノ <u>ケー</u> イエン ナカデ …(昔は 全部 あの こう 家の 中で) (p.64)

(25) B：<u>ムカシワ</u> <u>ケー</u> シェワイテ マー ガッコー ナラーヨカ イエ ノ テゴー シェワイテ サシェタモンダワネー(昔は こう が んばって まあ 学校［へ行って］ 習うよりも 家の 手伝いを がんばって させたものだよね) (p.82)

(26) B：<u>イマンゴロワ</u> <u>ケー</u>、ムカストワ ツガッテ (A へー) テゴヤ ナンカ ジャーン サシェンコニ (A アー) <u>ホンニ</u> <u>ケー</u>、ベ ンキョー ベンキョーバッカ ユーダケン(最近は こう、昔とは 違って (A ええ) 手伝いやなんか 十分に させないで (A ああ) 本当に こう、勉強 勉強ばっかり 言うから) (p.83)

(27) B：アー ヤリヨッタモンダガ <u>イマンゴロワ</u> <u>ケー</u>、タノンデキテ アノ ｛笑｝ アー ナン ツーテ イーカ ニギヤカサヤナ モノ オ <u>ケー</u>、タノンデキテ カネー ダイテ ヤッテスマーガ(ああ やっていたものだけど 最近は こう、頼んできて あの ｛笑｝ ああ なんと 言って いいか にぎやかそうな ものを こう、 頼んできて お金を 出して やってしまうだろう)
(pp.109–110)

　(22)、(23)には、「〜(ト) イヤー」(〜(と)言えば)が共通して現れている。ここでは、「〜(ト) イヤー」の直前でトピックを提示し、その直後にそのトピックの内容を話している。これらは「発言の副詞」である(cf. 益岡隆志・田窪行則(1992: 47))。また、(24)〜(27)では、「ムカシワ」「イマンゴロワ」のように「時間を表す語＋副助詞「は」」が現れていることから、

「ケー」の前にはトピックが、またその後ろにはトピックの内容がそれぞれ現れている。やはり「ケー」は直後に来る文を始める合図となっていると考えられる。(16a)の「ちぃがごーは」も同じ構造になっている。「け(ー)」の前に副助詞が来る例は、かなり見られる。以上、いずれの場合も、前に出たトピックの内容を話し始めるマーカーになっていて、過去の体験をリアルに語るための開始の合図ではないかと考えられる。さらに、(27)の「ケー」の後ろには、「テスマー」(〜してしまう)というアスペクト形式が共起している。

また、(26)の2つ目の「ケー」では、その直前に「ホンニ」がある。これも、同様のデータが(4)、(11)、(16b)、(19)にも現れており、過去の体験をリアルに語るための要素の1つであろう。「これから語ることは本当のことなので、注目してくれ」といった聞き手への注意喚起の機能があると考えられる。

同様の機能は、接続詞・接続助詞と共起する場合にも見られるようである。以下のデータを見られたい。

(28) B: <u>ソイカラ コナ ケー</u> エツモ <u>アゲナ</u> コト ユーテ カマーケン …(それから あれが こう いつも そんな こと[を] 言って からかうから)　　　　　　　　　　　　　　(p.92)

(29) A: <u>ソーデ ケー</u>、オスマイニ ナッチョーマスワ(それで こう、お終いに なっていますよ)　　　　　　　　　　　　(p.126)

(30) B: … マスクダ ゴッター アラエズ ハスカーノッ<u>テ ケー</u>、アシェガ デーニ …(マスクだ[とか] なにも なくて かゆくなって こう、汗が 出るのに)　　　　　　　(p.70)

(28)、(29)は接続詞の後ろに、(30)は接続助詞「テ」の後ろに、それぞれ「ケー」が現れている。これも、「ケー」によって新たな談話を開始していると考えられる。(29)ではアスペクト形式「〜チョー」(〜ている)も共起している。統語環境から見ると、(20)、(22)、(23)、(27)、(30)は従属節

第 13 章　出雲方言における感動詞類「け（ー）」について　285

の後ろに「ケー」が現れていることでも共通している。
　次に、指示詞が共起するデータを見てみる。

(31) A：… アノ　コゲシテ　ケー、イネ　サッサイスリャ　アノ
　　　　チャーット　ケー　モミガ　(B {笑}) イスコニ　デテキテ …
　　　　（あの　こうして　こう、稲［を］差しさえすれば　あの　さっと
　　　　こう　籾が　(B {笑}) うまい具合に　出てきて）　　(p.76)
(32) B：ホイカラ　マー　イスニ　コシカケート　ケー　コーステ　ネテス
　　　　マーダケン（それから　まあ、椅子に　腰掛けると　こう、こうし
　　　　て　寝てしまうから）　　　　　　　　　　　(pp.94–95)
(33) C：ソゲシテ　ケー　ウマレノ　ウチカラ　ソゲナ　トコデ　ナンギシ
　　　　タモンダダ（そうして　こう　生まれた　頃から　そんな　ことで
　　　　苦労したものだ）　　　　　　　　　　　　　(p.103)
(34) C：… サージャアナイ　(B {笑}) ユー　コトデ　ケー、ソゲステ
　　　　ソダッタモンデスワ（するんじゃない　(B {笑})［と］いう　こ
　　　　とで　こう、そうして　育ったものですよ）　　(p.109)

　(31)～(34)では、「コゲシテ」「コーステ」(こうして)、または「ソゲシ
テ」「ソゲステ」(そうして)が共起している。この場合も、この後で述べる
談話の開始マーカーになっていると考えられる。
　(32)では「～テスマー」(～てしまう)と共起し、さらに接続助詞「ト」の
直後に「ケー」が現れている。さらに、(33)、(34)の文末に「～タモンダ
ダ」「～タモンデスワ」という同様の要素が共起している。これらも過去の
体験をリアルに語っているのではなかろうか。
　他にも、指示詞と共起しているデータとして、次のようなものがある。

(35) A：ウチニャー　アゲナ　コトワ　ホンニ　ケー、マズメイッポーデ
　　　　ネー（私の家の［父親］は　あんな　ことは　本当に　こう、真面
　　　　目一方でね）　　　　　　　　　　　　　　　(p.124)

(36) A：{笑} <u>ケー</u>　アゲナ　コトヤナンカ　キライデシタドモネー（こう、あのような　ことなど［は］　嫌いでしたけどね）

(pp.124–125)

　(35)、(36)では「アゲナ」（あんな、あのような）が共起しているが、これはいずれも特定の行為（神楽で太鼓を叩くこと）を指している。(28)にも「アゲナ」が現れている。いずれのデータでも「アゲナ　コト」が現れ、しかも(35)、(36)ではその後ろに副助詞が来ているため、その部分を取り立てている。これらは(16)、(22)～(27)と同様のデータである。また、(35)では「ケー」の直前に副詞「ホンニ」が共起している。他にも、指示詞が共起するデータとして、次のようなものも見られる。

(37) A：<u>ケ</u>　ココガ　ズーット　ユキダラケニ　ナッチョーマスダケンネー
　　　（こう　ここが　全部　雪だらけに　なっていますからね）　（p.89）

　指示詞「ココ」は主格になっているが、(28)でも主格の「コナ」（あれが）が現れている。指示詞はリアルに体験を語る上では必要な要素であろう。なお、(37)ではアスペクト形式も共起している。
　次に、特定の副詞と共起する場合を挙げる。

(38) B：アトワ　<u>ケー</u>　ヨーニ　トスヨースーバッカーダ　ツーヤナ　コトニ（あとは　こう　本当に　年寄り衆ばっかりだ　というようなことに）　（p.85）

(39) C：イヤ　ホンノ　コトニ　ウチニャー　<u>ホンニ</u>　<u>ケ</u>　<u>マエカラ</u>　<u>ケ</u>、ソノ　ジーサンワ　コガ　ナエクライダケニ　…（いや　本当のことに　私の家には　本当に　こう　前から　こう、その　おじいさんは　子が　ないくらいだから）　（p.108）

(40) A：ハー　ジーズニネー　アー　<u>ケー</u>、<u>ホンニ</u>　<u>ケ</u>、タツアガッテシマイマショッタケンネー（はあ　上手にね　ああ　こう、本当に　こ

第 13 章 出雲方言における感動詞類「け(ー)」について 287

う、立ち上がってしまっていましたからね)　　　　(p.123)

　(38)〜(40)では、「ヨーニ」「ホンニ」(本当に)が共起している。「ホンニ」は(4)、(11)、(16b)、(19)、(26)、(35)にも見られる。また、(39)では「マエカラ」という時間を表す語が、(40)ではアスペクト形式「〜テシマイ」(〜てしまい)がそれぞれ現れている。別の副詞としては、(7)では「トード」(とうとう)、(20)では陳述副詞「ナーント」(なんと)がそれぞれ共起している。
　以上のデータ以外のものとして、次のようなものもある。

(41) A：カグラドーグガ　ヤケテ　ソノ　イショーガ　(C　フン　フン)
　　　　ムンナ　ケ、ヤケタダケンネ(神楽道具が　焼けて　その、衣装が
　　　　(C　うん　うん)　みんな　こう、焼けたからね)　(pp.126–127)

　ここでは、「ケ」の後ろに「〜ダケンネ」が現れている。同様のものには、(32)「ネテスマーダケン」(寝てしまうから)、(37)「ナッチョーマスダケンネー」(なっていますからね)がある。(32)、(37)では「ダケン」の直前にアスペクトが来ている点で(41)とは異なるが、(41)の「ヤケタダケンネ」もアスペクト的な機能を持っているのかもしれない。
　一方、「ケー」ではなく、「コー」(こう)が現れているデータも見られる。次のようなものである。

(42) B：ヘ　コー　ワッシェモセン　{笑}(ええ　こう　忘れもしない
　　　　{笑})　　　　　　　　　　　　　　　　　　　(p.92)
(43) B：…ソイカ　キテカーニ　コー　(A　{笑})　ツメクッテ　オコサッ
　　　　シャーダケン　{笑}(…それから　[私のところへ]　来て　こう
　　　　(A　{笑})　つねって　起こされるものだから　{笑})
　　　　　　　　　　　　　　　　　　　　　　　　　　(pp.95–96)
(44) B：イマー　ナンデスガ、イロイロ　コー　ダイブ　ハナイタワケダガ

　　　　　…（今　なんですが、いろいろ［と］　こう　たくさん　話したわけだけど…）　　　　　　　　　　　　　　　　　　　　（p.109）

　データが少ないため、明らかではないが、これらの「コー」は、上述の「ケー」と同様の機能を示しているようである[8]。ただ、いずれのデータでも話者がBであることから、話者による違いである可能性が高い。

3.2　インフォーマント調査

　本調査の目的は、「け（ー）」が現れる統語的な位置を観察することにある。調査は通信調査によって実施した。こちらが例文を示し、それに対し使用するかどうかを回答してもらった。インフォーマントは1951年生まれの男性である。データの最初にある記号*はインフォーマントが不適格であると判断したもの、記号＆は地元で聞いたことはあるが自分は使用しないとインフォーマントが判断したものを、それぞれ表す。

　まず、(16a, b)のデータを利用し、「け」の位置を変えて、文法性の判断をインフォーマントにしてもらった。結果は次の通りである。

(45) a.　つかごーわ　け　こしぃが　えたてね。（最近は腰が痛くてね。）
　　 b.　け　つかごーわ　こしぃが　えたてね。
　　 c.　＆つかごーわ　こしぃが　け　えたてね。
　　 d.　*つかごーわ　こしぃが　えたてね　け。
(46) a.　ほんに　け　どげしょも　ねわね。（ほんとうに　まあ　どうしようもないよ。）
　　 b.　け　ほんに　どげしょも　ねわね。
　　 c.　*ほんに　どげしょも　け　ねわね。
　　 d.　*ほんに　どげしょも　ねわね　け。

　(45)、(46)のいずれにおいても、「け」と副詞的成分「つかごーわ」「ほんに」とは位置を入れ替えても問題ない。しかし、(45c)、(46c)が不適格

であることから、「主語(主格)＋述語」の内部にまでは「け」は入ることができない。また、(45d)、(46d)から、文末に位置することもできない。

次に、(45)、(46)よりも構成素をさらに増やした文によって、同様のチェックをしてもらった。結果は以下の通りである。

(47) a. <u>け</u>　せーから　きんにょ　いっつぁんが　やおやで　たけ　でぁーこん　かってしまった。(それから　昨日　一郎さんが　八百屋で　高い　大根を　買ってしまった。)

b. せーから　<u>け</u>　きんにょ　いっつぁんが　やおやで　たけ　でぁーこん　かってしまった。

c. せーから　きんにょ　<u>け</u>　いっつぁんが　やおやで　たけ　でぁーこん　かってしまった。

d. &せーから　きんにょ　いっつぁんが　<u>け</u>　やおやで　たけ　でぁーこん　かってしまった。

e. &せーから　きんにょ　いっつぁんが　やおやで　<u>け</u>　たけ　でぁーこん　かってしまった。

f. &せーから　きんにょ　いっつぁんが　やおやで　たけ　<u>け</u>　でぁーこん　かってしまった。

g. &せーから　きんにょ　いっつぁんが　やおやで　たけ　でぁーこん　<u>け</u>　かってしまった。

h. *せーから　きんにょ　いっつぁんが　やおやで　たけ　でぁーこん　かってしまった　<u>け</u>。

(47)から分かるように、(45)、(46)と同様、やはり「け」は「主語(主格)＋述語」の内部には入ってこられないようである。また、文末には位置しないことも同じ結果である。

インフォーマントの意識としては、(47a–d)の中でも、(47a–c)と(47d)とでは異なるようである。(47a–c)の「け」は、「話のつなぎ」「話の流れで」使用するとの意識がある。すなわち、接続詞的な機能を持つと考えてい

る。しかし、(47d)の「け」は「思いつき」の際に使用しているとの意識がある。すなわち、話し手は「昨日一郎さんが八百屋で高い大根を買った」ことをふと思い出して、その状況を語っているのである。

　以上の調査結果から考えると、「け」の統語的な出現位置は、次のようにかなり制限されていることが分かる。

(48) a. 「け」は「主語(主格)＋述語」の内部には現れない。
　　 b. 「け」は文末には現れない。

　(48a)から考えるに、話し手が過去の体験として語りたいと考えている内容が「主語(主格)＋述語」の部分だとすると、その部分の前に出現する「け」は、まさにその部分をリアルに語るための開始の合図であろう。したがって、その語りが終了した時点、つまり文末には当然「け」は出現しないことになる[9]。

4. まとめ

　以上の分析をまとめると、「け(ー)」の中心的な機能としては、過去の体験をリアルに語るための開始合図ツールであることが考えられる。しかも、過去の体験は、おおよそ聞き手が知っている(共有している)場合が多い。内容としては、わざわざ語るからには、日常起こるような話題ではなく、面白くするために、他人の失敗談などマイナス面を持った事態を強調して語ることが多くなるのであろう。また、「こら」という共通語訳がつけられるような例の場合も、聞き手が叱られる内容を共有しているか、または話し手が聞き手も共有していると予想しているかのいずれかであろう。いずれの場合も、知識または経験として共有していることを、内容として取り上げている。

　このことから考えると、「け(ー)」も立ち上げ詞のように見えるが、(10)の3つの条件すべてを満たすわけではない。まず、(10a)は当てはまらな

い。すなわち、「け（ー）」は「主語（主格）＋述語」の領域には入ることはできないが、この領域の前であれば、必ずしも文頭だけに出現が限られるわけではない。一方、(10b, c)は当てはまるようである。(10b)に関しては、「け（ー）」は接続詞、接続助詞、指示詞、副詞などと共起することが判明している。(10c)に関しては、曖昧な点も残るが、「け（ー）」の直前には副助詞「は」や「〜（ト）　イヤー」（〜（と）言えば）など、また「け（ー）」の後ろにはアスペクト形式や「〜タモンダワネー」（〜たものだよね）などの共起が関連しているのかもしれない。

最終的に、「け（ー）」は立ち上げ詞に類似する機能は持つものの、立ち上げ詞とは言い切れないようである。「け（ー）」は、聞き手の注意を喚起するブザーのようなもので、話し手による、語りという言語行動の開始の合図であるマーカーではないかと仮定される。

5. おわりに

本稿では、出雲方言の「け（ー）」を対象として、その意味・機能を記述した。その結果、「け（ー）」の本質は、ある内容を語り始める際に、聞き手の注意を引き付けるために、話し手が行う合図ではないかと仮定した。しかし、そう結論付けるには拙速であり、まだ多くの課題が残っている。まず、本稿では音声の問題は扱っていない。また、「か」「さ」など類似した感動詞類との用法の比較も必要である。「マー」「ハー」など他の感動詞類との関連性についても問題である。さらには、他方言の感動詞類との対照も問題として残されている。

理論的な問題もある。そもそも、面白いと思ったことや興味を持ったことを、話し手はどのように語るのだろうか。どのようにして聞き手に注目してもらうのだろうか。体験語りの文法とはどのようなものであるのだろうか(cf. 定延利之(2016b))。その文法を構築するためにはデータのどこに注目すればいいのだろうか。これらの問題に感動詞類は大きな役割を果たしているはずであるが、その解明はまだまだ進んでいない。

現時点では、さらに多くの談話を分析し、「け（ー）」も含めて、感動詞類の記述の精度をさらに高めていくしかない。

注

1. 特に断りがない限り、データ中の下線は筆者によるものである。太い下線はターゲットを、波線はターゲットと共起する要素をそれぞれ表している。
2. （4）では、「〔日方〕」は『日本方言大辞典』（佐藤亮一・徳川宗賢編、小学館、1989年）、「〔島方〕」は『島根県方言辞典』（広戸惇・矢富熊一郎編、島根県方言学会、1963年）をそれぞれ表す。また、太字の「石」「出」「隠」は、石見、出雲、隠岐をそれぞれ示す。「石」の直後にある「大」は大田市のことである。この部分は使用地域を表す。
3. （9）の下線は原典にあるものである。また、記号〈 〉の部分は筆者が記したものである（以下同様）。
4. 石見方言でも、(12)の「イッテシモータ」にアスペクト形式が現れている。
5. その他にも「あだーん」という形も挙げられている。例：あだーん　そげなことが　あったかね。（あらまあ　そんなことが　あったの。）(p.34)
6. 石見方言でも、(12)、(15b)にアスペクト形式が現れている。
7. 『全国方言資料　第5巻　中国・四国編』（日本放送協会編、1967年）では、「ケ」に共通語訳は付けられていないが、注には「間投詞」とある。
8. (44)の「コー」は、従属節内に現れているため、「ケ（ー）」と同様の機能があるのか不明である。複文においては、従属節の種類が問題となるのかもしれない。
9. 金田純平（2015: 20）では、「発見・遭遇といった〈驚きタイプ〉」である「あっ」などは文末に現れないと述べている。これは(48b)と同じである。これと「け」がどのように関連するかについては、今後の課題である。なお、冨樫純一（2015）では、驚きを表す感動詞を「予想外」「想定外」といった概念によって、より細かく分類できることを示唆している。

文献

有元光彦（2015）「感動詞類調査のための「ビデオ質問調査票」の開発について」友定賢治編（2015）pp.255–267.

Arimoto, M.（近刊）"Izumo Dialect (Shimane)," *Handbook of Japanese Dialects (Handbooks*

of Japanese Language and Linguistics）, Mouton De Gruyter.
有元光彦・友定賢治編（2008）『出雲弁検定教科書』ワン・ライン．
糸原正徳・友定賢治編（1991）『奥出雲のことば』広島文教女子大学地域文化研究所・地域文化資料叢刊 5, 溪水社．
Vuong Thi Bich Lien・有元光彦（2014）「若年層における感動詞の独立性」『研究論叢（山口大学教育学部）』第 63 巻・第 1 部，pp.51–68.
荻野千砂子（2016）「出雲方言の指示詞カ，サに関する報告」『「消滅危機方言の調査・保存のための総合的研究」出雲方言調査報告書』木部暢子編，国立国語研究所，pp.79–85.
金田純平（2015）「文末の感動詞・間投詞　感動詞・間投詞対照を視野に入れて」友定賢治編（2015）pp.15–37.
国立国語研究所（2004）『全国方言談話データベース　日本のふるさとことば集成　第 14 巻　鳥取・島根・岡山』国書刊行会．
小西いずみ（2015）「富山市方言の「ナーン」　否定の陳述副詞・応答詞およびフィラーとしての意味・機能」友定賢治編（2015）pp.115–131.
定延利之（2005a）『ささやく恋人，りきむリポーター―口のなかの文化』　岩波書店．
定延利之（2005b）「「表す」感動詞から「する」感動詞へ」『月刊言語』34（11），大修館書店　pp.33–39.
定延利之（2015）「感動詞と内部状態の結びつきの明確化に向けて」友定賢治編（2015）pp.3–14.
定延利之（2016a）『コミュニケーションへの言語的接近』ひつじ書房．
定延利之（2016b）『煩悩の文法（増補版）』凡人社．
島根県女子師範学校編（1975）『島根県における方言の分布』国書刊行会．
田窪行則（1992）「談話管理の標識について」『文化言語学：その提言と建設』文化言語学編集委員会編，三省堂，pp.96–106.
田窪行則（2005）「感動詞の言語学的位置づけ」『月刊言語』34（11），大修館書店 pp.14–21.
田窪行則（2010）『日本語の構造』くろしお出版．
田窪行則・金水敏（1997）「応答詞・感動詞の談話的機能」『文法と音声』音声文法研究会編，くろしお出版，pp.257–279.
田中瑩一（1997）『CD で楽しむふるさとの昔話―隠岐・出雲・石見―』松江今井書店．
冨樫純一（2015）「予想外と想定外　感動詞「げっ」の分析を中心に」友定賢治編（2015）pp.85–95.
友定賢治（2005）「感動詞への方言学的アプローチ―'立ち上げ詞'の提唱―」『月刊言語』34（11），大修館書店，pp.56–63.

友定賢治編(2008)『島根県のことば』明治書院.
友定賢治編(2015)『感動詞の言語学』ひつじ書房.
中島悦子(2011)『自然談話の文法―疑問表現・応答詞・あいづち・フィラー・無助詞―』おうふう.
藤原与一(1969)『日本語方言文法の世界』塙書房.
藤原与一(1981)『昭和日本語の方言 第5巻 中国山陰道二要地方言』三弥井書店.
方言研究ゼミナール編(2006)『日本語方言立ち上げ詞の研究(方言資料叢刊9巻)』広島大学教育学部国語教育学研究室方言研究ゼミナール.
益岡隆志・田窪行則(1992)『基礎日本語文法―改訂版―』くろしお出版.
山根智恵(2002)『日本語の談話におけるフィラー』くろしお出版.

付記

　調査に協力いただいたインフォーマントの方、そして本稿の初期の段階で御教示くださった友定賢治氏(県立広島大学名誉教授)に心より感謝申し上げます。言うまでもなく、本稿における齟齬等はすべて筆者の責任である。

V　歴史的展開を追う

第14章
語彙的感動詞の発達
―高知方言の驚きの感動詞から―

舩木礼子

1. はじめに

1.1 感動詞の定義と分析の視点

感動詞[1]と呼ばれている語群は、他の品詞と比べてどのような特徴をもつものなのだろうか。

まず、自立語で活用がなく、独立して文となるという特徴がある。例えば失敗した時に言う感動詞「シマッタ！」は「シマッテ」や「シマイマシタ」では用をなさない。また「シマッタ」だけでひとまとまりの文とみなされ、「私はひどくシマッタ！」のように文を構成する一成分として他の語と関係づけることができない。感動詞にはこうした語の定型性という形態的特徴と、他の語からの独立という統語的特徴がある。

次に、指示概念が具体的でなく、指示対象そのものが非分析的であるという意味的特徴が挙げられる。「アア」や「エット」などは人の感情や心的活動を表しているが、名詞や動詞などと違い、心の動きは明快な整理がしにくく、その感情や心的活動を端的かつ具体的に名指すことが難しい。

もう一点、感動詞の中には「オイ」や「コラ」、「ソレ」のように相手へ向かって使い、相手の行動に関わる呼びかけや合図といった注意喚起の機能をもつものもある。相手への注意喚起によって相手にある種の行動をとらせる語用論的特徴も、感動詞にはあるといえる。

こうした感動詞の文法的な整理は、談話研究や終助詞などの記述の精緻化

を追い風にして近年進み出し、例えば『日本語文法事典』では感動詞をさらに詳細に分類している[2]。

　もう一つ、感動詞の分析の視点として田窪（2005）は「語彙的感動詞」と「非語彙的な感動詞」という分け方を提示している。前者は「あの」「ほんと」など、指示語や副詞などの語彙項目が転用されてなったもの、後者は「ああ」「ええ」といったいいよどみ的な発声からなったものを指す。田窪（2005）によると、従来この「語彙的感動詞」の成立過程については決定的なものが少なかったという。こうした状況の中、深津（2010）が指示詞「これ」の感動詞化について、近世資料を用いて動詞述語文の統語的条件を視野に入れることで再分析による文法変化であることを明らかにしたように、感動詞化を文法変化と捉え直すことによる通時的研究が重ねられている。

　この「語彙的感動詞」と「非語彙的な感動詞」という分け方は、方言の感動詞を分析する際にも有効である。澤村（2010）は「概念系感動詞」と「非概念系感動詞」[3]と呼んでいるが、失敗場面の感動詞の分析において、中央語でははじめ広い意味をもつ非概念系感動詞が使われていたところに、中世に痛み由来の「アイター」、近世に失敗専用の「シモータ（シマッタ）」が登場したと指摘する。つまり、意味の未分化な非概念系感動詞の使用の段階が、徐々に場面や状況によって意味的に分化し、そこに新たな感動詞として概念系感動詞を採用していくという歴史的な意味分化と使用形式の変化があるのだ。さらに地理的分布を見ると、東日本には非概念系感動詞が優勢な古い段階、西日本には概念系感動詞が優勢な新しい段階が示されているという。

　確かに西日本にはバラエティー豊かな語彙的（概念系）感動詞がある。澤村・小林（2005）の失敗の感動詞の分布図を見ると、上述の形式のほかに「シクジッタ」「マイッタ」「ヤッター」などが日本各地に（東北地方や関東地方にも）あるが、近畿にはこれらに加えて「ヨワッタ」もある。さらに局地的には高知の「バッサリ」、沖縄の「アキサミヨー」がある。これらの地域には、単に中央語に生じた新形式を受け入れるだけなのではなく、新しい語彙的感動詞を作り出し採用しやすい土壌のようなものがあるのだろうか。

1.2　高知方言の語彙的感動詞

　ここでは高知方言が語彙的感動詞を採用しやすい方言なのか考えるために、驚きの感動詞を対象にバリエーションを確認してみたい。驚きの感動詞については小林・澤村（2012）が宮城県気仙沼市の調査結果から、「バ」という基本形がさまざまな形態的操作とパラ言語的特徴づけによって30種類ものバリエーションをもつに至っていることを報告している。ただし、気仙沼市では、あくまで非語彙的な感動詞と考えられる「バ」が中心である。

　一方、吉田（1997）も報告するように高知方言には驚きの感動詞がさまざまあり、「オー」や「アー」、「オーノ」などの非語彙的感動詞だけでなく、「メッタ」、「タマールカ」、「タマー」、「オトロシヤ」など語彙的感動詞と考えられるものが多数ある。これらは「オーノ　タマールカ！」のように組み合わせたり、副詞「ショー」「マッコト」と共起して「ショー　メッタ！」と使うことも多い。副詞と共起する点で感動詞化の度合いが低い、出自の統語的特徴が残っているといえそうだが、成り立ちに関する詳細な記述は少ない。

　そこで本稿では語彙的感動詞の多い高知方言について、驚きの感動詞を対象に、方言集などの資料から感動詞化の過程について分析することにする。

1.3　使用する方言資料

　高知方言についての方言集や昔話などの資料から、驚いた時の感動詞のうち語彙的感動詞と考えられる「タマルカ」「タマー」「メッタ」「オトロシヤ」がどのように記録され、使われているかを確認していく。

　使用した資料は以下の（1）〜（4）である。

（1）　土井八枝（1935）『土佐の方言』春陽堂
　　　　『土佐の方言』は、高知県高岡郡佐川町生まれ、少女時代は高知市で過ごした土井八枝が、嫁して40年余仙台に住んでいたころ、東條操や夫の土井晩翠に勧められ、自身の内省（55〜56歳時）と高知市での聞き取り調査（1934年、約40日間）を行って編んだ方言集であ

る。特に用例を示すことに力点を置いて作られている。

　また同時期のものとして、高知県女子師範学校郷土室編(1936)『土佐方言の研究』も補助的に参照する。この資料は「生徒児童の有する方言を研究してその長短を究めて国語教育の参考とする」とあり(4頁)、学校教育に資する目的で1932(昭和7)年から1936(昭和11)年までに県下の小学校教員と高知県女子師範学校の生徒(延べ400人)から収集し編纂された、高知方言の概説書兼語彙集である。

（２）　依光裕編(1993)『珍聞土佐物語　五十人の語り部たち』上巻、高知市文化振興事業団

　ラジオ高知(現在のRKC高知放送)の番組「珍聞土佐物語」にリスナーから投稿された話のうち、1960～1964(昭和35～39)年までのものを選定して出版したものである。「土佐の伝説や小咄を一人の老人が囲炉裏端で孫に語って聞かせる形式(週一回放送・三十分番組)」であったので、投稿を書籍化した「書かれた」資料とはいえ、高知県内の当時の古老たちが語るような、方言を基本とした文体のものが多い。

（３）　土佐教育研究会国語部編(2005)『読みがたり　高知のむかし話』日本標準(1976年『高知のむかし話』初版刊行)

　県内各地の昔話集である。話の採録は1976年より少し前か。ここで使われている高知方言は1970年代の採録当時、老年層のもの(古い語形や言い回し)と認識されていた可能性がある。

（４）　村岡マサヒロ(2006a、2006b、2007)『きんこん土佐日記』1～3巻、高知新聞社

　2004年4月から高知新聞夕刊に掲載されている四コマ漫画の単行本で、著者は1976年旧伊野町生まれ、現在もいの町在住である。いの町に住む老夫婦(よしき(男性)、くにえ(女性))とその孫(たくみ、幼稚園児)との日常を描いた、大部分が高知方言の台詞からなる作品である。2017年1月現在、9巻まで刊行されている。

これらの資料のうち（2）（3）には高知県全域の話が収められているが、（1）が高知市、（4）がいの町（旧吾川郡伊野町）の資料であることから、主に高知県の東ことば[4]のうち高知市および高吾地方（旧高岡郡、吾川郡）、つまり高知県中部地域の話に限定して用例を採取することにする。

2. 土井八枝の『土佐の方言』の感動詞

　まず土井（1935）の『土佐の方言』を見る（以下、『土佐』と呼ぶ）。この資料は著者自身が1897年頃までに佐川や高知で獲得したことばが化石化して内省の基準となった可能性もあることに注意したい。出版当時の高知方言としてはやや古い語が記録されていることも考えられるからである[5]。

　『土佐』で驚いた時の感動詞として挙げられているのは「タマルカ」「タカー」「タカデ」「オットロシヤ」である。「オーノ」もあるが非語彙的感動詞とみなして、以下の資料でも省く。このうち「タカー」が「土佐言葉の中で非常に多く使はれる感動詞」と説明され（129頁）、用例中にも頻出する。（5）に、見出し語や用例を新字新仮名遣いに直し、要約して示す。意味が分かりにくいものには〔　〕で私に訳を付す。下線は筆者による。

(5) a. タマルカ：「おやまあ」相当。用例「たまるか又そんなええものをはいりょしたかよ。」〔そんな良い物をもらったかよ〕、「たまるか丸焼になったと云うかね。」（137頁）
　　b. タカー：「『ほんとに』に似て意味深く適訳なし」とある（129頁）。用例「たかー得月楼の鉢梅にゃびっくりしたよ、あんな美事な古木ばかりよー二百鉢も集めたもんのーし。」「思いがけのーおまさんと此所で逢うたとはたかー嬉しいのーし。」（129頁）
　　c. タカデ：「大層」「甚だもって」相当。用例「たかでたまるかやちがない。」〔「やちがない」は「呆れた」の意〕（130頁）
　　d. オットロシヤ類（おっと、おっとし、おっとーし、おっとーしや、おっとろし、おっとろしや）：「おやおや」、「まあまあ」相当。用例

「おっとし、それ程蜜柑を買うてどーするぞね。」「おっとろしや、げにそれがたまるか、丸焼になったかね。」　　　　　　　　　　（42頁）

「タカデ」は感動詞とあるが、(5c)からいって程度副詞相当であろう。またこの「タカデ」は副詞としても立項され、副詞の意味は「てんで、全く、一切」相当、常に否定の述語と呼応することが説明されている。

（6）「そんな話はたかで聞いた事がない。」「あの人はたかで私の家へ来たことがない。」　　　　　　　　　　　　　　　　　　　　　　（130頁）

（6）のような「タカデ」と、「タカー」の記述を合わせて考えると、この時期の高知方言では、「タカデ」は現代の共通語の「全然」と同様に、否定と呼応し焦点の部分を全否定する副詞であったが、全否定という強調の要素が拡大して程度の副詞としても使われたといえるのではないか。またこの否定との呼応を失った文頭の「タカデ」が「タカー」という形式を獲得して、程度副詞の用法（「たかー嬉しい」）だけでなく感動詞化も遂げていた（「たかー得月楼の鉢梅にゃびっくりしたよ」）と指摘できるだろう。

また「タマルカ」にも感動詞とともに「句」（成句）が立項されている。成句の「タマルカ」の意味は「たまるものか。(たまらない)」とあり、動詞「タマル」の反語用法であることがわかる。以下の例も反語と解釈できる。

（7）a.　此大風に火事をだしてたまるか。　　　　　　　　　（137頁）
　　　b.　それがたまるかはなしゃない　　　　　　　　　　　（193頁）

（7a）のように動詞テ形を受ける例、(7b)のようにガ格を受ける例からも、これらは感動詞ではなく動詞であるといえる。また「たまりますもんか」（137頁）、「たまるもんか」（177頁）などの形も拾える。なお感動詞も成句も「強く言ふ時は『たまーるか』となる」と長呼に関する註がある（137頁）。

しかし「タマルカ」に対して「タマー」の立項はない。用例も「タマー」

は見つからない。これらの情報をみると、土井（1935）の「タマルカ」は定型化の度合いが低い点、動詞としての統語的・形態的性格が残っている点、強調形として母音の延伸のある「タマールカ」は使うが感動詞として定型化した「タマー」は生まれていない点から、動詞反語用法から成句を経て感動詞に進む途上であったことが覗える。

「メッタ」については動詞として立項され、「弱った、滅入った」の意味だと説明されている（ただし終止形「メル」は立項なし）。感動詞としての立項はない。(8a, b) から、主語を受け、語形変化がある点で「メッタ」は動詞として使われるにとどまり、この資料では感動詞化が進んでいないといえる。

(8) a. げにあたしゃめったよ或人から金策を申し込まれて…。　　（233 頁）
　　 b. おまさんどーぞしたかね、えらいめっちょるが。　　（233 頁）

　もう一つ、同時期のものとして高知県女子師範学校郷土室編（1936）の『土佐方言の研究』も見てみたい（以下『研究』と呼ぶ）。この資料は出版時期は土井（1935）と近いが、県全域の小学校教員と高知県女子師範学校の生徒から情報収集して編まれたので、土井（1935）よりも調査対象が若いことに注意が必要である。

　同書が感動詞と分類している全 57 語中、驚きを表す語彙的感動詞と思われるものを（9）に示す。以下、資料中の見出し語や用例は旧字旧仮名遣いを新字新仮名遣いに直し、要約して示す。

(9) a. タマー：驚愕の意味を表す。例「タマー、太い波ぢゃ。」　　（34 頁）
　　 b. タカー：「実に」「いやどーも」に似た意味だがもっと強い。
　　　　　　　　　　　　　　　　　　　　　　　　　　　　　（142 頁）
　　 c. メッタ：閉口した。困り入った。　　　　　　　　　（211 頁）
　　 d. オットロシヤ・オトロシヤ：恐ろしやの意。「おやおや」と訳すべきもの。善悪にかかわらず驚きの意を表す。(34, 89 頁) 例「オッ

トロシヤ、太い鯨ぢゃ。」 (34頁)
e. アリャ：「ああ」「おや」相当。 (34頁)

ここでは「タマルカ」は感動詞としては立項されていない。ただし成句としてなら挙げられており、「容易ならぬ意。耐えられない意」とある(147頁)。また「タカデ」は副詞で、「タカーに似てやや弱い」とある(143頁)。

ここから、この当時の若い話者たちが成句の「タマルカ」や感動詞「タカー」に加え、「タマー」や「メッタ」も「感動詞」相当の使い方をしていたこと、また「タカー」は感動詞だが「タカデ」は副詞とみなされ、形の上で区別される状況であったことが覗える。

3.『珍聞土佐物語』の感動詞

次に依光(1993)の『珍聞土佐物語　五十人の語り部たち』上巻に現れる感動詞を見ていく(以下、この資料を『珍聞』と呼ぶ)。この資料は「語り」らしさを演出するためか、単に方言形式であるだけでなく、聞き手に語りかけたり尋ねたりする表現も多い。そうした文体のなかで、驚きの感動詞も話の展開を劇的にするために効果的に用いられている。

3.1 『珍聞』の「タマルカ」・「タカー」の使用状況

まず「タマルカ」についてだが、(10)動詞の否定形、(11)動詞の反語用法の「タマルカ」、(12)挿入句的な「タマルカ」、(13)独立用法の例が集まった。以下、数例ずつ示す。

(10)　動詞の否定形
a. 助おじいが中風で寝込んで、たかで「たまらん」言いよるけに、孫の善が「おじい、何がたまらんぜよ」と聞いたら「息子が怒って、たまらん」と、答えたちゅうわや。　　　　　（「むすこ」214頁)
b. 朝から晩まで酒を飲むきに、たまったもんじゃない。

(「呑み之助」322頁)

(11) 動詞の反語用法の「タマルカ」
   a. おどろいた（目が覚めた）ところが、はや東が白けてきよる。"これがたまるか"と起きるなり股引をはいて、次は脚絆をはき草履をはいて高知へ向こうたわよ。　　　　（「梅太の高知行き」264頁）
   b. 桶の中では音次が"せっかく呉れるという五円の大金を、お梅の奴、貰わいでたまるか"とヤキモキしもって聞きよる。
　　　　　　　　　　　　　　　　　　　　（「音次の香典」228頁）

(12) 挿入句的な「タマルカ」
   a. 旦那が"もう美味うできた時分じゃ"と思うてツシへ上がったところが、たまるか、鼻を突き抜けるような香気味は満点。
　　　　　　　　　　　　　　　　　　　　（「梅太のツベ」266頁）
   b. こう言うと房枝は二俵の米俵をヒョイと担いで歩き出したきに、たまるか、若い衆連中はビックリしてのう。（「房枝の怪力」327頁）

(13) 独立用法
   a. 一方、馬吾は家で目が覚めて、「たまるか、寝過ぎた」と、飛び起きて桑畑へ駆けつけたら、この騒ぎ。　　（「あの世の鶏」212頁）
   b. 二人の子は無事息災に育ったが、作次の娘のお米は村一番の器量よし。たまるか、大地主の家に望まれて嫁に行て、蔵米暮らしで一生不自由なしに暮らした。　　　　（「山の神とブリの神」256頁）

　ガ格名詞や動詞テ形を受ける(10a)は動詞の機能から逸脱していない。「ゼヨ」などの終助詞も後接し、また疑問文にもなっている。語形も動詞否定形「タマラン」だけでなく(10b)のように動詞「たまる」が様々に活用している。これに対して(11a, b)では「タマルカ」の形が固定して終助詞もつかず、反語の表現技法により言外の「たまらない」の意味が強調されている。しかしガ格や動詞テ形を受ける動詞のままである。(12a, b)は物語を盛り上げるために、語形が固定した「タマルカ」が条件節などの直後に挿入句的に出現する。構文的にもガ格や動詞テ形を受けるものではなくなって独立語化

している。ただ意味は反語と解釈できる範囲にある。そして(13a, b)では定型化した「タマルカ」が文頭に位置し、他の語を受けず、意味は「たまらない」から離れて「大変」・「なんと」などと解釈できるものになっている。

このように『珍聞』の「タマルカ」の(10)から(13)の用例をみると、動詞から反語用法を経て定型化と独立語化が進むにつれ、感動詞として機能するようになるという感動詞化の経路を想定することができる。

ただしこの資料では、「タマー」(「たまあ」「たまぁ」等)は全く出現していない。『土佐』から30年ほど経っているが、「タマー」が出てこない点では同じ様な状況であったといえるだろう。

「タカデ」や「タカー」は『土佐』と同様に、用例が拾える。

(14) a. 繁丸は顎ひげを撫ぜもって、「いや、占いにそう出ちょる。それから先は、おまんが考えんといかん」と言うて、たかで取り合わん。
　　　　　　　　　　　　　　　　　　　　　　　　（「易者の繁丸」247頁）
　　 b. 「やあ、ドンピシャリでございます」
　　　　たかで若い衆はビックリして、目をまん丸うしちょる。
　　　　　　　　　　　　　　　　　　　　　　　　（「易者の繁丸」250頁）
　　 c. 不思議に思うて太夫さんに祈って貰うたところが、たかで山の神さまが大怒りよ。　　　　　　　　　　　　　　　（「呑み之助」323頁）
(15)　 与助は"たかあ、二十年ばあの年を喰うには暇いらんねや。早や孫の世話をせないかんか"と思うたが、これだけは文句の持って行きどころがない。　　　　　　　　　　　　　　　　　　　　（「ババ違い」242頁）

「タカデ」は(14a)のように否定の述語と呼応する副詞としても、(14b)のように「本当に」あるいは「ひどく」相当の程度副詞としても使われる。また(14c)のように条件節の後などに挿入されて「なんと」などの意味にも解釈できるものもある。一方「タカー」には(15)のように文頭に出現して「なんとまあ」などの意味に解釈できるものがあり、「タカー」は感動詞として用いられていることがわかる。

3.2 『珍聞』の「メッタ」・「オットロシヤ」の使用状況

　次に「メッタ」についてだが感動詞としての用例はない。「こまる」「まいる」相当の意味の動詞として、(16a, b)のように振り仮名が「め」のものが4例、振り仮名なしで動詞「困る」として使われているのが5例であった。

(16) a.　「馬、おらあ困ったけねや。お麻が"死のう、死のう"言うけに、今晩、死ぬる約束をしとうよ」　　　（「あの世の鶏」208頁）
　　 b.　ところが何べん易を起こしても、卦は『闇夜に鼻をつく』よ。さあ、繁丸が困ってのう。　　　　　（「易者の繁丸」248頁）

　こうした使用状況から「メッタ」はこの資料の中ではあくまで動詞であるといえ、『土佐』と同じく感動詞化は進んでいないと指摘できる。
　「オットロシヤ」は、高吾地方の資料では形容詞として使われているだけで感動詞としての用例がない。ただ高吾地方以外ならば感動詞の用例がわずかに見つかる。(17)は高知市円行寺（高知市北部の山間地）のもので、文頭に感動詞として出現している。意味も「恐ろしい」ではなく、相手の非常識に呆れる文脈の、深刻さのない驚きである。(17)が山間地の例であることから、市街地では既にやや古めかしい語だったのかもしれない。

(17) a.　（納屋の建て替えの手伝いを頼みにきた男に、いつ頃かを尋ねると、建て替える材のために苗木を買ってきたところだという）
　　　　「オットロシ、それじゃ納屋はいつ頃、建て直す段取りになるぜよ」　　　　　　　　　　　　　　　（「段取り」170頁）
　　 b.　（雨垂れの下に石を置いている理由を、願掛けに穴のあいた石が必要だからと説明する男に対して）
　　　　「オットロシ、それで雨垂れの滴を打たいて石へ穴を開けゆがかよ」　　　　　　　　　　　　　　（「穴開き石」171頁）

4.『読みがたり　高知のむかし話』の感動詞

　土佐教育研究会国語部編（2005）の『読みがたり　高知のむかし話』は、1976 年刊の『高知のむかし話』を編集しなおしたもので、話の採録時期は 3. の『珍聞』から 10 年程度あとである（以下、この資料を『むかし話』と呼ぶ）。『珍聞』と同様、昔話という「語り」のなかで話の展開を印象づけるのに、効果的に驚きの感動詞が使われている。

4.1 『むかし話』の「タマルカ」・「タカー」の使用状況

　まず「タマルカ」と「タマー」について確認する。『珍聞』と同様、(18) 動詞「たまる」の否定形、(19) 動詞の反語用法の「タマルカ」、(20) 挿入句的な「タマルカ」、(21) 独立用法の例がそれぞれあった。

(18)　動詞の否定形
　　　a.　つぎの夜になると、兵部は、まごの顔を見とうて見とうて<u>たまらんなった</u>。　　　　　　　　　　　　　　　　（「はたまが渕」146 頁）
　　　b.　そいたら、「こりゃあ、<u>たまらん</u>。」というようないやあなにおいが、そこらの山いっぱいにおうてきて、そりゃあ<u>たまらざった</u>と。
　　　　　　　　　　　　　　　　　　　　　　　　（「山父退治」184 頁）
(19)　動詞の反語用法の「タマルカ」
　　　「暗がりでも、こんなにはっきり、着物のがらが見えるちゅうこた、てっきり、キツネさまのお出ましにちがいない。ようし、化かされて<u>たまるか</u>。」　　　　　　　　　　　　　　（「キツネのだちん」52 頁）
(20)　挿入句的な「タマルカ」
　　　a.　「おんしじゃろうが。ばけダヌキめ！びっしり、シバでうどんをくいにげしたやたあ！」というて、持っちょった太いカシの棒で、いきなりぶんなぐったそうじゃ。ほいたら、<u>たまるかのう</u>。まっかな血がふき出したつが。　　　　　　　（「夜なきうどん」29 頁）
　　　b.　「南無八幡大菩薩。」と、おきょうを三かいいうちょいて、「千代

じゃったら、たまをはずしたまえ。」と、ズドーンと一ぱつぶちこんだきたまるもんか。音は七うね七谷、がおり、がおりとなりひびき、あんどんの火は、ぱっときえて、まっくらやみになってしもうたと。　　　　　　　　　　　　　（「りょうしの次衛門」209頁）

(21) 独立用法
 a. 万六は、山へ行くと大きなたばをこしらえ、自分は重たいたきぎを一荷にのうて、馬には二荷せおわせた。そいて、ようよう歩きゆう馬にのったもんよ。たまるか。馬はつくなりこんで、動けんようになったと。　　　　　　　　　　　　　（「万六ばなし」100頁）
 b. （桜多は）「しもうた。えを忘れてきた。」というと、もう坂を走りおりていた。たまあるか。雪だるまがころぶよりまだ早かっもんよ。　　　　　　　　　　　　　　（「桜多のウナギつり」94頁）

　(18)は動詞である。ガ格名詞を受け、また活用させてさまざまな形で使われている。(19)は動詞の反語用法である。(20)は定型化した「タマルカ」または「タマルモンカ」が条件節などの直後に挿入句的に使われている。終助詞「ノ」も後接するところから動詞的な性質があると見られる。これらに対し(21)では定型の「タマルカ」が単独で使われ、終助詞の後接する例もない。意味もずれこんでおり、(21a)の「たまるか」には原文のわきに訳注として「さあたいへん」と書かれている。また語形は「タマルカ」だけでなく(21b)のように延伸形「タマールカ」が1例出現している。
　しかし「タマー」は『珍聞』同様、この資料でも皆無である。
　「タカデ」や「タカー」はどうかというと、否定述語との呼応の副詞の例は全くなく、程度副詞と感動詞として使われている。「タカデ」は(22a)の程度副詞や、(22b)のように「なんと」に相当する意味で使われている。また「タカー」は(23)のように「なんと」などに相当する意味の感動詞として、文的独立度の高い節の直後に出現し、ストーリー説明のパート（はじめから「かまえよったちゅうが」まで）から話し手の主観的評価を述べるパート（「なんぼ～ことぜよ」の部分）のへの切り替え部分に使われている。

(22) a. （略）だちんの荷をくくるあらなわで、<u>たかで</u>、ぐるぐるまきに、馬にしばりつけてしもうたそうな。（「キツネのだちん」50頁）〔「たかで、ぐるぐるまきに」は訳注に「とってもがんじょうに」とある〕

　　b. それが、ふたりとも、<u>たかで</u>、なんでもなおすちゅう、外科の名医じゃったそうな。
　　　　（「どうもと　こうも」87頁）〔「たかで」は訳注に「なんと」とある〕

(23) 　そしたら、どうもも、そりゃえいというて、はや、首切りのかまをかまえよったちゅうが、<u>たかあ</u>、なんぼいうたち、たいてえなことぜよ。
　　　　（「どうもと　こうも」88頁）〔「たかあ」は訳注に「なんと」とある〕

　なお高吾地方や高知市などの話には会話部の「タカー」の用例がなかったのだが、会話部で文頭に出現する「タカー」が1例、高知県の東ことばに分類される芸美地方の話にあるので、参考までに(24)に示す。

(24) 「（略）そうじゃあ、ありゃあ、わしが作るたまの数を数えよったがや。<u>たかあ</u>、うちでかいよるネコが、こんなこわいもんじゃったたあ知らざったよ。」　　　　（安芸郡魚梁瀬「くろがねのたま」216頁）

4.2 『むかし話』の「メッタ」・「オットロシヤ」の使用状況

　「メッタ」は、この資料では動詞としても感動詞としても全く使われておらず、振り仮名で「こま」の読みを与えられた動詞の「困る」しかなかった。この資料は子ども向けの昔話であるため、読者である1970年代以降の子どもにわかるよう、編集時に「こまる」に置き換えた可能性も捨てきれない。

　「オットロシヤ」も、形容詞「オトロシイ」あるいは動詞「オトロシガル」としてのみ出現し、感動詞としては使われていない。

5. 『きんこん土佐日記』の感動詞

　最後に現代の資料として村岡マサヒロの『きんこん土佐日記』を使って感動詞の状況を見る（以下、この資料を『きんこん』と呼ぶ）。四コマ漫画なので、展開を印象づけ、おもしろさを強調する効果を狙って感動詞が頻出する。オチのない話以外、殆どの話に何らかの感動詞が使われていて用例数が多いので、1〜3巻のみを分析対象とする。

5.1 『きんこん』の「タマルカ」・「タマー」の使用状況

　この資料でも『珍聞』や『むかし話』と同様に、動詞「たまる」の否定形と、感動詞独立用法「タマルカ」が使われている。なお四コマ漫画は短い台詞で話者が交替することが多く、一人の話し手が語るジャンルのものではないので、挿入句的「タマルカ」はない。
　まずは動詞「たまる」の否定形の使用状況を見る。

(25)　動詞の否定形
　　　a.　（よしきが、笑いをがまんできず）
　　　　　よしき「もうたまらんちゃ！！」　　　　　　　（3巻93頁）
　　　b.　くによし「おー　花粉症がたまらんちゃ」　　　（3巻13頁）
　　　c.　たくみ「暑うてたまらん」　　　　　　　　　　（2巻69頁）

　ここに示した(25)の「タマラン」は、話者「よしき」（老人男性）、「くによし」（中年男性、「よしき」の息子）、「たくみ」（幼児、「くによし」の息子）すべてに使われ、高知方言の動詞として衰退の兆しがないことがわかる。副詞やガ格名詞、動詞テ形を受け、終助詞「ちゃ」も後接している。
　動詞「たまる」の否定形が全世代にわたる使用語彙なので、「タマルカ」の反語用法も可能だと考えられるのだが、この資料ではほぼ出現しなかった。1例だけ(26)のように動詞の反語用法の「タマルカ」の倒置とも解釈できる例があったが、文頭に位置し、「たまぁるか」と延ばした形になって

いる点で独立用法と見るべきだろう。

(26)　近所の人「あっクニエさんこんにちは」
　　　（この人がとんでもない格好で外に出ているのを見て驚き）
　　　くにえ「たまぁるかあんた　そんな格好で軒先に出て…」（2巻50頁）

　次に「タマルカ」の独立用法、つまり感動詞としての用法として(27)を示す。1～3巻中7例使われていた（上記の反語の解釈が可能なものを除く）。すべて老年層キャラクターである「よしき」と「くにえ」の台詞である。良い評価の驚き(27a)にも、悪い評価の驚き(27b)にも使われている。形態は「タマルカ」（2例）と延伸形「タマールカ」（5例）の両方がある。「うやー」〔ウワー相当か〕などの非語彙的感動詞と共起する例がある一方で、副詞を受けたり終助詞が後接したりする例はなく、「タマルカ」や「タマールカ」で形が固定し、動詞の性格が失われていることが覗える。

(27) a.　たくみ「やったーこんなにおこづかいもろうた！！」
　　　　 よしき「たまぁるか」　　　　　　　　　　　　（1巻25頁）
　　 b.　くにえ「つめの間に木のトゲがささった」
　　　　 よしき「うやー　たまるか！！」　　　　　　　（1巻123頁）

　『きんこん』では「タマルカ」と並んで「タマー」も出現するところが、『珍聞』や『むかし話』と異なる。しかも「タマルカ」よりも「タマー」の方が用例が多く、完全に感動詞だとみなせる「タマー」は1～3巻中24例ある。全例、老年層「よしき」と「くにえ」の台詞である。

(28) a.　くにえ「たまあ　雪が降りゆう」（嬉しそうに）　（1巻148頁）
　　 b.　くにえ「たまあ…　どしゃ降りになった」　　　（3巻18頁）
(29) a.　よしき「しょうぶにまぎれてワカメが入っちょった」
　　　　 くにえ「たまあ」（呆れたように）　　　　　　（2巻24頁）

b. （よその幼児がバイバイをするのを見て嬉しそうに）
   よしき「<u>たまあ</u>見て！ バイバイしたらちゃんとやり返してくれる」 （3巻134頁）
c. たくみ「たくみサンタからのプレゼントで〜す！」
   くにえ「<u>たまあ</u> 宝石箱に入った甘栗！！」 （3巻131頁）

「タマー」も「タマルカ」同様、良い評価の驚き（28a）にも悪い評価の驚き（28b）にも使われている。（29a）のように単独での使用もあれば、何らかの文が後続する場合もある。いずれも文頭に位置し、完全に独立語になっているので、後続する文の文タイプは制約がないようで、平叙文（28a, b）、命令文（依頼命令）（29b）などのほか、名詞句（29c）などもある。

しかし「タマー」は感動詞として用いられるだけでなく、（30）のように副詞として機能している場合もある（8例）。1例だけ中年層キャラクター「くによし」の例があるが（30b）、他は老年層「よしき」と「くにえ」の台詞である。述語に近い位置に生起し、程度副詞として述語に係っている。

(30) a. よしき「あの店は<u>たまあ</u>風鈴つっちゅう」 （2巻73頁）
    b. くによし「ここからの景色は<u>たまあ</u>えい」 （3巻7頁）

ただし四コマ漫画であるため台詞の一文一文が短く、また狭い吹き出しの中に書き込むために頻繁に改行されているので、次のような例は述語に係る副詞なのか、それとも文頭に置かれた感動詞なのか、判断が難しい（9例）。

(31) a. よしき「<u>たまあ</u> かわいいねえ」 （3巻134頁）
    b. くにえ「<u>たまあ</u> みっともない」 （3巻84頁）

これまでの『珍聞』や『むかし話』では、副詞的用法は「タカデ」や「タカー」が担っていた。しかし『きんこん』には「タカデ」・「タカー」は副詞としても感動詞としても全く出ない。このことから、「タマルカ」出自の

「タマールカ」が「タマー」という形を産みだしたことと、副詞「タカー」がかつて感動詞としても使われていたこと、そしてこの「タカー」と「タマー」が語形も出現位置も意味も似ていることから、少なくとも『きんこん』においては感動詞だけでなく副詞「タカー」も「タマー」が取って替わり、副詞として「タマー」が使われるようになったのではないだろうか。(31)のようなどちらともいえる例は、この両者の橋渡し的な存在だといえるだろう。

5.2 『きんこん』の「メッタ」の使用状況

　「メッタ」も『きんこん』では頻出している（全46例）。良い評価の驚き(32a)よりは、(32b)のように悪い評価や気恥ずかしさを伴う驚きの例が多いので、動詞の「困る」「まいる」などの意味がある程度維持されていると考えられる。だが形態的には「メッチョル」があった『土佐』や「メッテ」があった『珍聞』とは違い、過去形「メッタ」以外は全く出現しない。

(32) a.　（赤ちゃんをあやしたらよく笑ってくれるので、とても嬉しそうに）
　　　　　くにえ「めったよ、そんなにおもしろいかねえ」　　（1巻55頁）
　　　b.　くにえ「めった… ゴミ出しの時間過ぎちょった」　　（3巻47頁）

　また「メッタ」は(33a)のように「ショー」などの副詞を受け、(33a-c)のように終助詞「ヨ」「チヤ」「デ」なども後接し、また「コリャ」「ソラ」などと共起することが多い(33c, d)。こうしたことも動詞としての文法的性格の残存を示している。しかし一方で文頭に位置する例(33e)や「メッタ」単独の文(33f)も多い。

(33) a.　くにえ「おおの　こりゃしょうめったよ　ここへ何をしにきたか忘れてしもうたが」　　　　　　　　　　　　　　　　　　（1巻58頁）
　　　b.　くにえ「おおのめったちや　またここにシミができちゅう」
　　　　　　　　　　　　　　　　　　　　　　　　　　　　　（1巻28頁）

c. くによし「めったで　こりゃ…」　　　　　　　（1巻44頁）
　　d. たくみ「なんか頭がクラクラする…」
　　　 くにえ「そらめった！　熱は！？」　　　　　　（2巻135頁）
　　e. （たくみが祖父よしきに敬老の日のプレゼントを渡そうとしているというのに、よしきは寝ているのを発見して、呆れて）
　　　 くにえ「めった　こんな時に昼寝しゆう」　　　（2巻8頁）
　　f. （たくみが蟬の真似をして樹液を吸おうと木にかじりついている）
　　　 くにえ「めった」　　　　　　　　　　　　　　（2巻6頁）

　つまり、「メッタ」は動詞とはいっても過去形「メッタ」だけが残って活用を失っている点で定型化しており、動詞の文法的性格を残しつつも、単独での使用や文頭への出現から、次第に感動詞的になりつつある段階にあるといえそうだ。

5.3　『きんこん』の「オットロシヤ」類の使用状況

　「オットロシヤ」類は『きんこん』では2例しかない。「オットロシャ」と語末が拗音化した形が、老年層男性「よしき」の台詞で出てくる。

(34) a.　（たくみに空気てっぽうを撃たれて）
　　　　よしき「おっとろしゃー」　　　　　　　　　（3巻7頁）
　　b. くにえ「今日は変わったもん作ってみたぞね」（と料理を出す）
　　　　よしき「おっとろしゃ！」（嬉しそうに）　　（3巻164頁）

　出自は「恐ろしや」であろうが、『土佐』や『研究』の時点で「おやおや」「まあまあ」といった訳が当てられていたように、(34)の意味は恐ろしさを含んでいない。(34a)のように突然のことに驚く場合も、(34b)のように珍しい料理を見て意外性に喜ぶ場合にも使われている。
　使用頻度は低いが「オットロシャ」を「よしき」の台詞に使うのは、老人キャラクターであることを引き立てる効果を狙ってのことかもしれない[6]。

6. まとめ―方言資料で明らかになったこと

6.1 「タマルカ」から「タマー」へ

ここまでみてきた高知の方言資料における感動詞「タマルカ」「タマー」について表1にまとめた。また「タマー」に関連して「タカデ」「タカー」については表2に整理した。

表1 「タマルカ」「タマー」の使用状況

	『土佐』	『研究』	『珍聞』	『むかし話』	『きんこん』
動詞否定形	○	－	○	○	○
「タマルカ」動詞反語用法	○	－	○	○	？
「タマルカ」独立用法	○	－	○	○	○
独立用法・延伸形「タマールカ」	○	－	－	○	○
「タマー」感動詞用法	－	○	－	－	◎
「タマー」副詞用法	－	－	－	－	○

○：用例あり　◎：使用多　　－：記載なし・用例なし　？：確例なし

表2 「タカデ」「タカー」の使用状況

	『土佐』	『研究』	『珍聞』	『むかし話』	『きんこん』
呼応の副詞「タカデ」	○	○	○	○	－
程度副詞「タカデ」「タカー」	○	－	○	○	○
感動詞「タカデ」	－	－	○	○	－
感動詞「タカー」	◎	○	○	○	－
（参考）副詞用法の「タマー」	－	－	－	－	○

○：用例あり　◎：使用多　　－：記載なし・用例なし

高知方言の感動詞「タマルカ」は動詞「タマル」の反語表現から感動詞化したと考えられる。「タマル」の否定形「タマラン」は現在も使い続けられているが、反語の「タマルカ」が強調表現として頻用されるなかで、強調あ

るいは驚きの表示といった意味が固定したと思われる。形態的には延伸形「タマールカ」を経て「タマー」という形式が生じた。文頭もしくは単独での使用から、独立語化がすすみ、感動詞として定着したのであろう。

一方、『土佐』では副詞の「タカデ」と関わりがあると思われる「タカー」が感動詞としてもさかんに使われていたが、『きんこん』には「タカー」「タカデ」が全く使われていない。このことから、「タカー」が副詞だけでなく感動詞としても使われていたことと、「タマー」という感動詞が成立したこと、そしてこの「タカー」と「タマー」が語形も生起位置も意味も似ていたために、『きんこん』の時期には「タカー」に「タマー」が取って替わり、副詞としても「タマー」を使うようになったと考えられるのではないだろうか。

ここで、1936年の『研究』に感動詞として「タマー」が挙げられていたことを思いだそう。調査対象者が当時の児童や女学生など10代前後の若者だったとすれば、それから70年後の、『きんこん』が出版され始めた2006年には、その人たちは80代前後になっている計算である。また『きんこん』で「タマー」の主な使用者である「よしき」と「くにえ」は、絵では80代以上とみてもおかしくない高齢者の風貌であり、典型的な老人キャラクターとして描かれている。つまり感動詞用法の「タマー」は『研究』の時点で若年層のことばとして記録されたが、それが『きんこん』に描かれる頃には老年層のことばの典型とみなされるものになったといえるだろう。

6.2 「メッタ」の感動詞化

「メッタ」について述べてきたことを表3にまとめる。なお『研究』は項目と意味だけで、用例としての文が掲載されていないので表3では省略する。「メッタ」は動詞「困る」の過去形で、「弱った、滅入った」あるいは「閉口した」などの意味で使われていた。『珍聞』の時点では動詞としての活用を失っていないが、次第に過去形「メッタ」だけに限られていき、主節末の「メッタ」の用法が独立用法へ固定されていったと推測される。

ただ、1936年の『研究』で既に感動詞として立項されていた「メッタ」

表3 「メッタ」の使用状況

	『土佐』	『珍聞』	『むかし話』	『きんこん』
動詞過去形以外の活用形	○	○	−	−
動詞過去形の「メッタ」	○	○	−	○
終助詞が後接する「メッタ」	○	○	−	○
副詞を受ける「メッタ」	○	−	−	○
指示詞直後の「メッタ」	−	−	−	○
文頭の「メッタ」	−	−	−	○
単独で使われる「メッタ」	−	−	−	○

○：用例あり　　−：用例なし

だが、『きんこん』の時点でも副詞や指示詞が係り、終助詞が後接するなどの特徴がある点でまだ動詞の文法的性格が消失していない。

6.3 「オットロシヤ」類の衰退

「オットロシヤ」などは、既に『土佐』の時点で「恐ろしい」の意味から離れて「おやおや」程度の軽い驚きの感動詞として完成しており、文頭での使用に片寄っている。語源意識の薄れを反映してか、語形も「オットロシ」「オットロシャ」のような「恐ろしい」に近い形から、「オットシ」「オット」などの語形の変化したものまで様々あったが、衰退したようである。衰退の原因はこれらの資料からはわからないが、「タマー」や「メッタ」などの他の感動詞を使う世代が現れ、「オットロシヤ」類を使う世代と入れ替わっていったのではないだろうか。『きんこん』にはわずかに使用例があったが、この「オットロシヤ」類の古さを利用して、老人キャラクターを引き立てていると考えられる。

6.4 おわりに

本稿では高知方言の驚きの感動詞のうち、語彙的感動詞にあたるものを取り上げ、1935年から2007年までの資料を用いて約70年間の変化を追っ

た。資料ごとの性格が違うので単純には比較できない部分もあるが、動詞や形容詞由来の感動詞は、徐々に形式が固定していき、他の語との係り受けを失い、文頭に、または単独で使われていくことで感動詞化していく様子が把握できた。また今回扱った感動詞については特定の世代との結びつきが深く、感動詞の消長に世代のサイクルが関係しそうなこともわかった。方言社会は共通語などの干渉も受けるが、規範に縛られない分変化も早いということだろう。

　しかし現在、壮年以下の世代では、地域によっては方言の語彙的感動詞ではなく、共通語と同形のものや流行語的なものが使われることも多いだろう。例えば『きんこん』の幼稚園児「たくみ」の台詞には「タマー」や「メッタ」は出現せず、代わりに共通語と同じ非語彙的感動詞「アッ」や「ワオー」、語彙的感動詞「アレ」などのほか、「キエポー」といった、漫画のキャラクターを際立たせる個人語彙的な感動詞が使われている。こうした現状を考えると、方言の感動詞が今後どうなっていくのか注視していく必要があるだろう。

注
1. 「感動詞」だけでなく「間投詞」と呼ばれることもあるが、本稿では「感動詞」で統一する。
2. 『日本語文法事典』の分類は森山（2002）などがもとになっているとみられ、森山（2002）のほうがさらに詳しい。
3. ただし澤村（2010）では指示詞「あれ」由来の「アリャー」を非概念系感動詞としている点が田窪（2005）と異なる。
4. 高知県の方言区画では、高知市などを含む県東部・中部の方言を「東ことば」、旧幡多郡や宿毛市など西部地域の方言を「西ことば」と呼んでいる（吉田1982を参照）。
5. 土井八枝が1932（昭和7）年に高知へ旅行し、「『此時こそ』とばかり、四十年前其儘の言葉」を使うと、そのうちのあるものについては「もう此所でも今時そんな言葉を使ふ人はないぞね」と笑われたとある（序：1）。
6. 土佐市生え抜きの男性（1946年生まれ）に尋ねたところ、「タマールカ」「タマー」

「メッタ」などは使うが、「オトロシヤ」「オットロシャ」は理解語彙であり、自分よりも一世代上の人ならば使っていたと回答している。

文献

小林隆・澤村美幸 (2012)「驚きの感動詞「バ」」小林隆編『宮城県・岩手県三陸地方南部地域方言の研究』pp.165–188. 東北大学大学院文学研究科国語学研究室

澤村美幸・小林隆 (2005)「「しまった！」に地域差はあるか？」『月刊言語』34 (11): pp.30–32. 大修館書店

澤村美幸 (2010)「感動詞の地域差と歴史―「失敗の感動詞」を例として―」小林隆・篠崎晃一編『方言の発見』pp.67–91. ひつじ書房

田窪行則 (2005)「感動詞の言語学的位置づけ」『月刊言語』34 (11): pp.14–21. 大修館書店

日本語文法学会編 (2014)『日本語文法事典』大修館書店

深津周太 (2010)「近世初期における指示詞「これ」の感動詞化」『日本語の研究』6 (2): pp.1–14. 日本語学会

森山卓郎・張敬茹 (2002)「動作発動の感動詞「さあ」「それ」をめぐって―日中対照的観点も含めて―」『日本語文法』2 (2): pp.128–143. 日本語文法学会

吉田則夫 (1997)「各地の方言生活の特色―具体例を挙げつつ　四国　土佐方言の強調表現について」『国文学　解釈と教材の研究』42 (7): pp.130–134. 学燈社

吉田則夫 (1982)「高知県の方言」飯豊毅一他編『講座方言学8　中国・四国地方の方言』pp.425–449. 国書刊行会

【資料】

高知県女子師範学校郷土室編 (1936)『土佐方言の研究』高知県女子師範学校

土井八枝 (1935)『土佐の方言』春陽堂

土佐教育研究会国語部編 (2005)『読みがたり　高知のむかし話』日本標準（1976年『高知のむかし話』初版刊行）

村岡マサヒロ (2006a)『きんこん土佐日記』1、高知新聞社

村岡マサヒロ (2006b)『きんこん土佐日記』2、高知新聞社

村岡マサヒロ (2007)『きんこん土佐日記』3、高知新聞社

依光裕編 (1993)『珍聞土佐物語　五十人の語り部たち』上巻、高知市文化振興事業団

付記

本稿は JSPS 科学研究費 15K02582 および 26244024 の研究成果の一部である。

第 15 章
上方・大阪語におけるコ系感動詞の歴史

深津周太

1. はじめに

　日本語の感動詞の中には、「モウシ（＜申す）」や「チョット」など、本来異なる品詞に属する語彙項目からの変化によって生じたものも少なからず存在する。とりわけ指示詞に由来するとされる感動詞群は、表1のように「コ・ソ・ア」がそれぞれ「―レ・―リャ・―ラ」形を有するという側面をもつこともあり、夙に注目されてきた。本稿ではこれをコソア系感動詞と呼ぶ。

表1　コソア系感動詞の整理

	―レ	―リャ形	―ラ形
コ系	コレ	コリャ	コラ
ソ系	ソレ	ソリャ	ソラ
ア系	アレ	アリャ	アラ

　コ系は呼びかけ・とがめといった機能を果たし、概して聞き手の注意を話し手に向けるものといえる。他方、ソ系は注意・動作の促しという聞き手の行動を要求するものである[1]。コ系は注意の方向が話し手側、ソ系は聞き手側に向けられており、出自となった指示詞の性質を色濃く残している。『日本国語大辞典』の記述を掲げておこう。

（1）　コレ：人に呼びかけ、注意をひく語。多く同輩や目下に対して用いる。
　　　　コリャ：目下の者に呼びかけるときに発する語。
　　　　コラ：いばって人をとがめたり、怒って他人に注意する時に発する語。
（2）　ソレ：相手に指示し、注意を促すために発する語。
　　　　ソリャ：聞き手に対して注意を促したり、驚いたりした時に用いる。
　　　　ソラ：それをさし示して、相手に注意を促すときのことば。

　なお、コ・ソ系が聞き手に対する働きかけであるのとは対照的に、ア系は驚きや疑問など話し手の感情を表出するものである。
　本稿ではこのうちコ系のものに着目し、その歴史的展開について論じる。対他的な文脈、殊にコミュニケーションの開始時に用いられることの多いコ系感動詞は、待遇表現の観点などからその役割の変化が注目されるためである。また、用例が近世以降豊富に見られ、その移り変わりの様を長期的に追うことが可能であるという点も、コソア系感動詞の歴史を解明する端緒として最適な対象であると考える[2]。
　本稿の構成は以下の通りとする。まず2では、本稿が対象とする言語とその資料、用例収集の方法などに関する枠組みを示す。それを踏まえて3で近世以降の上方・大阪語におけるコ系感動詞の変遷を追い、続く4では江戸・東京語との比較を行う。5には本稿の成果と残された課題をまとめる。

2. 本稿の立場

2.1 対象とする言語

　従来、多くの研究では、近世前期は上方語、近世後期以降は江戸・東京語を対象として中央語の歴史が描かれてきた。しかし近年、「地域的な連続性が確保できる」(矢島 2013: 9) 近世上方語から近現代大阪語を対象とした日本語史研究の重要性が確認されてきている。
　また、感動詞にも地域差があり、それが歴史的事情に由来することも具体例を以て明らかにされつつある（澤村 2011 など）。

本稿ではこうした状況を鑑み、近世前期上方資料の「コレ・コリャ」を初出とするコ系感動詞の歴史を、まずは上方・大阪語の枠内で叙述していくこととする。

2.2　調査資料

　調査資料は次頁に示す通りである[3]。以降、用例を示す際には二重下線部を以て資料の種別を表す（例：近・曽根崎心中）。また、用例掲示に際して、旧字体は新字体に変更する。

前期上方
◆近松浄瑠璃（1703年〜1722年） 曽根崎心中、薩摩歌、心中二枚絵草紙、卯月の紅葉、堀川波鼓、卯月潤色、重井筒、心中万年草、丹波与作待夜の小室節、淀鯉出世滝徳、五十年忌歌念仏、心中刃は氷の朔日、今宮心中、冥途の飛脚、夕霧阿波鳴渡、長町女腹切、大経師昔暦、生玉心中、鑓の権三重帷子、寿の門松、博多小女郎浪枕、心中天の網島、女殺油地獄、心中宵庚申
◆噺本（1681年〜1744年） 囃物語、当世口まね笑、当世手打笑、籠耳、新竹斎、軽口露がはなし、遊小僧、諸国落首咄、初音草噺大鑑、露新軽口はなし、露五郎兵衛新はなし、軽口御前男、軽口きやう金房、軽口あられ酒、露休置土産、軽口福蔵主、軽口もらいゑくぼ、軽口はなしとり、軽口機嫌嚢、軽口初売買、軽口福おかし、軽口新歳袋、軽口耳過宝、軽口出宝台
近世後期
◆洒落本（1753年〜1844年） 新月花余情、聖遊郭、陽台遺編・妣閣秘言、遊客年々考、肉道秘鍵、月花余情、列仙伝、原柳巷花語、くだまき綱目、弥味草紙、正夢後悔玉、このてかしわ、夢中生楽、ものはなし、間似合早粋、郭中奇譚（異本）、短華蘂葉、言葉の玉、睟の筋書、北華通情、粋包丁、裸百貫、遊里不調法記、うかれ草紙、阿蘭陀鏡、十界和尚話、身体山吹色、南遊記、嘘之川、当世廓中掃除、洒落文台、粋の曙、箱枕、花街風流解、色深狭睡夢、北川蜆殻、粋好伝夢枕、老楼志、意気客初心、興斗月、思増山海の習草紙、客野穴、風俗三石土、曽古左賀志、粋行弁、栄花の現、水の行すえ、誰か面影、難波の芦
◆滑稽本（江戸末期） 穴さがし心の内そと、診臍の宿替え

近代大阪
◆落語(1903 年～ 1938 年) 馬部屋、盲の提灯、後へ心がつかぬ、鋲盗人、恵比須小判、日と月の下界旅行、動物博覧会、絵手紙、近江八景、小噺、たん医者、近日息子、倹約の極意、芝居の小噺、四百ぶらり、天神咄、魚売り、大和橋、脱線車掌、亀屋左兵衛、蛸の手、きらいきらい坊主、煙管返し、いびき車、芋の地獄、さとり坊主、日和違い、電話の散財、一枚起請、いらちの愛宕参り、魚丿し、筍手討、平の蔭、五目講談、神鳴、理屈あんま、やいと丁稚、浮世床、天王寺詣り、ぬの字鼠、大安売、古手買い、阿弥陀池、寄合酒、いかけや、親子茶屋、十七倉、ひやかし、くしゃみ講釈、船弁慶、天王寺詣り

2.3 用例収集にあたって

　上方・大阪語のコ系感動詞として扱うのは、まとまった用例の見られる「コレ」「コリャ」「コラ」の 3 形式とする。指示詞「これ」や、「これは」(指示詞「これ」＋助詞「は」)の融合形「こりゃ」との区別がつきにくいものもあるため、以下のような基準を設けて用例収集を行った。

　まず、直後に呼びかけ対象が明示される「コレ」「コリャ」はすべて感動詞として採った。

(3) a. コレ喜八角の輪違屋にゐてあすの南のさじき三四の内いふてやりや
　　　　　　　　　　　　　　　　　　　　　(洒・正夢後悔玉、下／1761)
　 b. こりや久三。おれハうらへいく。見せさきに人がある。さいふに気をつけ、ばんをせよ　　　　　(噺・軽口御前男、14 オ／1703)

　それ以外の例は、指示対象の有無を基準とした。指示対象があるとみなし感動詞として採らなかったのは、特に他動詞に前接するようなタイプ(目的語とみなせるもの)や、「これこの N」のようなタイプ(「これ＝この N」とみなせるもの)である。「これ」の指示対象と考えられるものを波線で示す。

(4) a. これ見ねエ、此やうに、がつしりとした尻おしが後にあるから

(滑・諺臍の宿替え、四編 6／江戸末期)
　　b.　これ此袖見さんせ　　　　　　　　　(近・薩摩歌、下／1704)

感動詞のうち、注意の促し（ソ系相当）を表すもの（→ 5a）、掛け声とみなせるものは除いた（→ 5b）。

(5) a.　コリヤ現銀じゃと五十両ていしゆが前へ投出す
　　　　　　　　　　　　　　　　(近・山崎与次兵衛寿の門松、下／1718)
　　b.　コリヤおもしろたぬきのはらつゞミ、ポン〳〵 コリヤ〳〵
　　　　　　　　　　　　　　　　(滑・諺臍の宿替え、追補一 11／江戸末期)

また、「これや」と表記されたものは「コリャ」の例として採った。このような表記の類例には「おれや（おりゃ＜俺は）」、「あれや（ありゃ＜あれは）」などがある。

(6) a.　これや久右殿、飲みつけぬ茶屋酒すぎての酔狂か
　　　　　　　　　　　　　　　　(近・曽根崎心中、二／1703)
　　b.　是や奴殿、あぶなひ、御船にめせ　(噺・新竹斎、12 オ／1687)

なお、くり返し形の「コレコレ／コリャコリャ／コラコラ」は、それぞれ「コレ／コリャ／コラ」の例として数えることとする。

(7) a.　是〳〵供の人。だんなが御召(おめし)じや
　　　　　　　　　　　　　　　　(噺・軽口新歳袋、四ウ／1741)
　　b.　ア丶コリヤ〳〵待ってくれ　　　(洒・南遊記、四 13 ウ／1800)
　　c.　コラ〳〵ゑらいめに合したナ
　　　　　　　　　　　　　　　　(滑・諺臍の宿替え、第四編 10／江戸末期)

以上の基準に従って得られた各形式の用例数を、次頁の表 2 に示す。

表2　上方・大阪語におけるコ系感動詞

		コレ	コリャ	コラ
近世前期	近松浄瑠璃	251	65	
	噺本	48	12	
近世後期	洒落本	167	37	2
	滑稽本	80	25	17
近代	落語	28	3	16

変化という点では、「コラ」が他の二形式に遅れて出現することと、その発達に反比例するかのように「コリャ」が衰退していくことが注意を引く。本稿で特に焦点化されるのは、この「コラ」に関わる問題である。

2.4　コ系を用いる場面

　コ系感動詞は大きく二つの用法をもつと思われる。一つは、話し手から積極的に呼びかけ、コミュニケーションを開始するものである。これを〈呼びかけ〉タイプと呼ぶ。後続の発話では、行為指示（→ 8a）や問いかけ（→ 8b）などがなされることが多い。また、(8c)のように話し手の意思を表明するなど、その現れ方は多様である。

（8）a.　コリヤ松八このちやわんむしくてくれ

　　　　　　　　　　　　　　　（洒・腓のすじ書、17 ウ／ 1794）
　　b.　いやコレあれはつくり声じやの　　（洒・北華通情、18 ウ／ 1794）
　　c.　これ旦那殿ぬすんだかねはかやします

　　　　　　　　　　　　（近・丹波与作待夜のこむろぶし、下／ 1707）

　もう一つは、相手の言動が前提としてあり、それを受けて発話するものである。とがめたり制止したりする場面が多いため、これを〈とがめ〉タイプと呼ぶ。これは典型的には禁止（→ 9a）や相手の言動を否定的に評価する形容詞などを後続させる（→ 9b）。また、卑罵表現と共起する点も特徴的だとい

える（→ 9c、9d）。

(9) a. <u>これへ</u>、おまはんもゑらそうに、あんまり人をおいどに敷なさんな　　　　　　　　　　（滑・諺臍の宿替え、第七編 2／江戸末期）
   b. <u>コラ</u>やかましいはエ
　　　　　　　　　（滑・穴さがし心の内そと、初ノ十一／江戸末期）
   c. <u>こりや</u>八蔵め、をのれはおれをよふふんでつらにきづを付たな
　　　　　　　　　（近・丹波与作待夜のこむろぶし、下／1707）
   d. <u>コレ</u>、あほ。それを何で先言わんねん　（落・船弁慶／1935 頃）

本稿では、この観点を踏まえて論を進めていく。ただし、もとよりすべての例が上の典型に当てはまるわけではなく、両タイプの区別は結局のところ文脈に拠らざるを得ない。判断が困難な例も少なくなく、各時代におけるそれぞれのタイプの具体的な用例数を示すことは不可能である。そのため、以下の分析の中で示すのは、あくまで大まかな傾向としてどちらのタイプに用いられやすいか、というレベルにとどまるものである。

3. 上方・大阪語における変遷

3.1　近世前期上方
3.1.1　「コレ」と「コリャ」

　表 2 からわかるように当期は「コラ」が未出現であり、「コレ」と「コリャ」のみ使用が見られる。両形式の用いられ方から確認しよう。まず「コレ」は、タイプを問わず多くの例が見いだせる。

(10) a. <u>コレ</u>小女郎、先そなたからのりかへて先へゆきや
　　　　　　　　　（近・博多小女郎、下／1718）〈呼びかけ〉
   b. <u>是へ</u>そなた衆。其やうにいさかひをするものか。ちとたしなましやれ　　　　　　　　（噺・露休置土産、9 ウ／1707）〈とがめ〉

一方、用例数は「コレ」に劣るものの、「コリャ」にも両タイプの用例が確認できる。

(11) a. こりや三太郎そちに大じの物やらふ、火をとぼしておくへこい

（近・重井筒、上／1707）〈呼びかけ〉

　　 b. コリヤ下郎め、見ぐるしい置おれ

（近・心中宵庚申、上／1722）〈とがめ〉

以上のように、当期の「コレ」「コリャ」はいずれも〈呼びかけ〉〈とがめ〉に用いられるものである。傾向としては〈呼びかけ〉が多いと言ってよさそうであるが、これは場面自体の多寡によるものであろう。両者は形式ごとに異なる使用場面をもつのではなく、いずれも広く相手への働きかけに用いるものであったと見たい。

3.1.2　二形式の使い分け

　使用場面に差がないにも関わらず、「コレ」と「コリャ」はいずれも一定数を有している。ここでは両者がいかなる関係にあったかを確認しておく。
　まず、(1)で示した『日本国語大辞典』の記述によれば、「コレ」の使用対象は「同輩から目下」であり、「コリャ」は「目下」とされる。結論から述べると、当期における両形式はこの待遇差に基づいて使い分けられたと見てよい。このことは、山崎(1963)によって裏付けられる。山崎はまず、近世前期上方語の対称詞の使い方を基準として待遇のレベルを以下の5段階に分け、それらとの共起の仕方から感動詞の待遇度を明らかにしている。以下は筆者による整理である。

　　　こな様段階＞こなた段階＞そなた段階＞そち段階＞おのれ段階

それによれば、「コレ」は「こな様／こなた／そなた」段階に用いられている。対して、「コリャ」はより待遇度の低い「そち／おのれ」段階に用いら

れるという。このことについては、本稿の調査範囲でも同じような結果が得られた。対称詞「こなた」「そなた」と共起する「コレ」は(10a)(10b)などを、「そち」と共起する「コリャ」は(11a)などを参照されたい。

さらにここでは、他の感動詞との共起関係にも着目してみたい。先の山崎の分類から、近世上方語における呼びかけ感動詞は、モウシ＞ノウ＞ヤイという待遇度を有することが分かっている。そこで「コレ」「コリャ」がそれらと共起した例を見てみよう。

(12) a. <u>是申</u>こな様ほどのすいさまが、これは又気のとをらぬ

　　　　　　　　　　　　　　　　（近・心中二枚絵草紙、上／1706)

　　b. <u>是なふ</u>そなたは内へちよつと立よつて、祖父様にお帰りなされと申てたも　　　　　　　　　　　　　（近・堀川波鼓、上／1707)

　　c. <u>こりや</u><u>やい</u>、我がひぬかの八蔵なればおれは丹波与作じや

　　　　　　　　　　　　　（近・丹波与作待夜のこむろぶし、中／1707)

「コレ」は「モウシ／ノウ」とは共起するが、もっとも待遇度の低い「ヤイ」と共起することがない。反対に、「コリャ」は「ヤイ」とのみ共起するという結果が得られた。それぞれの共起パターンの用例数は表3のとおりである。

表3　共起パターン

	コレ	コリャ
モウシ	12	
ノウ	16	
ヤイ		2

「ヤイ」の用例数が少ないため、近世後期上方資料である洒落本と、本稿の調査対象からは外れる近世後期噺本（上方のもの）を参照してみると、やはり「コリャ」は「ヤイ」とのみ共起することが確認される。

(13) a. コリヤヤイ六十六部ほど。仕替られてホンニ。くだんは。はちのす
　　　 のよふに。なつてけつかつて　　　　（洒・短華蕋葉、12 ウ／ 1786）
　　 b. コリヤヤイ、ミなのもの。なんでにげる
　　　　　　　　　　　　　　　　　　　　　（噺・軽口筆彦噺、5 オ／ 1795）
　　 c. こりやヤイ、餅搗（つい）てから、うそつくなといふ事があるかい
　　　　　　　　　　　　　　　　　　　　　（噺・会席噺袋、7 ウ／ 1812）

　このように、「コレ」「コリャ」とその他の呼びかけ感動詞との共起パターンは相補分布を形成しており、「コリャ」が待遇度の低い形式と相性がよいことは明白である。この点からも両形式が待遇度によって使い分けられていたことが裏付けられよう。

3.1.3　感動詞「コリャ」と「こりゃ（＝これは）」

　従来、「コリャ」の起源は「これは」とされることが多いが[4]、具体的にどのようなプロセスによって「これは」が対他的な感動詞へと変化したかは説明がなされていない。たしかに音の融合のあり方として「-re + wa」が「リャ」となるのは当時一般的で、現に「これは」を「こりゃ」と実現した例は近世を通じて豊富に見られる（3.3.2 に詳述）[5]。しかし、こうした音変化の蓋然性以外の面においては、「コリャ」が「これは」に由来するという見方には疑問がある。

　第一に、聞き手への働きかけという機能を有する「コリャ」と、名詞／形容詞述語文の主語となることがほとんどである「これは」との意味的な連続性がないという点である。第二に、それが下位待遇に偏るという現象に説明がつかない点も問題となろう。

　3.1.2 で見た成立期の「コリャ」の実態に即して考えれば、[1]「コレヤイ」が逆行同化により「コリャヤイ」となり、[2]「コリャ＋ヤイ」として切り離された結果「コリャ」が取り出されたという可能性もあるのではないか。このように見れば、それが「ヤイ」としか共起しないことと、下位待遇に偏ることが同時に説明づけられる[6]。

ただし、このように考えた場合も、「コリャ」成立に「これは」が関与したことに変わりはなかろう。つまり、もともと「これは」の実現形として「こりゃ」が存在したことが、上記［2］のプロセスを支えたのではないか。言い換えれば「こりゃ（＝これは）」は、「コリャ」が一感動詞として採用されることへの形態的支えとなったと言えよう。その意味で両者の間には形態上の強い結びつきがあったと考えられる。

3.2　近世後期上方
3.2.1　洒落本の様相：「コラ」の登場

　まず、洒落本により18C中頃から19C前半の様相を確認する。「コレ」「コリャ」は前代と変わらず〈呼びかけ〉〈とがめ〉いずれにも用いられる。

(14) a.　コレお辻さん私や夕辺新さんに逢ふたはへ
　　　　　　　　　　　　　　　（洒・南遊記、二1オ／1800）〈呼びかけ〉
　　 b.　これ勝弥せびらかしやんな
　　　　　　　　　　　　　　（洒・郭中奇譚〈異本〉、3ウ／1771）〈とがめ〉
(15) a.　こりやくめもうなん時じや
　　　　　　　　　　　（洒・陽台遺編・姙閣秘言、秘戯篇5オ／1761）〈呼びかけ〉
　　 b.　コリヤおむすがなにしてけつかるおそひ足じやなにしてゐるのじや
　　　 　ぞいの　　　　　　　　　　（洒・睟のすじ書、15オ／1794）〈とがめ〉

これらに加え、当期には「コラ」が初出する。用例数はわずかであるが、いずれも下位待遇の例である。

(16) a.　そしたらな下役人が浜へ下りてコラヤアイ〳〵云れて皆びつくりしたものじや　　　　　　　　　　（洒・難波の芦、四3ウ／1807）
　　 b.　コラヤイ我を産んだ親じやもの其くらひの事しらひでならふか
　　　　　　　　　　　　　　　　　（洒・難波の芦、五1ウ／1807）

「ヤイ」と共起する点、下位待遇に用いるという点で「コリャ」と共通していることから、「コラ」は「コリャ」のバリエーションとして生じたものとみなせる。

3.2.2 滑稽本の様相：〈とがめ〉への傾き

　19C 中頃の滑稽本の「コレ」「コリャ」を見ると、〈呼びかけ〉の用例数が大きく上回っていた前代に比して、両形式とも〈とがめ〉の割合が増加している。特に「コリャ」は大半が〈とがめ〉の例であると言ってよく、これはそもそも「コリャ」が下位待遇に用いる形式であったことに由来するものと見られる。

(17) a. <u>これ</u>〳〵長松よ、あんま呼でこい
　　　　　　　　（滑・診臍の宿替え、追補二 14／江戸末期）〈呼びかけ〉
　　b. <u>コレ</u>そんなわる口をいふもんじやないわいナ
　　　　　　　　（滑・穴さがし心の内そと、二ノ十二／江戸末期）〈とがめ〉
(18) a. <u>コリヤ</u>〳〵駕のもの、ちよつと一ぺんはなしてくれ
　　　　　　　　（滑・診臍の宿替え、第六編 8／江戸末期）〈とがめ〉
　　b. <u>コリヤ</u>またぢようだんさらすか
　　　　　　　　（滑・穴さがし心の内そと、初ノ十一／江戸末期）〈とがめ〉

洒落本では 2 例しか見られなかった「コラ」は、滑稽本では用例数を増加させており、「コリャ」との割合が拮抗するまでに至っている。

(19) a. <u>コラ</u>やかましいはヱ
　　　　　　　　（滑・穴さがし心の内そと、初ノ十一／江戸末期）〈とがめ〉
　　b. <u>こラ</u>だれじや、己のあたまを吸のは
　　　　　　　　（滑・診臍の宿替え、第四篇 2／江戸末期）〈とがめ〉
　　c. <u>こら</u>ヤイ、おぼこ娘じやと思ふて、余りあなづるナヱ
　　　　　　　　（滑・診臍の宿替え、第四編 9／江戸末期）〈とがめ〉

以上のように、当期は「コリャ」から「コラ」への推移が進む。また、それらと「コレ」との差異が生じつつある。コ系全体が〈とがめ〉へと重心を移す傾向にある中でも、特に「コリャ／コラ」がそのタイプに特化していくことが見て取れるのである。

3.3　近代大阪
3.3.1　「コレ」と「コラ」の関係

　まず、一定の用例数を保ち続ける「コレ」について見よう。「コレ」は前代までと同様、〈呼びかけ〉〈とがめ〉の両タイプが確認できるが、先に見た流れのとおり〈とがめ〉の割合がやや増加している。

(20) a.　<u>これ</u>。ああ、その提灯に火を点してこっちゃへ持っといで
　　　　　　　　　　　　　　　　（落・盲の提灯／1903)〈呼びかけ〉
　　 b.　<u>これ</u>、そんなことしなや。一つ間違うたら、臭い飯、食わんならんで　　　　　　　　　　　　　（落・くしゃみ講釈／1935)〈とがめ〉

次に、「コラ」が大きく発達している点に注目する。この形式が〈とがめ〉専用に近いことも前代と変わらない。「コレ」の〈とがめ〉タイプと比べてみると、「コラ」の方は怒りを孕む強い〈とがめ〉に用いることが多い。この段階で、「コラ」のあり方は現代語とほぼ同じになっていると言ってよいだろう。

(21) a.　<u>コラッ</u>、やめんねやったら　飛ぶない
　　　　　　　　　　　　　　　　（落・くしゃみ講釈／1935)〈とがめ〉
　　 b.　<u>コラ</u>　殴るで、こいつ　おかしげな物言いしたら
　　　　　　　　　　　　　　　　（落・いかけや／1934)〈とがめ〉

なお、当期の「コラ」には新たに文末に位置するものが多く見られ始める。「コラ」は〈呼びかけ〉タイプを持たない以上、発話頭に現れる必然性がな

い。怒りを孕む〈とがめ〉用法の、"怒り"の部分を特化させたものとしてこのような用法が生じたと考えられる。

(22) a.　おい、ちょいちょっとまて<u>こら</u>　　　　（落・寄合酒／1933）
　　 b.　おかしげな物言いすなよ、<u>こら</u>　　　　（落・いかけや／1934）

当期の「コラ」が明らかに勢力を強めたことで、「コリャ」の割合は相対的に減少している。そもそも「コリャ」は、「これは」の融合形「こりゃ」との形態的な結びつきを強くもつものであることを3.1.3に述べた。「コリャ」の衰退 ⇔「コラ」の発達は、この点と大きな関わりを持ちそうである。そこで、以下ではいったん「これは」の融合形に眼を転じ、近世後期以降のあり方を見ていく。

3.3.2　「これは」の融合形と「コラ」の発達の関係

　前期・後期を問わず、近世上方語において《-re + wa》という音連続の融合形は「りゃ」となることがほとんどであり、「これは」の融合形の大半も「こりゃ」となっている。

(23) a.　<u>こりや</u>たまらぬ　　　　　　　　（洒・遊客年々考、3 ウ／1757）
　　 b.　<u>こりや</u>モフ夜明しせにやならぬハエ
　　　　　　　　　　　　　　　（滑・穴さがし心の内そと、初ノ十一／江戸末期）

しかし近世後期以降、「これは」を「こら」と実現した例が見られはじめる。まず洒落本には、《-re + wa》が「拗音化しない例はこの時期にはわずか」とする村上（2011: 173）にも挙げられている以下の1例のみが見られる[7]。

(24)　<u>こら</u>まあなにしてけつかるしらぬあたぶのわるいがきじや
　　　　　　　　　　　　　　　　　（洒・郭中奇譚（異本）、23 ウ／1771）

第 15 章　上方・大阪語におけるコ系感動詞の歴史　337

滑稽本にも数例が確認されるが、なお「こりゃ」が大半を占めている状況は変わらない。

(25) a.　コラ面白なつておいでたナ
　　　　　　　　　　　　　（滑・諂臍の宿替え、第四篇 5 ／江戸末期）
　　 b.　コラ呑や謳へや闇雲で、ちよつと憚りお銚子じやぜ
　　　　　　　　　　　　　（滑・諂臍の宿替え、第四篇 5 ／江戸末期）

「こら」が急激に増加するのは、近代以降である。ここが一つの転換期であるといえ、その用例数は「こりゃ」をしのぐほどになっている（※〔〕内は表音的表記）。

(26) a.　これはおかしいなあ〔コラオカシーナー〕（落・近日息子／ 1911）
　　 b.　どないなるのやいな　これは一体〔コライッタイ〕
　　　　　　　　　　　　　　　　　　　　　（落・日和違い／ 1923）

この展開は、感動詞「コラ」の増加傾向（⇔「コリャ」の減少傾向）と軌を同じくしている。「これは」の実現形「こりゃ／こら」の現れ方を、感動詞「コリャ／コラ」の様相と対応させてみると表 4 のようになる。

表 4　感動詞「コリャ／コラ」と「これは」の実現形の関係

	感動詞		「これは」の融合形	
	コリャ	コラ	こりゃ	こら
洒落本	37	2	44	1
滑稽本	25	17	19	2
落語	3	16	26	45

「これは」の融合形として「こら」の割合が漸増するに従い[8]、感動詞「コラ」の用例数も増加をたどっている。くり返すように、「コリャ」の一感動

詞としての存在は「こりゃ」の形態的支えを受けたものであった。その「こりゃ」が「こら」という形にも実現されるようになったことで、感動詞「コリャ」の側にも類推的に「コラ」が生まれたと見ることができよう。さらにその後、「こら」が一般的になることで、感動詞としても「コラ」というバリエーションが勢力を強めていったと考えられる。

3.4 まとめ

　以上、上方・大阪語におけるコ系感動詞の変遷を見た。全体の傾向としてはコ系そのものの重心が〈とがめ〉へと移っていく。中でも「コリャ」が〈とがめ〉へと特化していくが、その過程で「これは」の実現形として「こりゃ」よりも「こら」が主流になっていくことを受け、「コリャ」も「コラ」へと形を変えたことが分かった。
　以下では、江戸・東京語との比較から、上方・大阪語の様相がコ系感動詞の歴史全体にどのように位置づけられるのかを確認する。

4. 江戸・東京語との比較

4.1 調査資料

　近世後期以降の江戸・東京語資料を用いて同様の調査を行い、両言語間の差を見ることで、上方・大阪語の特色を抽出する。資料は次頁のものを用いた[9]。

4.2 用例分布

　江戸・東京語においても、上方語同様に「コレ、コリャ、コラ」の三形式が見られる。

(27) a.　コレ伴頭、是で三百かしてくだせへ

（噺・無事志有意、p479／1798）

　　　b.　コリヤ北八、手めへこの女とちかづきか

(滑・東海道中膝栗毛、p38 ／ 1802–1809)
c. <u>こら</u>。お主達は逃げる談合をしておるな　（大・山椒大夫／ 1915）

さらに、江戸語に特徴的なものとして「コレサ」が多く見られるため、それを「コレ」とは別に扱うこととする。

後期江戸
◆<u>噺本</u>（1772 年〜 1798 年） 　鹿の子餅、聞上手、鯛の味噌津、無事志有意
◆<u>洒落本</u>（1770 年〜 1798 年） 　遊子方言、辰巳之園、軽井茶話道中粋語録、卯地臭意、通言総籬、傾城買四十八手、青楼昼之世界錦之裏、傾城買二筋道
◆<u>滑稽本</u>（1802 年〜 1814 年） 　東海道中膝栗毛
◆<u>人情本</u>（1831 年〜 1867 年） 　仮名文章娘節用、恋の若竹、花の志満台、春色恋廼染分解、春色江戸紫、花暦封じ文
近代東京
◆<u>開花期戯作</u>（1870 年〜 1876 年） 　安愚楽鍋、胡瓜遣、西洋道中膝栗毛
◆<u>落語速記本</u>（1884 年〜 1892 年） 　怪談牡丹灯籠、業平文治漂流奇談、松の操美人の生理、真景累ヶ淵、粟田口霑笛竹、敵討札所の霊験、霧陰伊香保湯煙、松と藤芸妓の替紋、政談月の鏡
◆<u>明治期小説</u>（1885 年〜 1909 年） 　［坪内逍遥］当世書生気質［二葉亭四迷］浮雲、くされ縁［樋口一葉］うつせみ［尾崎紅葉］金色夜叉［田山花袋］重右衛門の最後［伊藤左千夫］野菊の墓［夏目漱石］吾輩は猫である、それから、行人
◆<u>大正期小説</u>（1913 年〜 1915 年） 　［森鷗外］護持院原の敵討、堺事件、山椒大夫、最後の一句

(28) a. <u>これさ</u>そんなにしやれずと、はやく、持て来やな

(洒・遊子方言、p292 ／ 1770)
b. <u>コレサ</u>、旦那、何処へお出でなさる

(人・花の志満台、第 23 回／ 1836–1838)

上方語と同じ基準によって集まった例は表5の通りである。なお、江戸・東京語話者以外の発話は調査対象としていない。

特筆すべきは、「コレサ」の生産性の高さと、「コラ」の出現時期が上方・大阪語に遅れることである。以下、それぞれについて詳しく見る。

表5　江戸・東京語におけるコ系感動詞

		コレ	コレサ	コリャ	コラ
近世後期	洒落本	50	14	2	
	噺本	59	5	7	
	滑稽本	98	10	46	
	人情本	92	70	14	
近代	開化期戯作	23	36		
	落語速記本	231	20	6	5
	明治期小説	10	2	1	11
	大正期小説	1		1	5

4.3　上方・大阪語との差異

4.3.1　「コレサ」の生産性

「コレ」の用いられ方は上方・大阪語と大差ない。近世〜近代を通じて〈呼びかけ〉にも〈とがめ〉にも使用されるものである。

(29) a.　コレ貴様の御舎兄（しやけう）のお年は、もふいくつにならしやる
　　　　　　　　　　　　　　（噺・聞上手、p418／1773）〈呼びかけ〉
　　 b.　コレじつとして居ねへか。手めへのやうにいごくものはねへ
　　　　　　　　　　　　（洒・青楼昼之世界錦之裏、p424／1761）〈とがめ〉

これらとは別に、上方語では数例にとどまった「コレサ」が江戸・東京語には多く見られ、用法としては明らかに〈とがめ〉に多用される。湯澤（1947: 353）がこの語に対し〔軽く（※筆者注：相手のことを）おさえていう〕との

説明を与えているように〈とがめ〉専用に近く、時代が下るにつれてその傾向は顕著になっていく。「コレ」単独とは異なる機能をもつ一表現として成立していると見てよい。

(30) a. <u>これさ</u>、そねへに足げにしなんすな
　　　　　　　　　　　　　　　　　　（洒・通言総籬、p382／1787）
　　 b. <u>コレサ</u>、他人様に何といふ物の言ひ様だ
　　　　　　　　　　　　　　　　　　（人・春色江戸紫、第12回／1864）

したがって近代前後は、「コレ」が〈呼びかけ〉と〈とがめ〉、「コレサ」が〈とがめ〉を担っていたことになる。これは上方・大阪語の「コレ」と「コリャ～コラ」の関係に相似するものである。
　「コリャ」は相対的に上方・大阪語より使用率が低い。用法としては〈呼びかけ〉〈とがめ〉に両用されており、前期上方語の「コリャ」の様相をそのまま踏襲したような状況にある。

(31) a. <u>是りや</u>お春、お前はアノ、紙屋の手代の小六と云ふ、若い者を知つて居るか　　（人・花の志満台、第6回／1836–1838）〈呼びかけ〉
　　 b. <u>コリヤ</u>まちあがれ。あほうたアたれがこつた
　　　　　　　　　　　　　　　　　　（滑・東海道中膝栗毛、p334／1802–1809）〈とがめ〉

時代を下っても極端に〈とがめ〉に偏ることがなく、その点でも上方・大阪語と異なっている。

4.3.2 「コラ」伸張の遅れ

　次に、「コラ」の出現時期が上方・大阪語に大きく遅れるという点について述べる。近世後期から漸増の様相を確認できた上方とは違い、江戸・東京語の「コラ」は近代に入ってようやく現れる。近代以降の用例数も少なく、大阪語ほど生産的でない[10]。

(32) a. <u>コラ</u>分らぬ奴じゃ、これへ二人の者を打込んだではないか

（速・霧陰伊香保湯煙、30／1889）

b. <u>コラ</u>放さんか？……放せと云うに……　（明・くされ縁／1898）

c. <u>コラァ</u>さっさと掃除をやってしまえ　　（大・野菊の墓／1906）

　要因の一つとして考えられるのは、4.3.1で見たように江戸語特有の表現として「コレサ」が発達していたという点である。その分、「コラ」の母胎となる「コリャ」の用例数は抑えられることとなり、用法面から見ても上方・大阪語では「コリャ〜コラ」が担っていくこととなった〈とがめ〉領域を「コレサ」が担っていた。つまり機能面において両言語には大きな状況の異なりがあったのである。

　また何より、「コリャ」＞「コラ」という形態面の変化が、少なくとも近世後期江戸語では起こりがたかったものと考えられる。上方では、「これは」の融合形「こら」の出現・増加に合わせて「コラ」が発達したのであった（→3.3.2）。しかし江戸・東京語では、「こら（＜これは）」の出現が遅い上、そもそも用例がほとんど得られないのである。今回の調査範囲では『西洋道中膝栗毛』(1871〜1876)の3例のみで、他はすべて「こりゃ」であった[11]。

(33) a. <u>こらア</u>、蜜柑酒の徳利(つら)だぜ

（西洋道中膝栗毛、十四編下／1870–1876）

b. <u>コラア</u>、まだ、爰で下るんじやア、ねいかのう

（西洋道中膝栗毛、十四編下／1870–1876）

c. <u>こらア</u>巡査だが、何をいふんだか、陳分漢だが

（西洋道中膝栗毛、十四編下／1870–1876）

　これらも「こら」という短呼形ではなくすべて「こらあ」という形をとっており、そのまま「こら」には直結しない可能性がある。

　「こりゃ＞こら」への類推で「コリャ＞コラ」が生じたという上方・大阪

語の分析に従うならば、江戸・東京語は「コラ」を生む条件を満たしていなかったことになる。近代東京語に見られる「コラ」は、上方・大阪語の影響を受けたものである可能性もあるのではないか。

5. おわりに

本稿では上方・大阪語のコ系感動詞に焦点を当て、その用法・形態の変遷を取り上げた。またその過程で、「コリャ」「コラ」の発生事情にも触れ、特に「コラ」については上方・大阪語の言語環境においてこそ生じうる形式であったことを主張した。地域的な連続性を重視することが感動詞史研究にも有用であることが明らかになったと言えよう。

本来、コ系感動詞の用法の変遷に関しては、本稿でも触れた「モウシ、ノウ、ヤイ」などを含む対他的な働きかけの機能を有する形式全体の中で捉えねばならない問題である。また、形態面の問題については、ソ系・ア系感動詞を含めた統一的な観点からの考察が必要となろう。今回のコ系感動詞の分析を端緒として、コソア系、ひいては感動詞全体の歴史的展開を解明していくことが今後の課題となる。

注

1. 現代語のソ系感動詞については森山・張(2002)に詳しい。また渋谷(2002)では、山形市方言におけるホ系感動詞「ホレ・ホリャ」(ここでいうソ系に相当)が扱われている。
2. ソ系も同時期の成立と見られるが(深津 2014)、近世前期の用例は指示詞、感動詞のいずれであるか判断がつかないものが大半を占めている。
3. 以下の文献を参照した。◆近松浄瑠璃:『近松世話物全集 上・中・下』(冨山房)◆『噺本大系』(東京堂出版)◆洒落本:『洒落本大成』(中央公論新社)◆前田勇(1974)、武藤禎夫校訂解説『諺臍の宿替』(太平書屋)◆落語:真田・金沢編(1991)および矢島(2005, 2006)所収の録音文字化資料。
4. 『日本国語大辞典』、近藤(2010)など。

5. 以下、「これは」の実現形は「こりゃ」とひらがな表記し、感動詞「コリャ」と区別する。
6. この説が成り立つためには、「コレヤイ」という共起が可能、すなわち「コレ」が下位待遇にも用いられる段階がなければならない。本稿が対象とした範囲より遡る『狂言記』(1660) には、それと見られる例がある。
    ・これおどれ。なに事しおつたぞ（狂言記・どぶかつちり、三25オ／1660）

    ただし、このことは同時期に見られる「そりゃ」の成立とも併せて考える必要があるため、現時点では一仮説にとどまる。他にも「コレヤイ」が縮約され「コリャイ」となり、「イ」が脱落したとの見方も可能であろうが、中間形である「コリャイ」の形は少なくとも表記上は見られない。
7. 「それは」を「そら」とした例は、次例を含め3例見られる。
    ・ソラ大談論（あらせりふ）がりじやナア（酒・難波の芦、四5オ／1807）
8. 滑稽本の用例数は少ないが割合としてみれば増加していると見てよかろう。
9. 以下の文献を参照した。◆噺本・洒落本・滑稽本：『古典文学大系』（岩波書店）◆人情本：全文検索システム『ひまわり』の「人情本」パッケージ◆開化期戯作：『明治文学全集1 明治開化期文学集（一）』（筑摩書房）、『西洋道中膝栗毛 上、下』（岩波文庫）、◆落語速記本：『円朝全集』（春陽堂）、『三遊亭円朝全集』（角川書店）◆明治期小説・大正期小説：『CD-ROM版 新潮文庫 明治の文豪』（新潮社）。なお、『古典文学大系』からの挙例にあたっては、大系本の頁を示した。
10. 資料の方針として「—ラ」形が避けられたとは考えにくい。各資料中に同じ「—ラ」形である「ソラ」が少なからず見られるためである。
11. 噺本『仕形噺』(1773) には「こら」の例が見られるが、これは「甲（こうら）」と「これは」をかけたもので、確例として扱ってよいか微妙である。
    ・甲（かうら）を干てゐる亀のせなかをふんたれば、ムク〳〵と起て、コウラ又ナアンソノコツタ、池さう〳〵しい（仕形噺、17オ／1773）

    なお、『仕形噺』に見られる「これは」の縮約形は、上の例を除く14例すべてが「こりゃ」である。

文献

近藤尚子 (2010)「近松の呼びかけ―感動詞「コレ」を中心として」『国文学研究』160、pp52–61.

真田信治・金沢裕之編 (1991)『二十世紀初頭大阪口語の実態―落語SPレコードを資料として―』大阪大学文学部社会言語学講座

澤村美幸(2011)『日本語方言形成論の視点』岩波書店
渋谷勝己(2002)「山形市方言の談話マーカ「ホレ・ホリャ：アレ・アリャ」」『阪大社会言語学研究ノート』4、pp131–142.
深津周太(2014)「動作を促す感動詞「ソレ／ソレソレ」の成立について」『日本語文法史研究』2、pp107–129、ひつじ書房
前田勇(1974)「穴さがし心の内そと」『近代語研究 第四集』武蔵野書院
村上謙(2011)「近世後期上方における音変化の諸相」『埼玉大学紀要 教育学部』60–1、pp163–176.
森山卓郎・張敬茹(2012)「動作発動の感動詞「さあ」「それ」をめぐって―日中対照的観点も含めて―」『日本語文法』2–2、pp128–143.
矢島正浩(2005，2006)『近代関西言語における条件表現の変遷原理に関する研究(文部科学省科学研究費補助金研究成果報告書)』
矢島正浩(2013)『上方・大阪語における条件表現の史的展開』、笠間書院
山崎久之(1963)『国語待遇表現体系の研究』、武蔵野書院
湯澤幸吉郎(1947)『増訂 江戸言葉の研究』、明治書院

付記

本稿はJSPS科研費(15K16759)の助成を受けたものである。

索引

A-Z

ABAB型 97
AB型 97
AッBリ型 228
AンBリ型 228
Web全国調査 149

あ

「ア」系応答詞 175
アーラ 61
相手との一体感 172
相手との距離 172
アッツァ 233
アナタ類 166
アンタ 170

い

言い換え 39
意外性 239
〈意外性・重大性〉標示 265
出雲方言 273
意味 71, 75
イメージ 69, 71
イメージ的理性 79
引用オノマトペ 49, 52
引用感動詞 57, 58
引用標識「と」 49

う

訴えかけ 163

え

江戸・東京語 338, 341
演出性 36, 42
演出的 41
演出的なオノマトペ 36

お

応答詞 254
大声で泣く様子 24
大阪方言 60, 61
沖縄 96, 152
オットロシヤ 301, 307, 310, 315, 318
驚きの感動詞 299
オノマトペ度 53
オマエ類 166
音韻構造 4
音象徴 4

か

カー 274
下位待遇 332
概念 71
概念系感動詞 298
概念的理性 79
掛け声 327

加工　188, 196, 202
語りの開始合図　290
上方・大阪語　325, 340, 341
感覚　73, 77
感覚性　72, 85
感覚的理性　79
感覚分野のオノマトペ　25
関西圏　148
感情　73
感情語　80
感性　72, 73
関東　152
間投詞　164
感動詞化　299, 317
感動詞化の過程　299

き

擬音語　65, 67
聞きなし　213
疑似遂行性　48, 52, 58, 61
擬声語　67
擬態語　69, 77
機能拡張過程　270
基本要素　188, 194
キャーッ　56
九州　26
九州地方　129, 135
強意型オノマトペ　32
共感覚　73
強調型オノマトペ　148
近畿　26, 32, 152
近畿圏　147, 154
近畿圏外居住者　149
近畿圏居住者　149, 155, 160
近畿圏出身者　149, 155
近畿地方　129, 133, 135
近世後期上方　333
近世前期上方　329

近世前期上方資料　325
近代大阪　335

く

具体性追求型　28
繰り返し　188, 222

け

ケ（ー）　273, 282
敬語法　179
形態素解析器　125
言語化　24, 28
言語記号　65
現象の描写　31
現象の描写力　28

こ

語アクセントの必須性　52, 58
語彙的感動詞　298, 299
語彙量　80
甲乙の区別　20
口蓋化　5, 14
高使用頻度エリア　158
高知県奈半利方言　25
高知方言　299
高頻度オノマトペ　152
高頻度使用エリア　154
コ系感動詞　324
語構成タイプ　28
コソア系感動詞　323
国会会議録　32
国会会議録データベース　149
ことばにならない声　61
語尾　201, 202
固有表現（名詞）　139
固有表現（名称）　136

コラ　326, 333, 335, 336, 341
コラコラ　327
コリャ　326, 329, 332
コリャコリャ　327
コレ　176, 326, 329, 335
コレコレ　327
コレサ　340, 342
これは　332, 336

さ

再現性　24

し

恣意性　65, 68
自称詞　163, 174
事態の描写　36, 41
実現形　201
実現と付加　189
質問紙調査　37
日琉語族　4, 13
日琉祖語　18
自動抽出　125
重音化　236
周圏的分布　96
主観的使用頻度　147, 149, 151, 158
出現頻度　127
首里・那覇方言　4, 8
馴化　52, 58
上代日本語　4, 13, 14, 15, 17, 19
情動的感動詞　235
ショーアップ語　55
新規獲得情報　242, 245, 246
親族名称　180
身体依存型の表現機構　23

す

スクリーニング　151
ズ類　106

せ

整文　122
接尾辞　7, 10, 15, 91
前提情報　244, 245, 246

そ

造語システム　28
想定外　239
挿入　188
促音挿入　188
促音付加　188
ソシュール　65

た

ターン　171
〈大〉の程度のオノマトペ　31
対応分析　129
体感に基づく現象理解　23
体系　76
対称詞　163, 164
対称詞化　174
タカー　301, 304, 308, 316
タカデ　301, 316
多機能形式　270
だじゃれ　216
立ち上げ詞　276
脱場面性　59
タマー　311, 316
タマルカ　301, 304, 308, 311, 316
多良間島方言　4, 13
談話資料　256

ち

地方議会会議録　32, 119
地方議会会議録コーパス　120, 121
注意の促し　327
中央語　104
中国地方　129, 133, 135
中世日本語　4, 13
長音化　236
長音挿入　188
長音付加　188
長母音　17

つ

津軽方言　4, 7
ッテダ類　108

て

定型性　29, 30, 36
程度性の表出　31
展開　188, 199, 202
伝達効果　36
伝達態度　35

と

東京方言　4
東西差　36
動詞・接尾辞　92
動詞語幹・副詞オノマトペ　51, 52, 54
動物を特徴づけるオノマトペ　217
東北　26, 152
東北圏出身者　156
東北圏内居住者　156
東北地方　96, 148, 212
東北方言　23, 28, 97, 98, 100, 101, 106, 187
童話作品　187

とがめ　328, 334, 335, 340, 342
独立用法　191
所記　71
砺波市方言　256
富山県方言　253
富山市方言　254, 256
どんぶらこどんぶらこ　207

な

ナ（ー）ン　253
今帰仁方言　4, 13
生っぽいオノマトペ　29
ナモ　253

に

西日本　32, 36, 41, 98, 166, 171, 180
西日本方言　28, 30, 172
認識的理性　79
人称詞　163

は

派生形の生産性　26
撥音挿入　188
撥音付加　188
発話末オノマトペ　46, 52, 60
発話末感動詞　56, 58, 61
発話スタイル　139
発話の演出　36
話し手の認識・予想　245, 246
話し手の認識や知識　242
話の「オチ」　217
話の場　48
反省的な驚き　238, 242
汎用的オノマトペ　32

ひ

非概念系感動詞 298
東日本 32, 36, 41, 98, 148, 166, 180
非語彙的な感動詞 298
非恣意性 65, 85
〈否定〉標示 263
否定の応答詞 261
否定の陳述副詞 258
比喩 78
ヒューン 46
描写性 24, 33, 36, 42
描写的 41
描写的なオノマトペ 26
描写力 28, 30
表層形 135

ふ

フィラー 171, 254, 263, 265
風土性 170, 172
付加 188
副詞感動詞 57, 58
文外独立用法 47

ほ

母音 6, 14
豊饒性 80, 86
ボチャーン 60
北海道地方 135
本土方言 100

ま

マイナス評価 244, 245, 248, 249

み

宮城県小牛田方言 25
宮澤賢治 187
民話 207
民話の方言 210

む

無声阻害音 6, 8, 14

め

名詞類オノマトペ 49, 52, 53
メカス類 98, 106
メク類 98
メタファー 78
メッタ 307, 310, 314, 317
メトニミー 78

も

モ(ー)シ 181
モーラ長の必須性 52, 58
模写 69
ものの言いかた 172, 181
桃太郎 207, 212
「桃太郎」方式 213

や

ヤイ 331

ゆ

有声阻害音 6, 14
有声音阻害音 8

よ

幼児語　81
予想外　239
予想外の驚き　239, 242
呼びかけ　163, 180, 326, 328, 335, 340

り

り付加　188
琉球方言　97, 98, 100, 101, 106

れ

連濁　6, 14

わ

悪い事態に対する驚き　240, 244
ワレ　174

執筆者紹介（論文掲載順。＊は編者）

浜野祥子（はまの しょうこ）
ジョージ・ワシントン大学東アジア言語文学学科教授
出身地は東京都。専門分野はオノマトペ、日本語教育。
主な著書に『The Sound-Symbolic System of Japanese』（CSLI／くろしお出版1998）、『日本語のオノマトペ―音象徴と構造』（くろしお出版2014）等がある。

小林隆（こばやし たかし）＊
東北大学大学院文学研究科教授
出身地は新潟県。専門分野は方言学、日本語史。
主な著書に『方言学的日本語史の方法』（ひつじ書房2004）、『ものの言いかた西東』（岩波書店2014、共著）等がある。

定延利之（さだのぶ としゆき）
京都大学大学院文学研究科教授
出身地は大阪府。専門分野は言語学、コミュニケーション論。
主な著書に『認知言語論』（大修館書店2000）、『コミュニケーションへの言語的接近』（ひつじ書房2016）等がある。

半沢幹一（はんざわ かんいち）
共立女子大学文芸学部教授
出身地は宮城県。専門分野は日本語表現学。
主な著書に『表現の喩楽』（明治書院2015）、『言語表現喩像論』（おうふう2016）等がある。

竹田晃子（たけだ こうこ）
立命館大学衣笠総合研究機構専門研究員
出身地は岩手県。専門分野は方言学、日本語学。
主な著書に『敬語は変わる―大規模調査からわかる百年の動き』（大修館書店2017、共著）、『日本語条件文の諸相―地理的変異と歴史的変遷』（くろしお出版2017、共著）等がある。

高丸圭一（たかまる けいいち）
宇都宮共和大学シティライフ学部教授
出身は北海道。地方議会会議録を用いた学際的研究や方言イントネーションの研究等に取り組んでいる。
主な論文に「係り先動詞に着目したオノマトペの語義分類に関する検討」（『知能と情報』28、2016）、「形態素 N-gram を用いた地方議会会議録における地域差の分析手法の検討」（『明海日本語』18、2013）等がある。

平田佐智子（ひらた さちこ）
専修大学人間科学部兼任講師
専門分野は認知心理学、言語心理学。
主な論文に「音声象徴と感覚間一致の類似性」（『オノマトペ研究の射程―近づく音と意味』ひつじ書房 2013）、「国会会議録コーパスを用いたオノマトペ使用の地域比較」（『人工知能学会論文誌』30(1)、2015）等がある。

友定賢治（ともさだ けんじ）
県立広島大学名誉教授
出身地は岡山県。専門分野は日本語学。
主な著書に『感動詞の言語学』（ひつじ書房 2015、編著）、『育児語彙の開く世界』（和泉書院 2005）等がある。

小野正弘（おの まさひろ）
明治大学文学部教授
出身地は岩手県。専門分野は国語学（語彙史）。
主な著書に『日本語オノマトペ辞典』（小学館 2007、編著）、『感じる言葉オノマトペ』（角川学芸出版 2015）等がある。

川﨑めぐみ（かわさき めぐみ）
名古屋学院大学商学部准教授
出身地は山形県。専門分野は方言学、日本語学。
主な著書に『東北方言オノマトペの形態と意味』（東北大学博士学位論文 2012）、『方言学の未来をひらく―オノマトペ・感動詞・談話・言語行動』（ひつじ書房 2017、共著）等がある。

田附敏尚（たつき としひさ）
神戸松蔭女子学院大学文学部准教授
出身地は青森県。専門分野は方言学、日本語学。
主な論文に「青森県五所川原市方言の「のだ」相当形式「ンダ」「ンズ」の相違」（『国語研究』76、2013）、「青森県五所川原市方言の文末形式「デバ」について」（『Theoretical and Applied Linguistics at Kobe Shoin』19、2016）等がある。

小西いずみ（こにし いずみ）
広島大学大学院教育学研究科准教授
出身地は富山県。専門分野は方言学、日本語学。
主な著書に『富山県方言の文法』（ひつじ書房 2016）、『日本語学の教え方―教育の意義と実践』（くろしお出版 2016、共編著）等がある。

有元光彦（ありもと みつひこ）
山口大学国際総合科学部教授
出身地は岡山県。専門分野は方言学、音韻論。
主な著書に『九州西部方言動詞テ形における形態音韻現象の研究』（ひつじ書房 2007）、『山口県のことば』（明治書院 2017、編著）等がある。

舩木礼子（ふなき れいこ）
神戸女子大学文学部准教授
出身地は山口県。専門分野は方言学、社会言語学。
主な論文に「京都市方言の接続助詞・終助詞「シ」の用法」（『論究日本文学』96、立命館大学日本文学会 2012）、「方言談話におけるあいづちの出現傾向」（『方言の研究2』ひつじ書房 2016）等がある。

深津周太（ふかつ しゅうた）
静岡大学教育学部講師
出身地は三重県。専門分野は文法史、語彙史。
主な著書に「「ちょっと」類連体表現の歴史―二つの型による機能分担の形成過程」（『日本語の研究』12-2、2016）、「動詞「申す」から感動詞「モウシ」へ」（『国語と国文学』93-2、2014）等がある。

感性の方言学

The Dialectology of Emotion
Edited by Takashi Kobayashi

発行	2018年5月10日　初版1刷
定価	5200円+税
編者	© 小林隆
装幀	大崎善治
発行者	松本功
印刷・製本所	亜細亜印刷株式会社
発行所	株式会社 ひつじ書房
	〒112-0011 東京都文京区千石2-1-2 大和ビル2階
	Tel.03-5319-4916　Fax.03-5319-4917
	郵便振替 00120-8-142852
	toiawase@hituzi.co.jp　http://www.hituzi.co.jp/

ISBN978-4-89476-898-7

造本には充分注意しておりますが、落丁・乱丁などがございましたら、小社かお買上げ書店にておとりかえいたします。ご意見、ご感想など、小社までお寄せ下されば幸いです。